河南省高等教育教学改革研究与实践重点项目成果
河南省高等学校哲学社会科学创新团队支持计划

基于三螺旋模型的高校创新创业人才培养体系构建

周倩 等/著

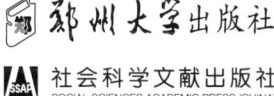

郑州大学出版社

社会科学文献出版社
SOCIAL SCIENCES ACADEMIC PRESS (CHINA)

图书在版编目(CIP)数据

基于三螺旋模型的高校创新创业人才培养体系构建/周倩等著. — 郑州：郑州大学出版社；北京：社会科学文献出版社，2021.12
 ISBN 978-7-5645-8235-7

Ⅰ.①基… Ⅱ.①周… Ⅲ.①高等学校-人才培养-研究-中国 Ⅳ.①G649.2

中国版本图书馆 CIP 数据核字(2021)第 233192 号

基于三螺旋模型的高校创新创业人才培养体系构建
JIYU SANLUOXUAN MOXING DE GAOXIAO CHUANGXIN CHUANGYE RENCAI PEIYANG TIXI GOUJIAN

策划编辑	崔青峰 刘金兰	封面设计	孙文恒
责任编辑	李海涛 申丛芳	版式设计	苏永生
责任校对	孙精精	责任监制	凌 青 李瑞卿

出版发行	郑州大学出版社	地　　址	郑州市大学路40号(450052)
	社会科学文献出版社	网　　址	http://www.zzup.cn
出 版 人	孙保营	发行电话	0371-66966070
经　　销	全国新华书店		
印　　刷	河南文华印务有限公司		
开　　本	710 mm×1 010 mm　1/16		
印　　张	16.75	字　　数	301 千字
版　　次	2021 年 12 月第 1 版	印　　次	2021 年 12 月第 1 次印刷
书　　号	ISBN 978-7-5645-8235-7	定　　价	69.00 元

本书如有印装质量问题，请与本社联系调换。

内容简介

2021年11月19日,教育部、人力资源社会保障部召开的2022届全国普通高校毕业生就业创业工作会议指出:2022届高校毕业生规模预计1 076万人,同比增加167万人,各地各高校要深入学习领会习近平总书记关于高校毕业生就业创业的重要指示批示精神,并对企业和政府提出要求;要拓宽市场化就业渠道,鼓励中小企业更多吸纳高校毕业生,引导支持灵活就业,大力支持创新创业;要开拓政策性岗位;要加强就业指导,做好职业生涯教育和就业实习实践。在这种情况下,充分调动政府和企业的积极性,促进高校开展切实有效的创新创业教育,构建创新创业人才培养体系,多渠道培养学生的创新意识、创新能力,拓展创业渠道,更好地应对重大事件冲击下的国内外环境,具有十分重要的现实意义。

研究高校创新创业教育的理论、方法、模型有很多,本书使用了三螺旋模型,它发轫于欧美国家。高校创新创业人才培养三螺旋模型是一种强调政府、企业和高校三方相互作用、密切合作,同时又保有独立身份的结构形态,通过三者良性互动形成适宜自身发展的分工合作机制和创新生态环境,能够以点带面推动高校创新创业人才培养体系构建,因而具有应用的适切性,是本研究重要的理论基础。

《中国教育现代化2035》指出,要"明确培养目标和学科专业要求,注重提升学生的专业素养和创新创业能力"。本书以三螺旋模型为主线,以问题为导向,通过文献研究法、问卷调查法和比较研究法从八个方面开展研究。研究从国外到国内,从理论到政策,从理念到实践,从历史到未来,以实证的方法、比较的视角、多样的维度,探讨了不同类型高校创新创业人才培养的共性问题,并就高校创新创业教育与专业教育、实践环节、协同育人相融合的实施途径与政策制定进行了深入探讨。

基于三螺旋模型构建我国高校创新创业人才培养体系要立足本土,始终坚持高校是创新创业人才培养的主体,政府是创新创业人才培养的引领者,企业是创新创业人才培养的推动者。

目录

导　言 …………………………………………………………………… 001

第一章　三螺旋模型的理论阐释和创新创业教育应用的适切性
　………………………………………………………………………… 013
　　第一节　三螺旋模型源起与空间结构 ……………………………… 014
　　第二节　三螺旋模型的创新动力机制 ……………………………… 022
　　第三节　三螺旋模型的创新传播机制 ……………………………… 028
　　第四节　创新创业教育与三螺旋模型应用的适切性 ……………… 040
　　第五节　创新创业教育中三螺旋主体分工合作机制 ……………… 045

第二章　三螺旋模型下美国高校创新创业人才培养体系的构建
　………………………………………………………………………… 049
　　第一节　高校创新创业教育三螺旋模型的演变 …………………… 049
　　第二节　美国高校创新创业人才培养支持体系 …………………… 053
　　第三节　三螺旋主体在创新创业教育中的角色 …………………… 063
　　第四节　美国创新创业人才培养的特点与启示 …………………… 071

第三章　三螺旋模型下美国社区学院创新创业人才的培养机制
　………………………………………………………………………… 077
　　第一节　三螺旋模型与创新创业人才培养 ………………………… 077
　　第二节　美国社区学院创新创业教育概述 ………………………… 081
　　第三节　基于三螺旋模型的JCCC创新创业人才培养实践 ……… 091
　　第四节　JCCC创新创业人才培养对我国高职高专的启示 ……… 098

第四章　三螺旋模型下我国高校创新创业人才培养政策的演变
　………………………………………………………………………… 102
　　第一节　我国高校创新创业教育政策历史演进 …………………… 102
　　第二节　三螺旋模型下我国高校创新创业教育政策问题分析 …… 116

第三节 基于三螺旋模型优化高校创新创业教育政策的建议 …… 121

第五章 三螺旋模型下我国大学生创新创业政策实施效果评价
………………………………………………………………… 129
第一节 基于三螺旋模型的创新创业教育生态系统理论 …… 131
第二节 大学生创新创业政策研究的类型、问题以及评价 … 136
第三节 我国大学生创新创业政策文本分析 ………………… 139
第四节 大学生创新创业政策实施效果的问卷调查 ………… 143
第五节 大学生创新创业政策实施存在问题及原因 ………… 154
第六节 提升大学生创新创业政策实施效果的对策 ………… 157

第六章 三螺旋模型下我国高校创业课程有效性调查与分析
………………………………………………………………… 164
第一节 高校创业教育和课程研究 …………………………… 164
第二节 大学生创业意愿估算方法 …………………………… 168
第三节 高校创业课程有效性调查 …………………………… 169
第四节 高校创业课程有效性结果分析 ……………………… 171
第五节 高校创业课程改革的路径 …………………………… 178

第七章 三螺旋模型下我国高校创新创业人才培养实证研究 …… 184
第一节 高校创新创业人才培养调查问卷设计 ……………… 185
第二节 高校创新创业人才培养现状调查结果 ……………… 187
第三节 高校创新创业人才培养的问题与原因 ……………… 197
第四节 高校创新创业人才培养质量优化策略 ……………… 208

第八章 三螺旋模型下郑州大学创新创业人才培养体系探索 …… 217
第一节 创新创业人才培养体系构建中的问题 ……………… 218
第二节 加强创新创业人才培养体系框架设计 ……………… 220
第三节 推进创新创业人才培养体系成功实践 ……………… 227

结　语 …………………………………………………………… 241
参考文献 ………………………………………………………… 246
附　录 …………………………………………………………… 252
后　记 …………………………………………………………… 260

导 言

一、研究背景

(一)建设创新型国家的迫切需要

创新是一个民族进步的灵魂,是一个国家兴旺发达的不竭动力。自主科技创新越来越成为综合国力竞争的决定性因素,影响一个民族和国家的发展进程。只有提高青少年的创新能力,才能提高国家的创新能力,积极抢占技术高地,建设创新型国家。因此,我国大力鼓励青少年科技创新,自2014年起,国家提出大力推动"大众创业、万众创新",国务院先后发布了10余份有关创新创业的重要文件,其中在国务院《关于大力推进大众创业万众创新若干政策措施的意见》(2015)、《关于强化实施创新驱动发展战略进一步推进大众创业万众创新深入发展的意见》(2017)等政策中,都提到大众创业、万众创新是实施创新驱动发展战略的重要载体,将创新创业摆在经济社会发展的重要位置。2017年10月,党的十九大提出"创新是引领发展的第一动力,是建设现代化经济体系的战略支撑",吹响了加快建设创新型国家的号角。习近平总书记在十九大报告中指出,"青年兴则国家兴,青年强则国家强",明确了大学生作为青年一代的代表,是创新创业的主力军。各省级政府陆续出台了相关政策文件,如河南省在《关于大力推进大众创业万众创新的实施意见》中提到要全面落实大众创业、万众创新,努力在全省掀起大众创业、万众创新的热潮,让创新引领发展、以创业带动就业。

(二)创新创业教育政策深入实施的需要

我国高校创新创业教育起步较晚。1998年清华大学将大学生创业计划竞赛引入我国,举办了首届创业计划大赛。但我国真正重视创新创业教育则发端于1999年,在教育部制定的《面向21世纪教育振兴行动计划》中提出要对大学生进行创新创业教育。2015年,国务院办公厅印发的《关于深化高等学校创新创业教育改革的实施意见》中提出,"深化高等学校创新创业教育改革,是国家实施创新驱动发展战略、促进经济提质增效升级的迫切需要",是推进高等教育综合改革、促进高校毕业生更高质量创业就业的重要举措",但是该文件也明确指出,高校创新创业教育存在"一些地方和高校重视不够,创新创业教育理念滞后,与专业教育结合不紧,与实践脱节;教师开展创新创业教育的意识和能力欠缺,教学方式方法单一,针对性实效性不强;实践平台短缺,指导帮扶不到位,创新创业教育体系亟待健全"等不容忽视的突出问题。

创业供给与创业需求理论表明,创业行为具有很强的环境依赖性,大学生创新创业政策作为大学生创业的外部条件,对大学生的创业意愿、创业行为等有重要影响。但就现实而言,目前我国大学生创新创业教育相关政策的实施效果却并不理想,基于已有研究可以发现,在政策制定方面,我国创新创业服务政策尚不完善、缺乏法理依据,尚未建立起规范、统一的政策体系;在政策执行方面,存在着创新创业政策宣传力度不够、教育体系不健全、实践环境不宽松、文化氛围有所欠缺等问题,导致政策难以落地,无法为大学生自主创新创业提供充足支持。总体来讲,随着一系列创新创业政策的陆续颁布,高校作为高层次专业人才培养的重要场所,能够积极响应和主动践行创新创业政策,但由于多种因素的综合影响,高校创新创业教育的效果并不完全尽如人意,相关理念和实践改革相对滞后于政策精神及预期。因此,探究和解决我国大学生创新创业政策实施中存在的问题,更好地为大学生创新创业提供支持和保障,为高校实施创新创业教育提供发展方向,为社会、企业融入大学生创新创业教育开拓有效渠道,对大学生创新创业政策进行研究显得刻不容缓。

(三)创新创业人才培养体系构建的需要

创新创业人才培养体系是注重培养学生创新意识、创新思维和创造创业系列能力的新型教育体系。它不同于传统的教育体系。创新创业人才的高质量培养和创新创业政策的有效落实有赖于创新创业人才培养体系的构建与完善。《关于深化高等学校创新创业教育改革的实施意见》提出改革的主要目标为:"到2020年建立健全课堂教学、自主学习、结合实践、指导帮扶、文化引领融为一体的高校创新创业教育体系,人才培养质量显著提升,学生的创新精神、创业意识和创新创业能力明显增强,投身创业实践的学生显著增加。"自我国倡导和鼓励"大众创业、万众创新"以来,各级教育管理部门和高校在国家政策的指导下积极探索创新创业教育的实践模式和路径,虽然在短短几年中取得了巨大的进展和成绩,但诸多问题也逐渐凸显,阻碍了创新创业预期目标的有效实现。究其原因,创新创业人才培养体系构建的滞后性与不完善性难脱其咎,是影响创新创业人才培养质量的重要因素。因此,依据创新创业人才培养的内涵、目标与特征,深入探究高校创新创业人才培养的实践逻辑及其与外部相关主体的互动关系,构建和完善创新创业人才培养的理论与实践体系已迫在眉睫。

二、研究意义

本书以三螺旋模型为主线,从高校、企业、政府三个维度探讨创新创业人才培养体系的理论与实践。从高校角度着重分析创新创业教育与专业教育融合状况,从企业角度重点考察创新创业教育与第二课堂实践环节的融合状况,从政府角度关注创新创业教育与政府协同育人的融合状况。对这三个层面融合状况的探讨与实践,将为高校创新创业人才培养体系构建提供更为适切的发展方向,对促进创新创业教学和提升学生培养质量均具有重要意义。

(一)理论意义

第一,丰富创新创业人才培养理论体系。我国创新创业教育的实践探索与理论研究起步较晚,尚未形成相对完整的创新创业人才培养理论。本研究基于创新创业教育的本质、特征及要求,通过大量文献梳理和实证调查分析,将三螺旋模型融入创新创业人才培养体系建设,并从理论和实践层面论证其科学性、适切性和有效性,这对创新创业人才培养理论的推进与发展有重要价值。

第二,构建高校创新创业人才培养体系。已有相关研究对高校创新创业教育与人才培养进行了探索和分析,但尚未有学者明确提出完善的创新创业人才培养体系,本研究基于当前我国高校创新创业人才培养的问题与困境,试图构建三螺旋模型下高校创新创业人才培养体系。

第三,从理论层面论证三螺旋模型下高校创新创业人才培养体系的科学性与可行性。本书通过文献梳理和相关理论分析,从理论层面阐释三螺旋模型对于高校创新创业人才培养的必要性和重要意义,同时也通过国内外高校创新创业教育成功案例论证三螺旋模型下高校创新创业人才培养的可行性与有效性。

(二)实践意义

第一,对高校创新创业教育实践改革具有指导意义。创新创业教育不同于传统专业教育,它必须依据自身的内涵、目标、特征和要求构建与之相匹配的教育模式。据此,本研究旨在构建具有应用价值的创新创业人才的培养,这对高校深入认识创新创业的理论逻辑与实践路径,科学进行教育改革实践探索具有重要的借鉴意义和实践价值。

第二,有助于提升创新创业教育相关课程教学的有效性。本书对高校创新创业教育与专业教育的融合现状、途径、保障的相关研究,是创新创业课程教学大纲制定的重要依据,这对于面向全体学生开展针对性教学,进而提升课程教学的有效性具有重要意义。

第三,有助于提升高校人才培养质量。教育质量最终体现在人才培养质量上,本书从贯穿人才培养系统的三个层面对创新创业人才培养体系进行探索与实践,使第一课堂和第二课堂有机结合,培养学生的创新创业意识和能力,能够有效提升高校人才培养质量。

三、文献述评

通过搜集、整理和分析大量相关文献发现,国内外学者对创新创业教育的研究与所在国家或地区的创新创业教育的实践改革历程以及相关政策的陆续颁布密不可分。由于我国创新创业教育政策提出得比较晚,其实践改革探索也处在初步阶段,学界对创新创业教育的研究也集中在近几年。

通过 CNKI 数据库检索,使用文献计量法考察以"创新创业教育"和"创新创业人才培养"为主题的相关文献,该主题的文献分布于 2000—2020 年,共有 4 088 篇文献。(由于 2021 年尚未结束,暂未统计 2021 年现有的 469 篇文献)

年度发文量反映出创新创业教育和创新创业人才培养的变化态势、研究水平和发展程度。图 1 反映了创新创业教育和创新创业人才培养相关研究的年度变化状况,2000—2020 年度发文量分布于 1 篇至 847 篇之间,2000 年至 2007 年发文量均少于 10 篇,其中 2000—2003 年和 2005 年各年度发文量为 1 篇,2004 年为 4 篇,2006 年和 2007 年各年度发文量为 5 篇,说明该研究方向处于萌芽阶段;自 2008 年后发文量呈上升趋势,2008 年为 19 篇,2009 年为 16 篇,2010 年为 35 篇,2011 年为 53 篇,2012 年为 56 篇,2013 年为 82 篇,反映该研究方向处于探索阶段;直至 2014 年发文量逐年递增均达到 100 篇以上,2014 年为 110 篇,2015 年为 197 篇,2016 年为 468 篇,2017 年为 662 篇,2018 年为 830 篇,2019 年为 847 篇,2020 年为 694 篇,年度发文量一直处于百篇以上,其中 2015 年到 2016 年发文量快速拉升,随后在 2019 年发文量达到峰值。研究热度持续上升,说明该研究方向受到业界关注。

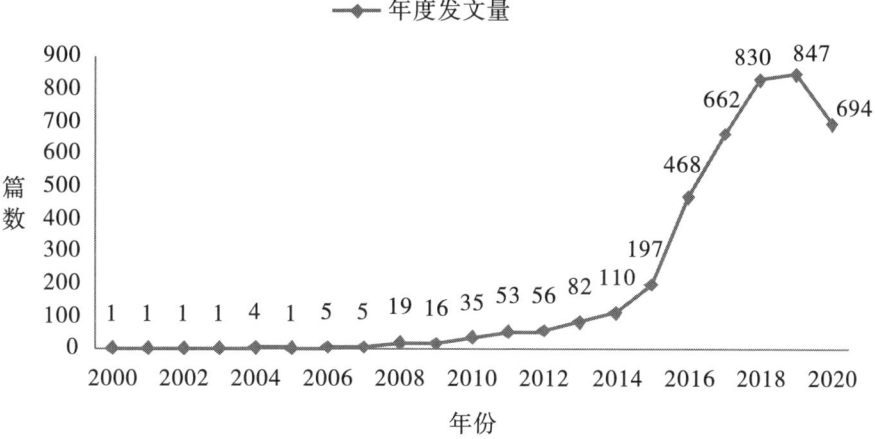

图1　2000—2020年"创新创业教育"和"创新创业人才培养"发文情况分布

综上,依据"创新创业教育"和"创新创业人才培养"发文情况,本研究将其划分为2000—2007年、2008—2013年和2014—2020年三部分,以深入了解各年度的发文情况。

在2000—2007年,创新创业教育和创新创业人才培养研究量小力微,共有19篇文献,这与1999年中共中央国务院印发《关于加强技术创新,发展高科技,实现产业化的决定》和2000年中央经济工作会议首次提出要制定和实施人才战略有间接关系,为创新创业教育和创新创业人才培养提供了政策视角,逐渐意识到创新创业教育和创新创业人才培养研究对科技创新、人才战略、高校发展的重要性,数量虽少但为往后研究开辟道路。

在2008—2013年,创新创业教育和创新创业人才培养的文章数量增加,共有261篇。由于2012年教育部《关于全面提高高等教育质量的若干意见》中提及创新人才培养模式和高校科技创新能力,所以研究热点逐渐聚集于宏观层面,大多文章与创新创业人才培养质量的提高和创新创业教育体系、模式的构建等密切相关。10篇引用率最高的文章中有5篇处于这个阶段。这为创新创业教育和创新创业人才培养研究把薪助火。

在2014—2020年,创新创业教育和创新创业人才培养研究的发文量共有3 808篇。2014年李克强总理提出"大众创业、万众创新",使得此类研究有增无减。另外5篇引用率最高的文章处于这个时间段,说明创新创业教育和创新创业人才培养的研究是持续不断发展的,受到政策影响的创新创业教育在高校中蓬勃发展,"互联网+"的理念也应用于创新创业人才培养中去。

总体来讲,已有研究的焦点主要集中在创新创业政策、创新创业教育改革、创新创业人才培养和创新创业课程等几个方面,也提出了一些有价值的观点,如提出创新创业教育要树立产学研协同育人理念,建立完整的创新创业教育支持体系,创新创业教育融入专业教育,进行创新创业多课堂融合,等等。基于当前我国大力倡导和鼓励创新创业的大背景,已有研究对高校创新创业教育的探索改革具有重要指导意义和参考价值。

由于我国高校创新创业教育实践改革历程的短暂和相关理论的缺失,已有研究在积极探索的同时也呈现出诸多不足,如研究成果整体数量不多,内容不够丰富,零散地分布在学术论文中,专门研究高校创新创业教育和人才培养的著作较少,涉及高校创新创业人才培养的研究多从育人理念、课程设置、培养模式等单个角度进行分析阐述,并没有针对创新创业教育的特点与要求构建完整的人才培养体系,更未出现将三螺旋模型融入高校创新创业教育的理论分析或实践论证。综上所述,学界对高校创新创业人才培养研究的全面性、完整性、系统性和深入性亟待加强,面对当前我国高校创新创业人才培养的理论指导缺失和实践改革经验不足的现实困境,亟须构建完善的创新创业人才培养体系及其支持体系,以丰富当前学界对这一问题的研究,为高校创新创业人才培养体系构建提供有价值的参考与借鉴。

四、基本概念

1. 体系

"体系"在《辞海》中解释为:若干有关事物互相联系、互相制约而构成的一个整体。

"体系"一词在《现代汉语词典(第7版)》中的解释为:若干有关事物或某些意识互相联系而构成的一个整体。

2. 教育、人才培养

(1)教育

《辞海》对"教育"概念有广义和狭义两种解释:广义指的是以影响人的身心发展为直接目的的社会活动,狭义指由专职人员和专门机构进行的学校教育。

《现代汉语词典(第7版)》从词性角度对"教育"一词下定义,动词形式为"按一定要求培养"或"用道理说服人使照着(规则、指示或要求等)做",名词形式为"按一定要求培养人的工作"。

《中国教育百科全书》在解释教育的本质时,将"教育"阐述为"按一定的社会要求,有计划有目的地培养人的社会活动"。

《中国大百科全书·教育卷》认为:教育是培养人的社会活动。

鲁洁教授把狭义的教育定义为:教育者按照一定的社会要求,向受教育者的身心施加有目的、有计划、有组织的影响,以使受教育者发生预期变化的活动。①

叶澜教授将教育定义为:有意识的以影响人的身心发展为直接目标的社会活动。②

鲁道夫·洛赫纳认为:教育不仅有计划性,也有一定随意性,但实质上是有意识的人类活动。③

康德认为:教育指的是保育、规训以及连同塑造在内的教导。④

(2)人才培养

"人才"在《辞海》中解释为:一是指有才识学问的人,德才兼备的人;二指才学,才能;三指人的容貌。《国家中长期人才发展规划纲要(2010—2020)》中把"人才"界定为"具有一定的专业知识或专门技能,进行创造性劳动并对社会作出贡献的人,是人力资源中能力和素质较高的劳动者"。

"培养"作为教育上的特指意义时,《教育大辞典》中解释为:使学生掌握系统的科学文化知识和技能,形成思想品德、健全体魄的过程。

董泽芳认为:人才培养是一项系统工程,涉及人才培养的理念、主体、客体、目标、途径、模式(过程)与制度七大要素。⑤

因此,人才培养是对人才进行教育、培训的过程,具体而言,指通过教育、培训等方式,使受教育者掌握系统的科学文化知识和专业技能,形成良好思想品德、健全体魄的过程。

(3)区别和联系

可以看出,教育和人才培养既有区别,也有联系。教育既可以作为名词,也可以作为动词,而人才培养是一个名词短语;教育更强调教师的主体

---

① 南京师范大学教育系.教育学[M].北京:人民教育出版社,1984:19.
② 叶澜.教育概论[M].北京:人民教育出版社,1991:8.
③ 冈布列钦卡.教育科学的基本概念:分析、批判与反思[M].胡劲松,译.上海:华东师范大学出版社,2001:16—25.
④ 康德.论教育学[M].赵鹏,等译.上海:上海人民出版社,2005:3.
⑤ 董泽芳.高校人才培养模式的概念界定与要素解析[J].大学教育科学,2012(3):32.

性,人才培养更强调教育的目标:学生。教育强调过程性,而人才培养更注重结果性。两者的最终目的相同,都是有目的、有计划地对受教育者施加影响的活动,都是为了培养人才。教育是人才培养的途径,而人才培养是教育的目的。

3. 创新创业人才培养体系

(1) 创新创业人才

国内对创新创业人才没有统一的定义。学界主流观点是既包括创新型人才又包括创业型人才。关于创新型人才,徐晓玉和姚立英认为,创新型人才是"具有开拓精神和创新能力的优秀人才"[①]。杨茂森认为,创新型人才是指"那些思想解放、思路开阔、善于谋划、敢于决断、知识丰富、实事求是、具有创新能力的人才"[②]。关于创业型人才,主要有两种定义:一是指具有一定的创新能力,在此基础上表现出良好创业素质的人才。二是指拥有创业家才能,善于抓住机会,发现商机,敢于付出与行动创办企业,以实现个人理想和抱负的人才。[③] 关于创新创业人才,有学者认为并非是创新人才和创业人才的简单叠加,而是既有创新能力又有创业潜能的高素质复合人才。[④]

(2) 人才培养体系

人才培养体系是一个完整的培养体系,包括人才培养目标、课程、教学和实践等一切与人才培养有一定联系的各个子系统。

从上面的定义来看,人才培养体系是一个综合的、复杂的、有针对性的,为了实现一定目标而形成的一个运行系统。[⑤]

与教育的概念一样,在微观上,人才培养体系限于学校内部,包括人才培养目标、人才培养规格与培养方案,主要体现在具体的人才培养计划中,包含专业培养目标、人才培养规格、培养对象知识结构、技能水平和综合素

---

① 徐晓玉,姚立英.搞好高校创新人才的培养 迎接知识经济时代的到来[J].西南民族学院学报(哲学社会科学版),1998(S6):105-107.

② 杨茂森.创新型人才的六大特征[J].中国人才,2006(13):8.

③ 刘碧强.英国高校创业型人才培养模式及其启示[J].高校教育管理,2014,8(1):109-115.

④ 郁震,高伟,陈颖辉.高校PBL创新创业型人才培养模式初探[J].中国青年科技,2008(1):47-52.

⑤ 陈鹏.基于扩张战略的SZ酒店核心人才培养体系研究[D].南宁:广西大学,2012.

质、课程设置与教学内容等要素。① 在宏观上，还应该包括培养的外部政策、制度、评估、合作机构等。

（3）创新创业人才培养体系

本书采用人才培养体系的宏观概念。据此，创新创业人才培养体系是在创新创业理念指导之下，协调人才培养过程中的各方因素，使其成为一个密切联系的整体，从而各子系统共同实现特定的教育目的和人才培养目标。创新创业人才培养体系除了包括专业培养目标、人才培养规格、培养对象知识结构、技能水平和综合素质、课程设置与教学内容、评价体系等要素，还包括参与创新创业教育的政府、企业等外部要素。

国务院在《关于深化高等学校创新创业教育改革的实施意见》中指出，高等学校创新创业教育其实质在于五大方面：一是构建创新创业课程体系；二是工学结合、校企合作，建立创新创业实践教育体；三是落实学分制度、教学考核制度，改革学籍管理制度；四是构建创新创业指导与服务体系；五是制定创新创业人才培养方案与确定创新创业人才规格指标。

创新创业教育包括两个层次的目标。第一个层次目标，是唤醒大学生的创新创业意识，培养大学生的创新创业精神，让大学生努力成为各行各业的高素质人才。第二个层次目标，是提高大学生创新创业所必需的综合能力，包括创意思维、商业模式设计、团队组建、资源整合、市场运营、企业申办、新创企业管理等，从而更好地助力大学生自主创业。②

中国高校创新创业教育联盟认为，创新创业教育不能近似或者直接等同于"创业教育"，实际上它的目标已经超越了传统意义上对就业教育、创业教育的补充和代替，是更高要求的教育改革活动，是让青年人迸发创新热情与创业活力的实践活动，是助推经济社会转型与创新型国家建设的基础和保证。

创新创业教育，是指"以培养受教育者的创新精神、创业意识与能力为基本价值取向的教育理念与教育模式"③。

根据教育和人才培养概念的区别与联系，可以看出，创新创业人才培养体系是创新创业教育体系的组成部分，创新创业教育体系是创新创业人才

---

① 鞠平，任立良，阮怀宁，等.构建高素质创新人才培养体系的思考与实践[J].中国大学教学，2004(4):34-35.

② 杨雪梅，王文亮.创新创业教育论[M].北京:清华大学出版社，2017:3.

③ 张澍军，王占仁.作为理念和模式的创新创业教育[N].光明日报.2013-3-14(11).

培养体系的深化。二者都是在创新创业理念指导下形成的,目的都是为了培养受教育者的创新创业精神和创新创业能力。在本书中,为了更加强调创新创业教育的对象,多用了创新创业人才培养体系的概念。考虑到每个国家表述的不同,以及二者之间的联系,表述中有时是同义语。

五、研究内容

本书除了导言和结语,主体内容包括以下八个部分。

第一章:三螺旋模型的理论阐释和创新创业教育应用的适切性。通过相关文献资料的搜集整理,梳理了高校、企业与政府的关系类型,诠释了三螺旋模型理论来源和应用于创新创业人才培养的适切性,为研究提供扎实的理论分析框架。

第二章:三螺旋模型下美国高校创新创业人才培养体系的构建。以美国高校为例,探讨创新创业教育的发展阶段与未来趋势,分析三螺旋模型下美国高校创新创业人才培养体系,阐明美国高校创新创业教育的特点及其对我国高校创新创业人才培养的启示。

第三章:三螺旋模型下美国社区学院创新创业人才的培养机制。阐述美国社区学院的课程设置、师资队伍建设、教师考核评价,深入分析社区学院创新创业教育的特点及其外部支持体系,梳理了美国社区学院处理高校、企业与政府三方关系的方式方法,探讨三螺旋模型下美国社区学院创新创业人才培养机制,为我国高职高专院校提供有益参考。

第四章:三螺旋模型下我国高校创新创业人才培养政策的演变。通过对我国创新创业政策的研读与剖析,归纳出我国高校创新创业人才培养政策演变过程中遇到的问题,并从政策制定机制、政策执行力、政策评估和政策监督机制等方面提出三螺旋模型下高校创新创业政策的优化策略。

第五章:三螺旋模型下我国大学生创新创业政策实施效果评价。以河南省为例,通过测评三螺旋模型下我国大学生创新创业政策实施现状,分析大学生创新创业政策的认识程度和接受情况,提出提升实施效果的路径。

第六章:三螺旋模型下我国高校创业课程有效性调查与分析。基于河南省20所高校大学生创新创业调查数据,使用倾向值匹配方法控制研究样本的内生性问题,评估创业课程的有效性,为创新创业人才培养研究提供资料参考,为推进高等学校创新创业教育改革提供实践证据。

第七章:三螺旋模型下我国高校创新创业人才培养实证研究。以样本高校为例,基于三螺旋模型对我国创新创业人才培养进行实证研究,深入分析了高校、企业、政府三方在高校创新创业人才培养中出现的问题,并提供了解决方案。

第八章:三螺旋模型下郑州大学创新创业人才培养体系探索。通过对郑州大学近年来创新创业人才培养体系实践的研究,提出综合性大学人才培养模式的创新点,积极探索建构综合性大学创新创业人才培养体系。

六、研究方法

1. 文献研究法

在查阅和研究相关文献资料,借鉴国内外创新创业人才培养体系研究成果的基础上,基于三螺旋模型,从政府、企业和高校三个层面对创新创业教育与专业教育、实践环节、协同育人相融合的实施途径与政策构建进行深入研究。

2. 问卷调查法

将河南省高校按照一流大学建设高校、一流学科建设高校、一般本科院校及高职高专院校进行分类汇总,采用分层抽样的方法选取河南省东、西、南、北、中部五个地区共20所高校作为样本院校,向其在校学生发放问卷,从六个维度(创新创业政策支持、创新创业课程体系、创新创业师资队伍、创新创业校内组织、创新创业实践环节及创新创业文化氛围)对在校大学生的创业意愿、创业资金来源,对有关大学生创新创业政策的认知、获取创新创业政策信息的渠道,对创新创业文化氛围的评价等信息进行研究,运用统计学方法进行相关统计分析。

3. 比较研究法

经由国别间的比较,分析总结有益经验,提升和完善我国创新创业人才培养体系。通过不同学校间的比较,明晰高校间创新创业人才培养的共性问题,探索解决途径。

七、研究的创新点

本书基于三螺旋模型,从政府、企业和高校三个层面探索创新创业人才培养体系的构建,致力于从课程和教学两个方面解决高校创新创业教育与专业教育"两张皮"的实际问题。创新点主要体现在以下三个方面。

第一,从理论上分析三螺旋模型融入高校创新创业人才培养的科学性、必要性与适切性,明晰三螺旋模型下高校创新创业人才培养的理论机理与逻辑,相对当前学界已有研究,这是创新创业教育理论发展中的创新。

第二,为了论证三螺旋模型与高校创新创业人才培养的科学性和实效性，本书对美国高校创新创业教育做了较为全面深入的分析，并且通过实证调查探究我国高校大学生创新创业政策实施效果、三螺旋模型下我国高校创业课程的有效性以及创新创业人才培养的现状与问题，相较于已有相关研究，在研究的全面性、系统性、完整性与深入性上均有一定程度的创新。

第三，在分析三螺旋模型和高校创新创业人才培养融合的理论机制与实践逻辑的基础上，本书最终构建了三螺旋模型下高校创新创业人才培养体系，并对创新创业人才培养的各个环节以及外部支持体系提出了兼具科学性和可行性的策略建议，这相对于已有研究也是一个重要的创新之处。

第一章 三螺旋模型的理论阐释和创新创业教育应用的适切性

伴随科学技术的广泛应用和知识经济的蓬勃兴起,创新在经济增长和生产发展中扮演着前所未有的重要角色,曾经分离的政府、企业和研究机构三个领域间的趋同和交叉现象愈发明显。政府、企业和高校等主体正日益形成资源共享、合作共赢和风险共担的创新网络。① 三者的联动能有效推进不同学科、不同领域的交叉与融合,推动高等教育与科技、经济、文化的同频共振,提升社会创新能力,培养创新创业人才。"高校—产业—政府"这三个领域重叠而成的三螺旋结构也逐渐成为区域、国家与跨国创新系统的核心。②

在创新领域研究中,20世纪90年代提出的"三螺旋模型"是典型的"耦合创新"结构,强调"协同创新""交互式创新",是企业、政府、高校等部门为实现重大科技创新而开展的大跨度、大整合的创新组织模式,是借由政府、企业和高校三方相互作用、密切合作,同时又保有各自独立身份的创新模式。③ 该模型重视政府、企业和高校在知识生产、应用和传播方面的交互性,变革传统创新动力机制和创新传播机制,形成适宜自身的分工合作机制和创新生态环境,以点带面带动社会创新发展。三螺旋模型的提出和应用既是创新理论深入研究的必然,也是时代发展要求的应然,是高校职能拓展、知识价值观变化等因素综合作用的结果。

---

① 李宇,张雁鸣.网络资源、创业导向与在孵企业绩效研究:基于大连国家级创业孵化基地的实证研究[J].中国软科学,2012(8):99.
② 张秀萍,卢小君,黄晓颖.基于三螺旋理论的区域协同创新网络结构分析[J].中国科技论坛,2016(11):82-88.
③ 埃茨科维兹.国家创新模式:大学、产业、政府"三螺旋"创新战略[M].周春彦,译.北京:东方出版社,2014:1.

第一节 三螺旋模型源起与空间结构

一、三螺旋模型的产生背景与阐释

（一）三螺旋思想起源

三螺旋思想起源于古代美索不达米亚人发明的一种用于农田灌溉的提水螺旋,该螺旋由三根螺旋线构成,有利于把水从低处引到高处,古巴比伦著名"空中花园"就是采用了这种水力系统。后人将这种由下而上的螺旋上升比作事物的发展规律,到了近代三螺旋已经发展成为一种风靡全球的创新模式,被广泛用于社会创新。其中最为典型的就是政府—企业—高校三螺旋创新模型。1994年,荷兰的雷德斯多夫(Loet Leydesdorff)在一次"进化经济学和混沌理论:技术研究中的新方向"专题研讨会上,提出构建适应社会发展的政府—企业—高校协同模式,用以消除知识商品化过程中的各种障碍性要素。[①] 此后,被称为"三螺旋之父"的亨利·埃茨科维兹(Henry Etzkowitz),相继撰写并出版了大量关于三螺旋的专著和论文。1995年,亨利·埃茨科维兹与雷德斯多夫合编《高校和全球知识经济:高校—产业—政府关系的三重螺旋》论文集。1996年,两人在《纽约科学院年刊》(Annals of the New York Academy of Sciences)杂志发表《三重螺旋——高校、产业、政府关系:以知识为基础的经济发展实验室》一文,在学界引发巨大讨论。同年,首届三螺旋国际会议在阿姆斯特丹的成功召开,标志着三螺旋模型成为创新理论集群中的一个重要分支。此后,亨利·埃茨科维兹出版其里程碑式代表作《国家创新模式——大学、产业、政府"三螺旋"创新战略》(The Triple Helix:University-Industry-Government Innovation In Action),此书先后被译成中文、瑞典文、日文、葡萄牙文、俄文等多种语言,在全球范围内出版发行。三螺旋思想在世界范围内被广泛认同与应用,成为国家/区域创新模式。

（二）三螺旋核心观点与组织原则

三螺旋模式的核心观点是:①在知识经济时代,高校、产业、政府之间的紧密合作和良性互动是经济社会发展的主要推动力,是实现创新的关键。

---

① 高运胜,聂清,贺光辉.三螺旋结构下台湾政产学合作模式分析:以新竹科学园区为例[J].高等工程教育研究,2013(6):109-113.

②在三螺旋创新模式中,高校作为新知识、新思想的主要来源,向社会输送创新人才、科学技术,是创新的生产力要素,产业作为生产和技术转化机构,提供资本、产品、服务等,政府为确保产业和大学之间的良性循环提供政策、法规、信息等保障条件。③在三螺旋创新模式中,政府、产业和高校,既要发挥其他机构的作用,又要保持自身的独立地位。也就是说在一个运作良好的三螺旋模式中,每个参与成员的核心功能都得到加强,辐射功能得到放大。如高校的核心使命是教育教学和科学研究,在三螺旋模型下,高校还可以通过技术转移或转让,成立校办企业或公司向产业或商业界拓展,促进经济增长,通过智库建设为政府提供资政服务,促进政治文明建设进程。同时,这些拓展功能也为高校自身的发展创造了良好的政策环境和经济基础,进而提升人才培养和科学研究的质量,强化了其核心职能。

三螺旋的组织原则是期望高校在经济社会发展和创新型国家建设中发挥更大的作用。高校的发展史就是一部高校与社会关系的变迁史,社会发展和人类文明程度越高,对高校的依赖性越强。过去政府和产业是社会的主要机构,而高校只是社会发展的附属机构,即使到了工业时代,高校也仅仅是被作为社会发展的次要支撑机构。但在知识经济时代,高校及其拥有的知识资本在社会发展中的地位和作用越来越重要,高校正在逐步成为社会创新的领导性机构。

(三)政府—企业—高校三螺旋模式的形成与发展

在埃茨科维兹等人的三螺旋著作中,其中的一条螺旋用的是"Industry",中文意思为"行业""工业"等,译为"产业"的较多,也有译为"企业"的,因为企业是创新的主体。除了尊重译者、部分作者直引采用"产业"外,本书主要使用"企业"的表达。另外,"University"的主要意思为"大学",主流的观点认为,"大学"才具有人才培养、科学研究和社会服务三大职能。但从知识生产模式的发展演变看,其他高等教育机构也参与到研发和服务中,因此,三螺旋的另一条螺旋用"高校"表达。

政府—企业—高校三螺旋模型的起始逻辑是合作、互惠与共赢。三螺旋是在对"政府—企业""政府—高校""企业—高校"两两合作的双螺旋突破与超越的基础上构建的一种更具稳定性的非线性网状创新模型。① 埃茨

---

① LEYDESDORFF L, ETZKOWITZ H. The dynamics of innovation: from national systems and "mode 2" to a triple helix of university–industry–government relations[J]. Research policy, 2009(29): 109-123.

科维兹认为,区域创新系统的制度化网络必须形成螺旋式的联动机制,类似于 DNA 缠绕,一共三股:一条是政府及行政机构组成的行政链条,一条是包含垂直和水平联系的组织化公司生产链条,还有一条是研究机构组成的技术科学链条。诚然,对三螺旋机制的有效运转而言,三股螺旋相辅相成、紧密结合,各个要素间拥有高度的耦合协调,倘若其中一条或两条链条发展缓慢,那么三螺旋的协同作用势必受到严重损坏。按埃茨科维兹和雷德斯多夫的三螺旋模型,创新系统的进化和当下高校、产业关系选择哪个路径的争论,最终将反映在政府—企业—高校关系的制度安排上。[①] 根据不同国家的政治制度及创新系统差异,虽然都存在政府、企业及高校三个主体,但其内部结构和彼此逻辑间的关系却千差万别。基于此,三螺旋创新模型选取了两种流行的政治制度模式作为背景,提出了三种创新体系模式。

第一类是"国家干预主义模式",简称为"三螺旋Ⅰ"(见图 1-1)。该创新体系中,政府是三螺旋的主轴,指挥创新活动、掌握创新资源的是政府,协调企业与高校关系的也是政府,企业和高校被视为弱小的、需要被政府控制和指导的机构。该模式的优势在于有利于基础研究和重大科研突破的出现,在政府的统一领导下建立专门的基础研究机构和应用研究机构,有利于一个国家或地区形成自己的独特特色的或具有比较优势的高科技产业。因此,在"有好的领导、明确的目标和重大资源投入的前提下,国家干预主义模式可能会结出硕果来"[②]。但是在该模式中,高校是作为一个远离企业的教育机构而存在,企业也不能直接参与技术转移事务,企业和高校拥有的创新空间极为有限,整个社会的创新积极性受到抑制。因此,豪黑·萨巴托(Jorge Sabato)认为,这种国家干预主义模式适合于发展中国家,因为在经济发展程度不高的国家或地区,只有政府才有能力和资源协调产业和高校等机构协同创新。实际上,这种模式也适合于应对重大国家危机,如第二次世界大战后的美国就是借助政府干预主义的三螺旋模式,加强了高校与企业界和社会的联系,并促进了高校社会服务职能的形成与发展。

第二类是"自由放任模式",简称为"三螺旋Ⅱ"(见图 1-2)。该创新体系的主要特征是:政府、企业及高校边界清晰、彼此分离、保持独立、互不干

---

① ETZKOWITZ H, LEYDESDORFF L. The dynamics of innovation: from national systems and "mode 2" to a triple helix of university – industry – government relations [J]. Research policy, 2000(9):109-123.

② 埃茨科维兹. 国家创新模式:大学、产业、政府"三螺旋"创新战略[M]. 周春彦, 译. 北京:东方出版社, 2014:33.

涉,各领域都按自身任务和要求独立开展工作。因此,在自由放任的三螺旋模式中,政府—企业—高校之间只有有限的相互作用,政府仅具有调节职能,几乎不干预高校和企业的运作;高校按照各自的办学定位和教育逻辑向社会提供人才、科研成果和服务等,但不能从事经济活动;只有企业才是经济部门,不同的企业按照自身生产发展需求从高校现有的供给中选择自身所需的知识资源、人力资源。这种模式下高校和企业都能获得最大的创新空间和自由,有利于调动创新的积极性和主动性,激发创新活力。然而,该模式中高校间、不同企业间的关系是竞争大于合作,彼此之间缺乏自觉的沟通机制,很难形成系统的创新结构。

上述两种创新模式中,无论是政府主导的"三螺旋Ⅰ",还是企业指导的"三螺旋Ⅱ",都有其适用条件和局限,都有着无法克服的政府与企业的冲突与矛盾,更有甚者,这两种模式都将高校限制在次要位置,不利于形成以知识为基础的创新体系和机制。因此,在知识经济时代这两种模式的局限性就更为明显。

第三类是"重叠模式",简称为"三螺旋Ⅲ"(见图1-3)。这种模式的最大特点在于形成了高校作为主要创新因素的创新组织。该创新模型中,政府、企业与高校在两两互动的同时,还有三方职能的交叉与重叠,出现三方的协调活动,孕育出新的三边网络和混成组织,该组织除履行传统的职能外,还承担了新的功能。换言之,"三螺旋Ⅲ"就是政府、企业与高校职能的两两重叠与三方交叉。新三边网络和混成组织结构的共同目标是:为高校衍生的企业、政府实验室及学术研究机构共同构筑有利创新的环境,主动以知识为基础推动经济发展。

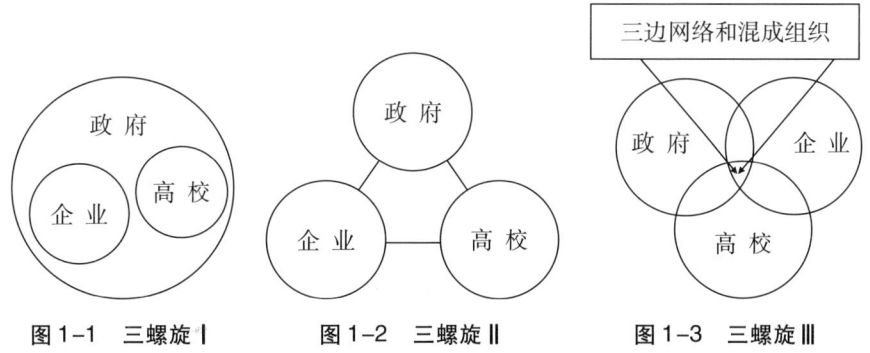

图1-1 三螺旋Ⅰ　　图1-2 三螺旋Ⅱ　　图1-3 三螺旋Ⅲ

如果从进化的观点探究三螺旋模型的变化,可以发现技术上的变革为三螺旋模型结构的变化提供了动力。图1-3的三螺旋模型将政府—企业—

高校三方视为平等关系，彼此依赖、互相重叠，三方能够跨越甚至打破各自领域边界实现互动、合作。三螺旋Ⅲ的创新模型能够清晰辨别政府、高校和企业三者的关系变化，而且这三个领域中每部分存有各自内部变化，不再以原先各自功能和秩序进行排列组合，而是要求三方协同联动，共同参与、分析和解决问题。伴随三螺旋模型的发展，对该模型的理解也逐渐开始出现广义和狭义的分野，广义上的理解包含三螺旋的三种模型和结构；而狭义理解则偏向于将"三螺旋"概括为"三螺旋模型""三螺旋理论"，或概括为三螺旋Ⅲ这一模型。

三螺旋模型的产生是对"政府主导"和"市场主导"在创新创业领域越来越不契合的反思与超越。政府、企业和高校都有各自清晰的组织目标，政府是契约的稳定来源，能保证各机构间稳定的相互作用，其目标在于为社会提供优质的公共服务和公共产品，保障社会的有序运行、维护公平正义；企业是社会生产场所，能够提供金融服务和物质商品，其目标在于追求利润的最大化；而高校则是新技术、新知识的主要来源，提供知识经济生产要素，其目标在于人才培育、科学研究和社会服务。① 政府、企业和高校三螺旋创新模式的逻辑起点是合作，逻辑中点是互惠，逻辑终点是创新与增值，即政府、企业和高校在通力合作、互利互惠的基础上实现协同创新。互惠一方面是指在协同创新的过程中，政府、企业、高校的价值都得到充分的体现，地位都得到强化，让每一方都成为协作的受益者，使其发展空间和前景更为广阔。互惠的另一层含义是政府、企业和高校在协作的过程中其独立性得到彼此的尊重，并且其作为独立机构的核心特征得到进一步凸显和强化。为更好地理解政府、企业和高校在保有自身独立性的基础上协同创新这一概念，埃茨科维兹引入了"场"的概念。他认为每股螺旋力量都有自身的"内核"与"外场"，其"内核"是其相对独立性的表现，其"外场"决定了它与其他组织间的相互作用、协同创新关系。"内核"论述了为什么政府、高校和产业三方要保持独立地位与核心职能，"外场"则论述了三方协作为什么会发生以及在哪里发生。"内核"与"外场"对一个组织来说，同等重要，且内外相呼应。"如高校有它的内核区，与其他机构保持相对独立；同时也有与其他机构充分相

---

① LEYDESDORFF L, ETZKOWITZ H. The dynamics of innovation: from national systems and "mode 2" to a triple helix of university – industry – government relations [J]. Research policy 2000, (29): 109–123.

互作用的外场域。"①高校虽能起到产业的作用,但其核心仍然为教学、科研与社会服务,有别于政府与企业的本质特征,政府与企业亦如此。"若一个机构不能保有自身相对独立性,那么它就会失去自身特征。"②

二、创新创业教育三螺旋创新模型:"一体三翼三空间"

在以上三类三螺旋模型中,"三螺旋Ⅲ"是最理想的模式。它体现在政府、企业与高校两两相交,交于三处,而三者共交于三边网络和混成组织,这种相交模式或互动过程可概括为"一体三翼三空间"。

"一体"是重心。所谓"一体",是指政府、企业与高校三方的交叉重叠部分,三方职能的交叉与重叠,孕育出新的三边网络和混成组织。与其他传统的松散组织不同的是,这些组织不再是单一体而是混合体,通过统筹、协调三者关系,更有利于产生重大的协同创新成果。鲍瑞斯(Borys)认为,混合体是多种现存组织资源和治理结构的组织安排。③这种混合性质的"一体"能克服单一组织存在的经营效率低、资源短缺及设施缺陷等劣势,充分发挥混成组织在规模经济和风险分担等方面的组织优势。④"一体"将政府、企业和高校三方有力地拧成一股绳,能将各自优势发挥到最大,螺旋推动创新创业教育的前进发展。这种模式与传统的创新模式有着本质的区别,可以说这种创新模式本身就是一种创新。由于其创新成效显著、创新成果突出,这种模式成为近年来组织管理和战略管理研究领域的热点课题。

"三翼"是基础。所谓"三翼",是指政府、企业和高校三者。将三螺旋模型Ⅲ进一步细分可以发现,存在代表政府、企业和高校三个主体的圆面积不相同的情况,换言之,在三螺旋模型Ⅲ中,并不是政府、企业和高校起到的作用完全等同,根据圆的面积大小也就确定了三类创新主体关系。政府、企业、高校任何一方都能成为三螺旋关系的主轴,另两股力量则成为支撑结构,且能随时变换为三螺旋关系的主轴,从而形成三种模式:一是以新知识为主轴的高校推动模式,该模式重视高校专业知识、科研能力的提升,以此

---

① 周春彦,埃茨科维兹.三螺旋创新模式的理论探讨[J].东北大学学报(社会科学版),2008(4):300-304.

②③ BORYS B, JEMISON D B. Hybrid arrangement as strategic alliances: theoretical issues in organizational combinations[J]. Academy management review, 1989, 14(2):234-249.

④ KOPPELL J G S. Hybrid organizations and the alignment of interests: the case of fannie mae and freddie mac[J]. Public administration review, 2001(4):468-482.

改善产品质量与提升生产技术(见图1-4);二是以市场供需为主轴的企业引领模式,该模式强调企业更好地为高校提供设备经费,提升高校科研实力,借助研发提升企业产出(见图1-5);三是以宏观政策为主轴的政府引领模式,该模式侧重于政策制定和制度建立健全,使高校和企业合作获得合法性的同时也获得更多保障(见图1-6)。①

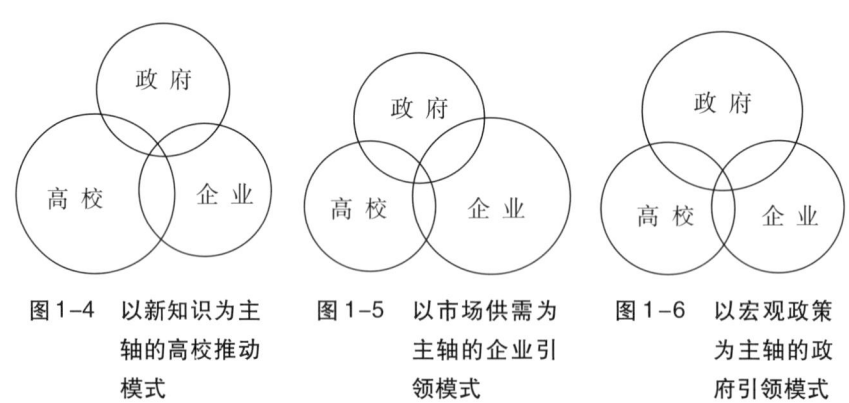

图1-4　以新知识为主轴的高校推动模式　　图1-5　以市场供需为主轴的企业引领模式　　图1-6　以宏观政策为主轴的政府引领模式

在三螺旋模型中,政府、企业和高校均有自身的利益诉求,政府希冀通过三方鼎力合作实现科技、教育与经济的对接,带动整个社会创新创业的发展,提升国家创新能力和综合实力;企业在期待经由高校提供的科技与人才资源利用,促进产品开发,实现企业盈利,赚取更多经济利润;高校则期望通过实现科技成果的转化,提升人才培育水平,获取更多的社会资助和资金支持。在该过程中,每一方都能审时度势,通过相互作用调整自身的结构和功能,使总体呈现出三螺旋交互上升状态,最终形成个体独立、相互支持、跨界发展的三螺旋协同发展模式。② 且该模型中三者关系为动态平衡关系,即任一种三螺旋关系并非一成不变,在不同时期或不同地区内存有不同平衡关系,或高校推动,或政策驱动,或企业引领,或几种模式混合。对三螺旋模型协调过程的认知,应该基于三者间的资源依赖性,而这也是三螺旋模型内部创新过程协调的合法性依据所在。政府、高校和企业三方应通过制定风险

---

① 张延平,陈婉婷,樊爱国,等.三螺旋理论研究视角下多维主体协同参与的创新创业运作组织模式研究:以广州大学生创业研究院为例[J].中国管理信息化,2017,20(18):240-242.

② 周春彦.大学—产业—政府三螺旋创新模式:亨利·埃茨科维兹《三螺旋》评介[J].自然辩证法研究,2006(4):75-77.

分担和利益分配机制,减少创新活动中"搭便车"的行为。

"三空间"是关键。所谓"三空间",是指"知识空间、趋同空间和创新空间。这三个空间彼此重叠、相互交叉"①。知识空间是高校和科研场所为主的研究机构进行知识生产的空间,在研发数量、质量到达临界点后就转出科研院所转变为生产力,是实现知识成果转化的重要环节,知识空间能为现有的经济创新发展提供智力支持、科技支撑,是经济发展的重要动力来源;趋同空间是将不同的组织和人员,确切地说是政府、企业及高校等参与者聚集在一起,通过提出问题、分析问题、解决问题的活动过程达成一致意见。"当高校、产业、政府三方代表反复论证、达成共识、形成战略并将实现这一战略资源组织在一起,趋同空间目的也达到了。"②创新空间是由多个主体协同创造的混杂组织,通过汲取不同组织要素而进行创新活动的场所,经由组织改造、改组或创建新组织来实现趋同目标,能有效弥补创新环境的空隙,带动整个创新活动的发展。"三空间"是三螺旋模型最具现实意义和实践意义之处③,原因在于"三空间"既是三螺旋模型由理论转为实践的必由之路,又是该转变过程中的关键一步,只有最大程度激发知识空间、趋同空间和创新空间三者的潜能,才能实现三螺旋模型的有效运作。

三螺旋模型意在阐述不同层次、不同主体间的复杂互动与交互影响。该模型并不刻意强调谁在创新创业活动中担任主角,而在政府、企业和高校同时作为创新主体上达成共识,认为三者在纵向发展的同时,也能通过横向的相互作用,提升创新速度和挖掘创新深度,无论哪一方为主,最终都将形成动态的三螺旋模型。三螺旋模型就其精髓而言,是在区别政府、高校和企业三个领域和各自目标的基础上,强调三者间的合作关系,重申三方的共同利益和共同目标在于创造社会价值。总之,政府—企业—高校关系模式可被认为是以联动为核心的进化网络螺旋模式,它试图精准解释和描述创新体系中的新变化和新结构,即创新的三螺旋模型相比传统线性创新模式而言,更能精准地抓住知识资本化过程中不同阶段、不同主体的多元互惠关系。

创新创业教育关系到创新型人才的培养、创新型国家的建设,是全社会

---

① 韩高军.三螺旋理论视角下的创业型大学[J].教育学术月刊,2010(6):41-43.
② 柳岸.我国科技成果转化的三螺旋模式研究:以中国科学院为例[J].科学学研究,2011,29(8):1129-1134.
③ 周春彦,埃茨科维兹.双三螺旋:创新与可持续发展[J].东北大学学报(社会科学版),2006(3):170-174.

关注的热点和重点问题。创新创业教育是高等教育的一部分,且主要发生在高校。因此,创新创业教育是高校的事,但又不只是高校的事,需要政府、高校和企业密切配合、通力合作。具体而言,在创新创业教育中,"一体"具体表现为:技术转移办公室、孵化器、高校科技园、产业园等组织。这些组织或机构是政府、高校、企业职能的交叉点,是三方理念与需求的交汇处,更是创新思维碰撞的平台、创新成果产生的温床。正如上文所言,在创新创业教育的"三翼",在不同的节点有不同的主导方。在创新创业教育中,创新创业基础知识和基本理论学习方面应以新知识为主轴的高校推动模式为主,政府和企业应充分尊重高校的教学自主权,这是高校的核心职能之一。在创新创业实践或实习方面,以创新创业活动的内容选择市场供需为主轴的企业引领模式或以宏观政策为主轴的政府引领模式。也就是说创新创业教育三螺旋模型是一个动态的三螺旋模型,该模型并不刻意强调谁来主导,三方都是主角。高校作为知识空间,是创新理论、创新理念、创新方式方法、创新技能技术等的集散地。在综合考虑国家政策和现实需求基础上,作为创新主体的三方在达成共识的基础上提出创新问题,通过相互作用提升创新速度和挖掘创新深度,培养出具备创新创业精神和创新创业能力,敢于参加创新创业实践的时代创新型人才,产生具有重大影响力的创新成果。

第二节　三螺旋模型的创新动力机制

在政府、企业及高校间通力合作、紧密配合,构成有机创新螺旋的情况下,就能产生巨大的创新动力,具体表现为:政府政策驱动力、企业市场吸引力及高校科研推动力三方面,而这三方的系统组合就能形成持续、高效的创新源泉,形成三螺旋模型的创新动力。

一、政府政策驱动力

政府是公众的代表,政府的行为必须充分考虑公众的现实需求和长远利益,顺应当今世界经济科技发展浪潮,支持鼓励社会创新的发展。不同的国家或政府开展创新活动的目的和出发点或许有所不同,但无论如何,创新的公众力量即政府政策驱动对创新发展而言十分重要,政府政策在整个三螺旋模型中也扮演着至关重要的角色。

政府可以有效弥补市场失灵。经济活动以市场调节为主,市场调节主要是依据价值规律,通过价格的浮动、供需的变化,调节资源在社会各部门间的分配或重组,实现整个经济活动的正常运行。然而与市场调节相伴相生的就是市场失灵,即使在纯经济领域市场调节也存在失灵的风险。因而,经济活动的健康持续运行离不开政府的宏观调控,对于公共产品或准公共产品更是如此。因此,对于高等教育领域的调控,政府政策驱动至关重要。具体到创新产业教育领域,如果单纯依靠市场调节就很有可能出现以下三种市场失灵的情况:首先,市场虽然也需要创新,并通过优胜劣汰机制鼓励创新,但市场的调节并不是总能推进创新的发展,有时甚至还会阻碍、扼杀创新,如部分寡头企业为了牟取高额的经济利润,维持市场的垄断地位,而拒绝参与甚至打压创新和变革。其次,高校开展的科研创新尤其是基础研究方面很多时候是学者出于"闲暇的好奇",追求知识、探索高深学问是其最高使命,研究能否赚取利润并不是其最大关切。这意味着价值规律在这里并不适用,一方面是创新者不以市场价值作为最大遵循,另一方面是这种创新成果的社会效益巨大、影响深远且受众广泛,无法单纯地从经济的角度衡量其价值。最后,创新不仅需要基础设施,如实验室、计算中心、数据收集中心等巨大的前期投资,而且成本回收时间长,收益也具有很大的不确定性。因此,面对历时弥久、耗资巨大、收益滞后,且存在很大不确定性的创新项目,个人和企业大多不愿意也无力承担如此巨额且高风险的投资。故此,若这样的基础研究只依赖于市场进行资金投入和人员配置,创新活动必将因资源的限制而被迫中断或延迟。市场的望而却步影响的是整个社会的创新进程,这就需要政府通过相关的政策来进行引导和扶持,为社会创新创业发展兜底的同时,也为创新创业的发展保驾护航。

政府政策驱动力的作用不光体现在对市场失灵的弥补上,还体现在政府能有效制订长远的科技发展规划,为创新谋划蓝图。政府通过对未来的发展进行长远规划,制定科技创新、发展的具体措施,彰显其发展经济的决心,而这也是国家或地区提高创新能力、激发创新活力和提升创新效率的保证。另外,政府还能通过完善税收政策、进行创新补贴,通过金融政策影响、引导企业的科技创新和发展。政府也能通过专项资金来支持基础研究、理论研究、创新人才培育、建设大型公共科技创新设施等来影响高校的教育创新。

政府政策驱动力代表公众力量,能通过制定相关政策和资金支持,支持企业创新活动,支持高校创新科研,能通过有效组织创新专利、引进创新成果,加速科研产出和产业化投入,带动经济社会长足发展;能对科学研究进行监督,使科研切实做到为社会服务,为经济建设服务;还能通过完善制度规则,建立健全科技市场,保证市场的公平竞争,保持稳定的市场秩序。但如果政府力量过分膨胀或出现"大政府、小社会"的局面,同样也会对创新产生抑制,所以政府在三螺旋模型中扮演的角色应该是适时适度的。

二、企业市场吸引力

科技创新的动力既来自国家经济、社会和科技等发展需要,也来自市场的迫切需求,但对追逐经济利益为主的企业而言,市场需求则显得更为重要。美国经济学家施莫克勒(J. Schmookler)在《发明和经济增长》(Invention and Economics Growth)中指出:"发明活动与其他经济活动无他,基本上都是追逐利益,都要受到市场的引导和制约。"①施莫克勒的观点虽然遭到了不少学者的诟病,但从经济学的视角打破了传统的技术推动学说的片面认知,开创了市场需求引导技术进步的新理论,为我们全面认识创新与经济增长的关系提供了新视角。马奎斯(Marquis)和迈尔斯(Myers)在1969年对5个产业的567项创新进行调研,发现其中3/4的创新均由市场和生产需求拉动,仅1/5的创新由技术发展带动,他们得到的结论是:在创新活动中,市场需求比技术潜力更为重要②,而这也印证了施莫克勒的观点。创新的时机往往产生于新市场产生需求和需求顺序变化时,市场需求能够为企业的发展提供新思路和新机会,企业只有在满足市场需求的基础上,生产适销产品,才能不断获取经营机会和巨额利润,从而迸发出持续创新的内在动力,源源不断地获取利润。

市场短缺带来获取巨额利润的机会,不断鞭策引导企业进行创新,因而市场的变化也是创新的吸引力所在。当供给短缺且市场需求相对旺盛时,供不应求的现象会使企业有利可图,这时在巨额利润驱使下,企业会主动进行积极创新,或优化产品生产流程、提升生产效率,或采购先进生产设备、扩大生产规模,以增加产品供给能力、获取利润,主动求变的创新动力是正向动力。当市场饱和甚至过剩,产品不断囤积,这时企业若不进行改组、创新,就难以为继,面临被市场淘汰的风险,此时创新来源于应对市场变化的压力和危机意识,这种积极应变迫使企业研究市场的真实需求、积极改进产品质量,甚至推陈出新,及时更新换代,以生产符合市场需求的新型产品等,这时因谋求企业生存而进行的被迫创新可称为创新的负向动力。市场供求平衡时,也并不意味着没有创新出现,一方面是基于市场平衡的暂时性和动态

---

① SCHMOOKLER J. Invention and economics growth[M]. Cambridge,Mass:Harvard University Press,1966:204-208.
② 徐则荣.创新理论大师熊彼特经济思想研究[M].北京:首都经济贸易大学出版社,2006:239.

性,创新可能隐匿其中,并没有显露踪迹;另一方面基于获取利润是企业存在亘古不变的目标,只要企业存在就会从事赚取利润的工作,所以通过创新活动赚取利润也是企业不变的目标。以上的论述均是基于现有的需求,围绕已经出现的需求提供相应的产品或服务。然而,真正意义上的创新,不仅仅是满足当前需求,而且要创造需求、引领需求,这是一种超前识变的创新模式,是一种面向未来需求的从无到有的原始创新,也是最需要政府、高校、企业通力合作的创新。

当前我国正在形成"双循环"的经济发展模式,内需市场的正向变化会对规模经济产生重要影响,并促使其提升效率,是企业发展的内在动力,不断鞭策、敦促企业改革创新:首先,市场的性质,诸如客户的不同需求、市场大小的特点变化等均会对创新产生推动力;其次,消费者需求层次的提升和严苛的消费标准以及个性化的需求,都是促使企业不断追求高质量和优质服务的来源;再次,鉴于市场饱和或开辟新市场,从而进军更大、更广阔的市场,也是企业创新动力所在;最后,除需求外,市场的结构变化也会对创新产生影响,先前有人论证了完全竞争比完全垄断更利于创新[①]。卡曼(Kamien)和施瓦茨(Schwartz)则论证了在完全垄断的市场下,因为缺乏竞争性,重大创新出现的频率较低;而在完全竞争市场中,因为企业的规模各异、条件有限,也不利于重大创新活动的出现。研究表明:只有介于完全垄断和完全竞争间的市场结构,才能带动最高速度的发明创新活动。[②]

市场需求是推动企业不断创新的源泉所在,创新也是企业在市场里生存的基本法则,企业因其对利润的不断追逐,故而对市场需求的变化最为敏感。同时,企业也最渴求科技创新带来的巨额利润。因此,企业是创新领域中最为活跃的力量,但不少企业的局限性在于缺少专业人才,对科技前沿信息的了解不足,对国家重大科技战略的认识存在局限性。因此,企业只有结合政府的宏观调控和高校提供的科技知识创新才能完成创新计划,三者的有机结合才能产生持续不断的创新动力。

三、高校科研推动力

技术更新推出了新的产品设计理念、生产技术、营销方法、生产运输方

---

① JOSEPH K. Essays in the theory of risk-bearing[J]. Journal of political economy, 1971,27(5):1193.

② SHRIEVES R E. Market structure and innovation:a new perspective[J]. The journal of industrial economics,1978(4):329-347.

式和相关服务。科技突破使科技走在了生产前沿,这也印证了科技是第一生产力论断,推动技术变革甚至形成新的创新高峰。科学理论促进创新的作用表现在,具有重要意义的基本原理出现使知识技术产生了根本性的变革,理论技术范式化的出现引发了新的技术创新。诸如,信息化时代的来临、信息技术创新爆炸式的增长是基于第三次科技革命,基于计算机的发明创造和互联网的开通普及,从而创造了丰富的物质文明和精神文明。第四次工业革命最终能给人类带来什么样的变化,人们在拭目以待。

先前的创新理论大多认同、支持的是新科技成果的创造,而不是明确的市场目标或者出于意识的自觉引发了技术创新需求。同时认为科学推动了技术进步,技术进步带动了新需求点的出现,需求又刺激了技术的落地从而产生了新的科技产品,这一过程有力地推动了经济发展、科技进步乃至技术发明,是创新的主要动力来源。新的创新浪潮出现伊始,会出现引发利润上升、经济繁荣的情况,但在新技术普及之后,新产品的产量不断增加,价格和利润在逐步减小,企业无利可图甚至会引发破产,可能会带来经济停滞,甚至经济大萧条。

高校在创新创业人才培养、为社会提供服务或在企业发展中都扮演着重要角色,在三螺旋模型中,高校的科研推动力能有效提升生产力的发展水平,带动社会持续变革、发展创新。伴随着知识资本化的深入发展,工业研究实验室得以迅速兴起,企业生产的科学化水平也在不断加强。这些条件为知识分子创造了丰厚的劳动力市场,高校则为知识的生产和运用提供了整合与分化的场所。与此同时,高校也得到了政府和越来越多企业的认可。"高等教育之高新知识的开发创新者、传播及应用者的属性特征及其社会功能决定了它在国家经济创新发展进程中,具有源动力的作用,是国家创新发展必须依靠的具有垄断地位的主体力量。"[1]高校社会地位的提升,其根本原因在于现代社会实现了从"单一价值观"向"多元价值观"的转变,现代社会从基础科学到技术创新的线性创新模式被打破,这意味着作为理论、实践和应用的知识生产可以同时同步进行。

高校一直被视为科技创新的前沿和代表。高校的科技探索和基础研究在一定程度上能打破市场垄断,带动创新点出现,创造新的消费需求,改善现有市场结构。但高校却缺少充足的科研经费支持,没有办法投资大规模的研

---

[1] 眭依凡.引领高等教育内涵式发展:高等教育研究适逢其时的责任[J].中国高教研究,2018(8):7.

究和实验;高校也相对缺少企业的敏锐嗅觉,对市场的变化不够敏感,不能及时捕捉到市场需求的变化,可能会错失创新所需的市场信息;高校科技成果的转化既需要企业投入生产才能投入市场实现经济效益的转换,也需要政府专利授予来保障其科研的合法权益。因此,政府的政策支持与资金投入、企业的市场信息和生产支持,也就成了高校科技创新必不可少的支持力量。

四、创新创业活动中三螺旋模型的动力机制

伴随社会进步发展,社会主义和资本主义的创新模式已不能再简单划为"三螺旋Ⅰ"和"三螺旋Ⅱ"。政府、高校和企业三方协调联动模式逐渐成为发达国家和新兴市场国家推崇的主流模式,由于经济体制特别是政治体制的不同,三方在创新创业活动中的引领主体也有所变化。

在三螺旋的发展演变中,各国依据国情对三螺旋模型的主轴和支撑结构有所调整。我国目前的动力机制更倾向于以宏观政策为主轴的政府引领模式。党的十八大召开以来,中国特色社会主义进入新时代,政府通过制定一系列政策建立健全了相关制度来构建适切的创新创业体系,发挥高校和企业创新创业的积极性和能动性。在涉及高校方面,相继出台了《教育部办公厅关于做好2018年深化创新创业教育改革示范高校建设工作的通知》《教育部办公厅关于做好深化创新创业教育改革示范高校2019年度建设工作的通知》《国家级高校生创新创业训练计划管理办法》等多项政策。在涉及企业方面,出台了《中华人民共和国中小企业促进法》《国务院办公厅关于聚焦企业关切进一步推动优化营商环境政策落实的通知》,在转变经济发展方式、持续推进供给侧结构性改革的基础上,提升企业自主创新能力,同时还在财税金融、营商环境、公共服务等方面出台政策,支持、鼓励中小企业发展和推进发展"互联网+中小企业"。2019年以来,李克强总理多次主持召开国务院常务会议,强调进一步治理违规涉企收费措施,清除企业不合理负担,加强知识产权保护工作,保护各类市场主体合法权益等。政府方面,在全面深化"放管服"、改革转变政府职能的基础上,出台了《国务院办公厅关于推广支持创新相关改革举措的通知》《国务院关于推动创新创业高质量发展打造"双创"升级版的意见》等政策。政府引领模式侧重于政策制定和制度建立健全,使高校和企业合作在获得合法性的同时也能得到更多保障。

美国作为资本主义国家,创新创业呈现出明显的市场驱动特征,倾向于以市场供需为主轴的企业引领模式,表现为追逐经济利益。美国作为联邦制国家,高等教育隶属于地方政府,联邦政府一般不直接干预高校事务,因此在创新创业过程中的政策引导之外,其政府功能的彰显并不明显。21世

纪以来,伴随经济全球化浪潮,世界政治经济一体化进程的加快,美国的创新创业进入新的阶段,政府出台相应措施支持创新创业行为,高校也逐渐完善了校企合作的模式。如麻省理工学院(MIT)的创业教育将高校和企业有机结合,通过与企业签订合作协议,向产业界输送最新科技成果,构建产学研一体化模式,促进理论知识向实践成果转化。可以看出,在美国整个创新创业环节中,以企业为代表的市场作为衔接高校和政府的重要一环,扮演着举足轻重的角色。

中美两国三螺旋模型发展动力机制的差异其根源在于两国社会制度的不同,是在结合各自国情的基础上做出的最优模式。我国目前的动力机制倾向于以宏观政策为主轴的政府引领模式,美国则倾向于以市场供需为主轴的企业引领模式,但这并不意味着我国创新创业教育的发展就不需要企业和高校参加,也不意味着美国的创新创业教育不需要政府和高校参与。三螺旋创新创业教育的发展离不开政府、企业和高校三者的耦合,依据不同国情,政府、企业、高校任何一方都能成为三螺旋关系的主轴,另两股力量则成为支撑结构,随时变换,如此螺旋变动,推动创新创业的发展。

第三节　三螺旋模型的创新传播机制

三螺旋模型的传播机制借由政府、企业及高校间的密切联合,从信息生产、信息应用到信息传播,具有高速、高效、低成本的特点。

一、传统的创新传播机制

陈喜乐将"科技传播"定义为:"科技知识信息通过跨越时空的扩散而使不同个体间实现知识共享的过程。"[①]换言之,科技传播承担着在拥有者和接受者间传递、学习、分享科技知识的任务,在于将"私有知识"扩散为"社会共享知识",实现科技传递与扩散,带动科技发展和促进社会进步。林学军认为,知识传播从受众层面来说主要包含两个层面:科学共同体内部的传播扩散与社会公众间的传播扩散。[②] 前者包括学术共同体或学术同行间的学术

---

① 陈喜乐.科技传播的研究状况及其模式[J].厦门大学学报(哲学社会科学版),2007(4):58-66.
② 林学军.基于三重螺旋创新理论模型的创新体系研究[M].广州:暨南大学出版社,2010:80.

交流与跨学科交流,此种知识传播形式有助于推进学科融合与发展,有助于推进传统与新兴学科、中心与边缘学科、新旧研究范式间的交流对话,可以被视为知识创新的原始性源头。而后者的传播侧重于将一般公众视为知识传播的对象,以大众喜闻乐见的方式,用通俗的语言或形象的比喻,向公众普及最新科学技术知识,让社会公众对科技成果有基本的了解与认识。科学普及活动主要包含基本科学技术、方法、精神以及对科学与社会的认知,揭露伪科学等,此种活动有助于公众基本科学素质的提升,因而也被视为国家创新系统与创新型国家建设的基础性工作。

关于创新信息的传播模式,率先在传播学中提出传播过程模式的是美国学者拉斯韦尔(H. D. Lasswell)。他认为传播行为包含五个方面:什么人(Who),对谁(To Whom),通过什么渠道(Which Channel),说了什么(Say What),取得了什么效果(with What Effect),可以称之为"拉斯韦尔公式",也被称为"五 W 模式"。[①] 将之替换到科技创新之中,"五 W 模式"可以解释为:什么人——科技的传播者、创新者,对谁——同行、信息的生产和应用者、社会大众,通过什么渠道——报刊、书籍、会议、网络、影视等,说了什么——论文、专利、技术、汇报等,取得了什么效果——提升了知识发展水平、生产出新产品和新服务、提升国民科技素养。

1949 年,申农(Claude Elwood Shannon)和韦弗(Warren Weaver)从通信工程的技术设施中抽象出了信息传播的数学模式,将通信原理运用于人与人之间的传播,对日后研究也产生了重大影响。[②] 申农—韦弗模式(见图 1-7)似乎更贴近今天的科技传播现实,这一模式意味着科技传播和创新的方式不再是线性传播,在信息从发送者到接受者的传播过程中会遭受各种不可预测因素的干扰,最后接收到的信息与最初发送的信息相比可能存在失真现象。科技传播的干扰来源于竞争者发布伪信息或故意封锁信息,当然,即使没有这些人为因素的有意干扰,在信息传递过程中也可能因为传播技术、不同传播者对信息的领会等给传播带来的噪声而造成一定程度的信息失真,甚至导致"哈雷彗星现象"。

---

① 麦奎尔,温德尔.大众传播模式论[M].祝建华,武伟,译.上海:上海译文出版社,1997:13.

② 麦奎尔,温德尔.大众传播模式论[M].祝建华,武伟,译.上海:上海译文出版社,1997:16.

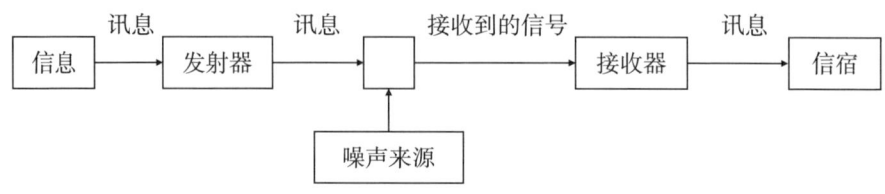

图 1-7 申农—韦弗模式

为了避免申农—韦弗模式带来的信息污染,最大程度保证信息的真实性,米哈依洛夫(A. L. Mikhailov)认为应将科学情报生产者和使用者间的交流过程分解为非正式交流与正式交流两种,并提出了广义的"科学交流系统",米氏认为经由科学技术文献系统的交流是正式交流,而情报的使用者和创造者间通过个人接触进行的交流是非正式的。这一模式的提出,开创了情报学研究的新领域——情报交流模式(见图1-8)。① 但正式交流与非正式交流只是相对而言,一般将在权威期刊发表或重要会议上宣讲,或是在同行公认的科技文献上公开发表的科技信息较为正式,因为其有据可考,所以显得较为可信。而个人接触或交流得到的信息,倘若没有文字可考,在可信度上就会略显逊色,而这就依赖于科技工作者的职业道德、政府与行业协会的监督、评议,依赖个人的科学态度、学术情操,也依赖监督部门对信息的评价鉴定。正式交流确保了信息准确无误,非正式交流扩大了信息传播速度和范围,通过将正式交流和非正式交流两种方式相结合,促进科技信息传播交流,充分发挥科技服务于经济社会发展的功能。

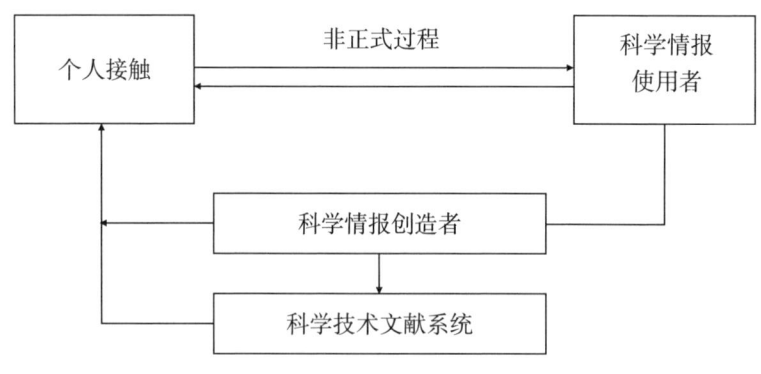

图 1-8 米哈依洛夫情报交流模式

---

① 米哈依洛夫,乔尔内,吉里列夫斯基.科学交流与情报学[M].徐新民,张国华,孙荣科,等译.北京:科学技术文献出版社,1980:49.

针对网络时代的来临,赫德(J. M. Hurd)通过研究新技术背景下科学交流的新变化,提出了假想的 2020 年科学信息交流模式(见图 1-9)。① 这一模式立足于网络载体发展,颠覆了纸质载体的信息交流模式,指出网络工作站增进了成员间联系,成员们也依赖网络联系。借助网络信息技术的进步,信息传播的方式更多、传播速度更快、传播范围更广、传播成本更低,且保证了信息的真实度,可以说只要网络畅通,信息从发出者到接受者这一动作可以转瞬完成,这无疑是信息传播的巨大革命。赫德模式说明了电子网络对创新的重要效用,其暗含了信息技术越发达,则创新活动发展越快的逻辑,网络已成为创新传播的重要平台。在信息便捷的同时,新的问题与挑战也随之而来,面对网络上如此繁芜丛杂的信息,对信息的筛选与识别则成为信息接受者将要面临的重要难题。

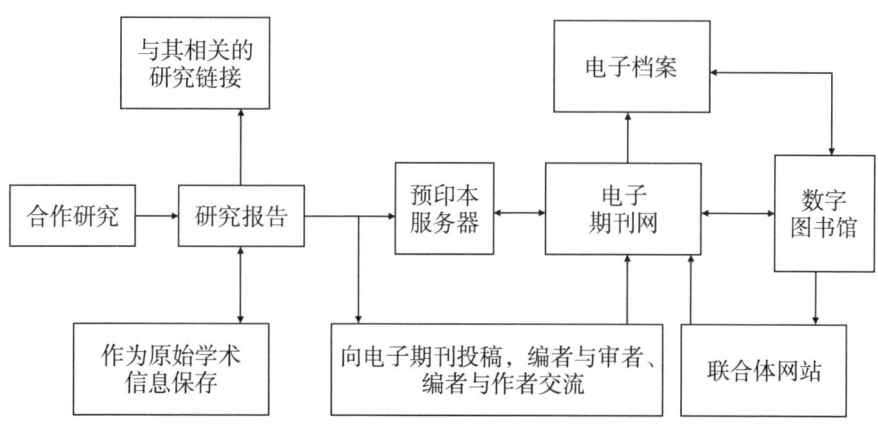

图 1-9　赫德假想的 2020 年科学信息交流模式

信息传播是一个复杂过程,无法用简单的模式化加以清楚表述。第一,信息本身蕴含丰富的内容,因而在接受信息时也要经过筛选,不能被动接受,否则会出现消息阻塞;第二,信息传播的多路径、无序性决定了信息的接受者同时也可能成为信息的发出者,信息的传播载体可以是期刊、书籍、报纸、网络,甚至是口头表达;第三,信息传播遵循螺旋、波浪的前进方式,信息传播途中可能会遭受噪声干扰,因而信息传播要有一定梳理积累,在某一点

---

① HURD J. M. The transfermation of scientific communication:a model for 2020[J]. Journal of the American society for information science,2000(51):663-703.

产生突破,顿悟然后上升,当然也可能因误入歧途而倒退。①(见图1-10)

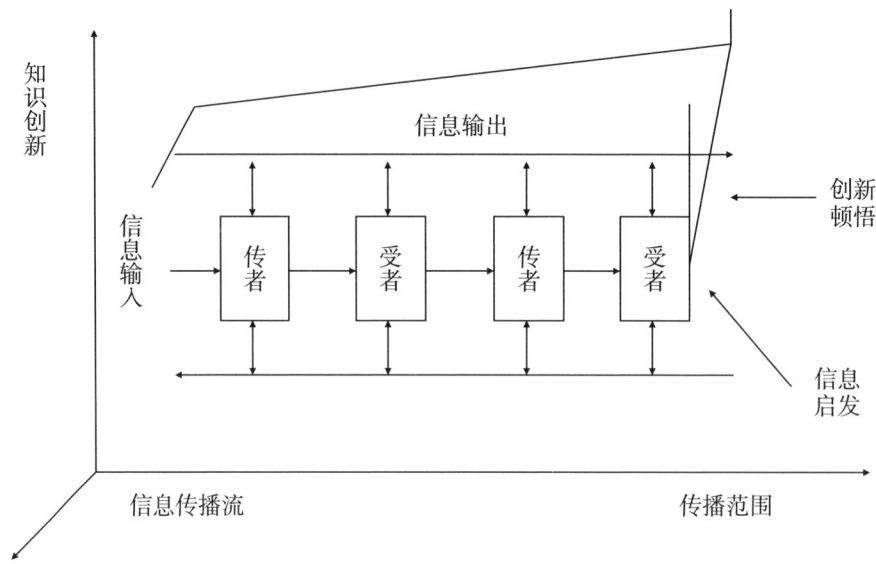

图1-10 信息传播的飞跃

以上创新传播基于不同学科背景或是社会发展条件提出了不同的传播模式。还有学者将知识传播归纳为知识的时空传播,是知识在时空领域或更大的地域空间范围的传递过程。② 知识传播由高校、科研机构或中介服务机构通过出版物、会议、网络等不同载体传播。而知识传播的网络一般分为三类:物理(硬件)传播网络;个人层面的知识扩散(Knowledge Diffusion);社会层面的知识传播(Knowledge Broadcasting)。后两者知识传播不同,个人层面的知识扩散侧重自发性,着眼于知识的产生与再生产;社会层面的知识传播侧重于知识普及。知识的传播和知识创新过程有着紧密不可分割的关系,知识传播可以产生多种结果,经过相互交流,可以催生出新知识的产生,成熟的技术知识可以转化为科技生产力,同时知识还可以储存起来,为新知识传播奠定基础。

---

① 林学军.基于三重螺旋创新理论模型的创新体系研究[M].广州:暨南大学出版社,2010:80.

② 徐芳,杨国梁,郑海军,等.基于知识创新过程的科技政策方法论研究[J].科学学研究,2013(4):510-517.

二、基于知识转移的三螺旋模型创新传播

三螺旋模型创新传播中最为活跃的因素是信息,也可以被称为知识,换言之,三螺旋模型的创新传播就是知识在三螺旋模型中的传播和转移,而知识转移的思想最早可以追溯到申农和韦弗的沟通理论,他们将沟通模式形容为信息源到接受源的线性模式,后又被经济学家阿罗(Kenneth Arrow)和社会学家罗杰斯(Everett Rogers)完善、充实,知识转移的概念形成于阿尔鲍姆(Gerald Albaum)在水平信息流中的探索研究,以及德惠斯特(H. Dudley Dewhirst)对信息共享的研究。

对信息在不同主体间的转移过程,学者们提出了不同的观点与理论模型,其中野中郁次郎(Ikujiro Nonaka)的 SECI 知识螺旋模型和兰斯基(Gabriel Szulanski)的知识转移模型最具代表性。

1. SECI 知识螺旋模型

SECI 知识螺旋模型源于日本学者野中郁次郎和竹内弘高(Hirotaka Takeuchi)合著的《创新求胜》(*The Knowledge-Creating Company*)的一书中。野中郁次郎将可以用规范的系统化的语言进行描述和传播的知识归纳为显性知识,将那些"只可意会不可言传"的诸如直觉、思维习惯、信仰等列为隐性知识。并指出这两种类型的知识可以相互作用、彼此转化,而转化的过程也就是知识创新的过程。基于上述观点提出了 SECI 知识螺旋模型(见图 1-11),描述显性知识和隐性知识如何经由社会化(Socialization)、外部化(Externalization)、组合化(Combination)和内部化(Internalization)四种模式实现循环转换,从而实现知识在个人、团体、组织以及跨组织间各层次的交互转移与创造。[①]

社会化是指经由互动交流与经验分享,如在职培训,将个人隐性知识转化为其他成员的隐性知识的过程。外部化指使用类比、图片、影片、模型等形式,创造性地利用归纳或演绎的方式,将个人化的隐性知识转化为可供大众理解和参考的显性知识的过程,这是知识创新的关键一环。组合化指将收集到的显性知识通过组合转化为更为系统的、可以为己所用的新的显性知识。内部化也称为内部升华,即通过模仿、模拟、实践等方式将显性知识

---

① NONAKA I, TAKEUCHI H. The knowledge-creating company[M]. New York: Oxford University Press, 1995: 59.

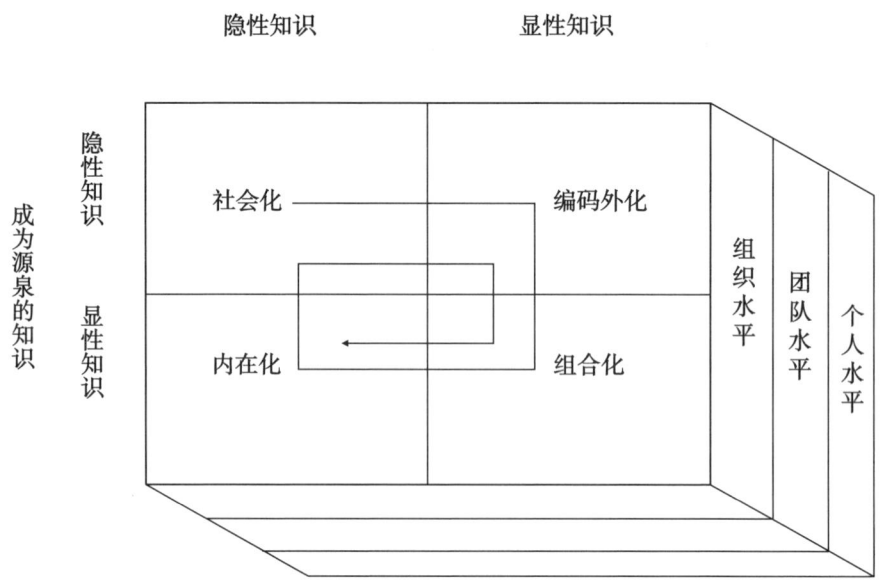

图 1-11 野中郁次郎的 SECI 知识螺旋模型

转化为表现共同心智模式或技能的隐性知识。① 图 1-11 中循环所指个人隐性知识是创造组织知识基础,隐性知识由个人层面开始,经由社会化的作用在组织内部不断发展,逐步外部化成为显性知识,通过组织化模式成长为团体、系统、联盟的系统知识,再经过内部化模式为不同组织成员所吸收,成为个人隐性知识。以上四种模式是一个系统的有机整体,环环相扣,实现了知识创新与创造的动态过程。SECI 知识螺旋模型揭示了隐性和显性两种知识类型在不同层次间的交互转化和螺旋上升过程,以及在此过程中展现出的知识转移与创造。

2. 兰斯基的知识转移模型

"知识大部分都是惰性的,不仅仅是一个简单的信号发射——接受行为,更是一个重建的过程。"因此,知识转移不同于知识扩散,知识扩散带有很强的随机性、偶然性和盲目性,而知识转移是一个由需求动机引发的有组织、有计划的知识共享行为,具有很强的目的性和针对性。基于此,兰斯基

---

① 樊平军.高校协同创新的知识管理[M].沈阳:东北大学出版社,2016:67.

在研究组织内部最佳实践转移问题时,将知识转移发展过程划分为:初始阶段(Initialization)、实施阶段(Implementation)、提升阶段(Ramping-up)和整合阶段(integration)。[①]

初始阶段指企业或个人发现知识缺口(转移需求),找寻并识别能满足需求的知识,并决定是否进行知识转移。实施阶段指在做出知识转移决定后,转移双方建立特定的知识转移关系,并采用适合双方的知识转移方式进行知识交流。提升阶段是在识别和解决意料外的知识转移问题,以便知识接受者达到甚至超过预期转移绩效。整合阶段是指一旦获取的知识达到预期满意效果,经过不断地调整、适用将其制度化、内部化,使之成为组织知识的一部分(见图1-12)。

兰斯基的模型中,知识转移过程中的每阶段都以一个标志性事件作为分界线,但实践中所面临的环境却远远复杂于此,许多时候难以对各阶段进行准确识别并划分。其中,初始阶段和实施阶段是知识的传播与共享的阶段,知识的重建主要是在提升阶段和整合阶段实现。

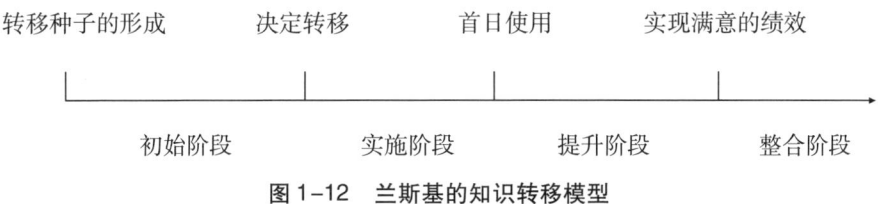

图1-12 兰斯基的知识转移模型

就知识转移的影响因素来看,从组织间情境特征展开的现有研究包括以下几点。

第一,信任对知识转移的影响主要来自提高知识转移意愿和减少知识转移难度两方面。因为当信息发出方和接收方两者信任程度较高,信息发出方愿意承担一定风险,减少对接受方的控制与防御行为,更为开放地传授有效知识;同时,接受方由于对发出方的信任,也更愿意相信发出方提供信息的真实性和有效性,更为主动地吸收、学习这些知识。这种发、收双方主体对信任的积极态度有助于提升双方信息交流的准确性与及时性,有助于从客观上减少知识转移的交易成本。

第二,组织关系的紧密程度对知识转移有重要影响。组织间弱联系可

---

① SZULANSKI G. The process of knowledge transfer: a diachronic analysis of stickiness [J]. Organizational behavior and human decision processes, 2000, 82(1): 9-27.

以将组织中分散的个体与群体相连,从而获取新颖有价值的信息,有助于新知识的发现;强联系虽易产生重复信息,不利于知识创造,但在促进知识尤其是复杂隐性知识转移方面更为有效。

第三,距离大致分为建立在知识转移双方的组织模式基础上的组织距离,交流和面对面会晤所面临的空间和时间成本等代表的物理距离,知识发送与知识接受方相似程度的知识距离,知识转移双方组织文化和价值系统相似程度的文化距离。相近的距离会促使组织双方良好合作、协调运转,但距离过大则可能会使双方花费更多时间、精力和金钱来弥合此种间隔。

高校协同创新知识转移机制可分为研发模式下协同创新知识转移运行机制、知识交易模式下的运行机制和政府作用下的创新知识转移机制,三种机制各有特点。

研发模式下协同创新知识转移运行机制是指,高校和企业间通过研发合作进行创新知识的转移,除了有助于企业提升自主创新能力、提升管理水平和员工素质外,也可以为高校的教学和科研提供实践基地,为高校及时提供市场需求,凝聚科研力量。高校在事先明确知识收益和报酬的前提下,最终与企业能否顺利实现合作并产生预期成果取决于:高校初始合作意愿、企业对高校消极行为的惩罚措施力度、高校研发合作消极程度以及企业对高校是否采取监督手段以观察高校合作情况等。[①] 因此,在高校创新知识转移研发合作过程中,设置一定机制对高校激励和约束可以促进高校创新知识转移的有效进行,在研发过程中,必须同时设计合理有效的激励机制以及约束机制,以保证高校创新知识转移活动的顺利进行。

知识交易模式下高校协同创新知识转移机制是指,由于企业无法直接观察知识成果价值水平,往往只能借助于高校科研水平加以评判,科研水平与企业判断其知识成果的价值和愿支付的费用间成正比。同时,除了知识成果的价值水平外,企业自主创新能力及吸纳知识能力都将影响知识交易行为的成功与否。知识成果的价值水平越高、企业吸纳应用知识能力越强,企业选择知识交易策略概率越大,获得的收益也越高;但若企业自主创新能力越强,则越发有可能不采用知识交易策略,并倾向于通过自主研发获取所需的关键知识与技术,降低了企业选择知识交易策略的概率。所以高校应致力于提高自身科研水平及知识成果的价值水平来获取更高收益,而企业也不应过分依赖通过知识交易获得所需的知识或技术,更应提高自身知识

---

① 樊平军.高校协同创新的知识管理[M].沈阳:东北大学出版社,2016:86.

吸纳和应用能力,不断促进企业自主创新能力以拓展获取关键知识资源的途径。①

政府作用下的高校协同创新知识转移机制是指,从表面上看,政府在三螺旋模型创新中并非直接行为主体,但纵观创新发展历程可以发现,政府在创新中发挥着不可或缺的重要作用。自20世纪80年代开始,世界各国相继出台政策推动创新活动的开展,如美国推出《拜杜法》促进技术转移的政策和措施,提出了全面领先的科技发展战略,以达到促进国家整体科技水平发展的目的。政府在三螺旋模型创新中主要是为克服市场在引导高校协同创新知识转移的局限性,承担构建创新体系以及促进经济增长的重要主体,可以在政策驱动方面发挥重要作用。具体而言,就是可以适当利用经济、行政或法律手段对高校协同创新知识转移进行规范、监督,最终促进创新创业活动的协调开展。

三、三螺旋模型的传播与应用机制

信息传播能在政府、高校和企业三者间形成闭合回路,就能够有效避免信息的无序传播,减小信息失真,并有助于缩短信息搜索、协商时间,从而提升科技成果共享与转化速度。在三螺旋联盟组织的传播中,政府可视为信息控制中心,它依据接收的企业生产、高校科研等信息,综合制定科技发展政策,引领科技发展方向,带动科技创新实践。企业是三螺旋中科技信息的应用者,它将科技成果进行产业化,促使科技转化为经济效益和现实生产力。高校是三螺旋中的知识信息源,它具有保存知识、传承知识、扩散知识、创造知识的能力,也扮演着追踪前沿科技,搜集企业市场信息,与社会共享科技知识的角色。

三螺旋模型的创新传播机制的独特优势在于:政府、企业及高校互为信息的传播者和接受者。政府是科技政策及相关法律法规的制定、发布者,是企业科技需求信息和高校科技产出信息的接收者。企业因对市场的反应机敏,扮演着市场信息的接收、发布者,也是高校科技信息和政府政策的受益者。高校是科技信息的研究者、发布者,同时也是政府政策和企业市场信息的受益者。三者有机结合能产生高效的传播效率和良好的传播效应,使信息在三者间传递距离最短、最直接、最真实。另外,三螺旋创新模式使三者结成有机战略联盟,双向互动,在一体化进程中,减少信息交易成本。政府

---

① 樊平军.高校协同创新的知识管理[M].沈阳:东北大学出版社,2016:89.

在资金和政策上支持高校进行科研,高校的科研成果在政府的帮助下迅速进入匹配企业进行科技转化,投入生产,带来经济效益。企业也可以与高校直接合作。这时,经济效益带来的利润自然会成为税金,增加政府收入,增加政府进一步支持高校科研活动的能力。这些利润也会在政府监督下成为高校专利费用,鼓励高校开展科研活动。在此环境中,政府应设法促进创新要素流动,企业应为创新提供稳定投入,高校应加强创新人才培育,通过资金、人才、信息等要素的合理流动和密切配合,使得政府、企业和高校三方彼此供给创新养料,结成创新联盟,最终实现职能交叉和共同成长。另外,在创新创业教育传播途径中,政府为创新创业教育保障传播,企业可以提供创新创业教育的基地传播,高校可以实现创新创业教育人才培养传播。作为承担不同的传播主体,政府所提供的资金、政策等保障措施,企业提供的资金、场地,高校提供的创新创业人才等在整个螺旋体系中不断流动,以此推动创新创业的螺旋发展(见图1-13)。

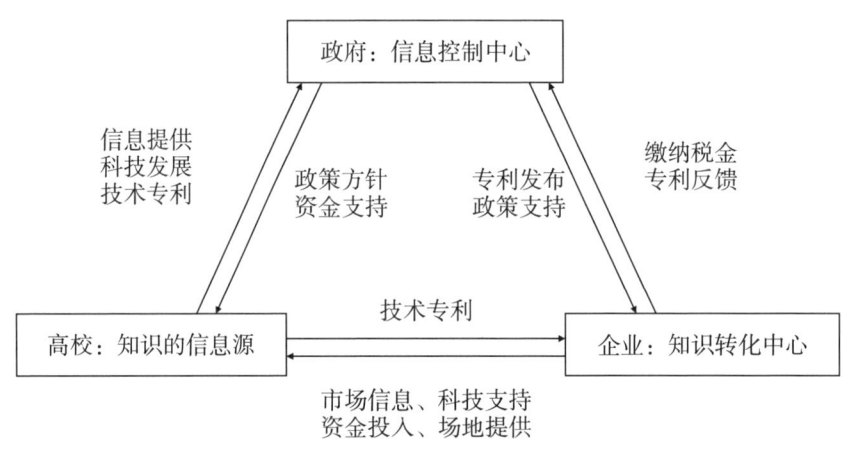

图1-13 三螺旋创新传播途径

在创新传播中,政府、企业和高校分工合作、职能互补,形成目标一致、风险同担、利益共享的三边混合有机整体。在这个整体中,资金、信息和人才等创新要素顺畅流动,降低了研发和交易成本,减少了无序信息流动,不断改善和提升整个创新的生态环境系统。在资本主义市场供需为主轴的企业引领模式中,信息和资源更多倾向于市场和高校间流动。在日本高校实验室,几乎看不到其他国家进口实验设备,究其原因,在于日本的高科技产品大都出于高校与企业的合作,企业的最新产品也都是在本国高校率先使用,希望得到科学家们的验证和"挑刺",以便改进。①

四、创新创业教育中三螺旋模型的耦合机制

在创新分工合作下的生态环境中,对政府、企业和高校各自扮演的角色和作用进行研究,协调他们在创新中的关系,致力于形成三边网络和混成组织。在三螺旋模型中,三者密切联系,形成目标一致、风险同担、利益共享,各主体分工合作、职能互补、边界模糊的有机整体,其间各创新要素顺畅流动,降低了研发、交易的成本,减少了无序信息流动,改善了创新生态环境。

我国以宏观政策为主轴的政府引领模式,势必要求政府在整个创新环节中不仅要承担自身责任,还要对因三螺旋模型发展不健全而带来的"权力真空"进行补位。换言之,政府在扮演自身角色的同时,还对整个创新环节起着宏观协调的作用。《中华人民共和国高等教育法》第五条指出:"高等教育的任务是培养具有社会责任感、创新精神和实践能力的高级专门人才,发展科学技术文化,促进社会主义现代化建设。"创新精神的培育离不开创新创业教育。创新创业教育受到国家重视,这与我国基本国情也是分不开的。习近平指出:勇于自我革命,是我们党最鲜明的品格,也是我们党最大的优势。中国共产党的伟大不在于不犯错误,而在于从不讳疾忌医,敢于直面问题,勇于自我革命,具有极强的自我修复能力。同样,改革步入深水区以来,政府也在通过一系列政策深化行政体制改革、推动自身职能转变,政府作为创新创业的主要推动力,在不断地自我革新中,为高校和企业营造良好的创新创业氛围。高校在新时代应主动承担起创新创业人才培养、科学研究、社会服务的重要职责和历史使命,通过开创创新创业教育课程、开办高校科技园、实地教学等,多渠道、多形式地培养创新创业人才,通过校企合作等方式开展科学研究和社会服务,带动新经济增长点的出现。

政府、企业和高校科学合理分工,方能事半功倍,取得实效。企业在追逐经济利益的过程中,一方面要与高校进行合作,在提升产品质量、优化产品服务等环节得到高校支持;另一方面要回应"双创"人才的培养需求,为高校提供人才培育基地,或在政府支持下与高校建立科技园、产业园、孵化园等基地,通力合作提升创新创业人才培养质量。而该模型也为我国经济增长给予了合理解释,即三螺旋模型成为理解、把握乃至解释我国经济长期发展、高速成长的一把极好密钥,并从一定程度上突破西方传统经济学的思路

---

① 邬大光.什么是"好"大学[J].北京大学教育评论,2018(4):173.

与框架。考虑到该理论的最初提出及其要义,即"政府、产业、高校在一定程度上或一定的范围内,在某个独特阶段或非常时期,分别积极有效地承担了另外一个或两个机构/组织的功能"①。因而,现下采用的三螺旋模型培养创新创业人才符合我国发展实际,是有利于带动我国经济增长的新形式,能够加快创新型国家建设进程。

资本主义以市场供需为主轴的企业引领模式,要求市场在分工合作中起着重要作用,追逐经济利益的企业对市场反应速度最快、力度最强。这一模式中市场成为沟通政府和高校的纽带,政府为其提供政策和资金支持。而美国创新创业更多体现在校企合作中,通过建立产学研结构,向产业界输送最新科技成果,与高校合作组建科技园区,完善园内公共服务设施,依靠高校科研优势,为其发展提供咨询服务和技术支持,而科技园则为高校学生提供实习基地与科研场所,促进学生的理论知识向实践成果转化。高校则通过构建创业教育课程体系和人才培养体系,增强高校学生的创新创业意识和能力。

第四节 创新创业教育与三螺旋模型应用的适切性

任何一项创新都不是单一组织或个人能够完成的,越是意义重大的创新活动越需要多元参与、多方协作,因此,我们正在步入的创新型社会能够用三螺旋理论进行阐释。三螺旋作为一种创新模式也越来越具有普遍意义。作为一种普适性方法,三螺旋不应该是僵硬不变的固定模式,而应该是依据创新主体、创新内容等的不同因时因地利导地改进和调整三螺旋的具有模式。政府、高校、产业作为三螺旋的一级主体,在不同的情境中所发挥的作为和地位也应有所不同。

三螺旋模型是实现创新创业教育的理论基石和实践范式,而培养"双创"人才则是 21 世纪高等教育哲学的全新理念和价值遵循。三方联动耦合的人才培养机制对提升"双创"教育质量极具启发意义。探寻三螺旋模型发展的内在逻辑,将西方意识形态语境下三螺旋模型的言说方式、话语体系和创新范式,转变为适合中国国情、适应我国高等教育实际,具有中国特色、合

---

① 王成军,王肖肖,付祥云. 基于 CiteSpace 的三重螺旋研究热点分析与趋势展望[J]. 演化与创新经济学评论,2018(2):57.

乎时代发展需要的创新创业人才培养体系十分必要。三螺旋模型对创新创业教育的"适切性"主要体现在伴随社会发展,我国政府、企业和高校各自扮演的角色、承担的职能日益完善,但在创新创业教育中,三方之前虽有联合培养的行动,却往往形聚而神散,收效甚微,三螺旋模型的良好运用能有效规避这一问题。政府、企业和高校需要责无旁贷地承担起创新创业教育的责任和义务。通过三方职能交叉、构建混成组织,构建社会支持环境来实现创新创业教育的长远发展。具体而言,在新时代创新创业型人才培养过程中,依据我国社会发展实际,中国特色三螺旋模型的适切性主要体现在以下三个方面。

一、高校、企业和政府是"双创"人才培养的基石

(一)高校是"双创"人才培养的主力军

知识经济时代,高校作为高深知识的创造者、传播者、垄断者,在很大程度上拥有决定国家前途命运的知识权力,国家的兴衰高校负有重要责任。[①] 在"双创"时代背景下,高校要强化人才培养的中心地位,理性认识国家战略布局和创新驱动需求,研读经济新常态下出现的新问题和新情况,创新人才培养模式,改变以往单一的理论教育,把"双创"教育纳入高校人才培养体系,加强师资力量建设,延展与外部企业联系,增加校企合作数量,为人才培养提供实践园地。"双创"人才是复合型人才,在课堂讲授中,应多联系社会现实,通过案例教学、实践研究、情景模拟等方法提高学生解决创新创业实际问题的能力。在加强理论学习的同时,通过成立和优化科技园、孵化园等创新创业实践平台,举办"双创"实践大赛等方式,为学生提供接触市场和企业的机会。

改革开放40多年来,我国高等教育取得一系列突破性成就。我国高校在创新创业教育探索中,为更好地整合资源,推进创业教育发展,已自发形成了一些有效组织模式,诸如创业学院,这种组织形式的出现是创新创业文化发展成熟的必然结果和表现。[②] 这些成就的取得,愈加证明在过去40多

---

① 眭依凡.关于一流大学建设与大学治理现代化的理性思考[J].中国高教研究,2019(5):1.
② 陈耀,李远煦.改革开放以来我国高校创新创业教育组织变迁及其启示[J].高等教育研究,2019,40(3):49.

年中,我国的高等教育发展之路是适合中国国情、体现中国特色的发展之路。① 2021年,教育部公布我国高等教育在学总规模达4 183万人,位居世界第一,是美国的两倍还多。但就创新创业教育而言,美国一直保持优势地位,这也从侧面证明了我国创新创业教育还有巨大的市场和潜力,更说明了时下我国创新创业教育的紧迫性和重要性。

(二)企业是"双创"人才培养的推动者

我国以公有制为主体、多种所有制经济并存且共同发展,各方的积极性得到了充分调动,社会生产力得到了有效的解放和发展,又使市场经济与社会主义基本制度有效结合,政府出台的一系列支持企业发展的政策也能最大限度地调动企业参与高校创新创业教育的积极性。企业具有推动创新创业人才成长的多重作用:第一,企业直接接触市场,能灵敏反映市场对产品、科技与劳动力的需求,对创新人才培养过程进行及时反馈,引导创新创业人才面向市场需求发展知识技能。第二,为高校"双创"人才提供实习平台与实践机会。"双创"人才需要贴近真实市场的实践平台,高校内部主要针对"双创"人才的理论教育,企业能对高校实践的缺失提供补位,让企业给"双创"人才提供培训,传递市场一线信息,开展技术交流与合作,使"双创"人才在真实环境中得到锻炼和成长。第三,企业能孵化成熟的创新创业团队。校企合作其中一个重要目的就在于使创新创业团队接触一线,企业、高校的合作交流使知识在转化为生产力的过程中更贴近市场,提升孵化成功的可能性。

(三)政府是"双创"人才培养的保障者

三螺旋模型中国化要体现中国特色。中国特色社会主义最本质的特征是中国共产党领导,中国特色社会主义制度的最大优势是中国共产党领导:一要坚持党对创新创业教育三螺旋主体的领导。这是保证高校创新创业教育正确方向的根本,政府是党的意志的执行者,在创新创业教育中二者是统一的。二要发挥我国体制"高度集中带来的高效率"这一中国特色社会主义的优势。② 中国特色社会主义制度具有解放生产力、发展生产力的显著优势。充满活力又具有高度凝聚力的制度,是一个社会应对挑战、化解危机的

---

① 别敦荣,李家新.高等教育发展的中国道路[J].高等教育研究,2018,39(12):10.
② 眭依凡.关于一流大学建设与大学治理现代化的理性思考[J].中国高教研究,2019(5):1.

有效依托。整合社会力量,集中力量办大事,是社会制度优越性的重要体现。① 同时,"社会主义同资本主义比较,它的优越性就在于能做到全国一盘棋,集中力量,保证重点""社会主义国家有个最大的优越性,就是干一件事情,一旦下决心、作出决议,就立即执行,不受牵扯"。② 三螺旋模型中,政策的颁布和实施为培养创新创业人才提供了宏观导向,同时也影响政府—高校—企业三方联结度的强弱。"全球创业观察"研究结果表明,"政府政策、财务支持是与创业相关度较高的九个架构中最为关键的因素"③。政府要建立"双创"人才培养的配套机制,重视"双创"人力资源,汇聚高端"双创"人才,形成强有力的人力资本,实现"中国智造";要发挥政府的宏观调控及精准帮扶作用,为"双创"人才培养提供环境保障;要不断完善"双创"人才培养政策,进一步细化创新创业项目优惠措施,简化行政审批手续,保护知识产权,为"双创"提供公平、公正、公开的市场环境;要加大"双创"人才培养经费投入力度,给予政策优惠的同时,再给予一定资金支持和税收、房租等优惠,鼓励、帮助学校建立产业园区、众创空间等创新创业平台,为高校、企业的合作牵线搭桥。

二、混成组织是"双创"人才培养的关键

三螺旋模型重视政府、企业和高校的协同耦合。三者的耦合能够实现教育、科研和市场最优化的联结,协调三方实现资源利用效率最大化。三螺旋的稳定运转取决于三者能否相辅相成、互助共生,形成运行良好的高校"双创"人才培养机制,最关键的就是要构建具有重叠、交叉功能的三边组织。该组织是高校、企业与政府部分功能融合,边际间互相渗透,在螺旋上升中相互耦合形成的混成组织,包括高校技术转化办公室、创新合作中心、高新技术产业园、孵化器、政府—企业—高校创新联盟等。在这一组织中,决策的科学、民主和法治化程度得以提升,单方决策的随意性和盲目性被有效规避。当然,要完善耦合育人制度,明确各自分工责任,协调各方资源、信息。政府要充分发挥顶层设计的职能,优化耦合育人政策环境,保护各个主体利益,协调耦合行为。企业、高校协调育人制度要在政府政策保障下开

---

① 尹诵,李安增.正确认识中国特色社会主义制度优越性[J].中国高校社会科学,2018(4):16.
② 邓小平.邓小平文选 第三卷[M].北京:人民出版社,1993:159.
③ 徐小洲,李志永.我国高校创业教育的制度与政策选择[J].教育发展研究,2010,30(11):12.

展,并根据社会现实进行适时调整。

混成组织建设是基于三螺旋模型创新创业人才培养最有效的途径。在向混成组织的过渡和发展时期,我国对创新创业人才培养做了积极有益的探索,形成了中国化的"本土概念"。例如,陈耀和李远煦通过梳理改革开放以来我国高校创新创业教育组织变迁,提出"高校创业学院是在我国独特的政治经济社会环境和教育制度下产生的一种兼具基层学术组织和行政组织双重身份的新型学院……(国外)高校创新创业教育较少专门建设类似创业学院的组织机构来开展创新企业教育"[①]。由此而言,我国高校中专门设置的区别于其他学院的创业学院实际上是具有中国特色的组织形态,具有中国特色、丰富的实践性的教育组织模式,符合中国国情需要和社会经济发展的实际需求。"本土概念"的建构,不仅更适合本国国情,而且会缩小我国创新创业教育水平与国际水平间的差距,有利于实现"弯道超车"。

三、社会支持环境是"双创"人才培养的依托

伴随着三螺旋创新模式的广泛应用以及对其研究的逐步深入,许多学者就提出,既然创新是一个需要多方协作的复杂的复合活动,肯定有除政府、高校和企业之外的其他要素在起作用。那为什么只是三螺旋,有没有第四根螺旋呢?有学者甚至提出将社会列为创新的第四根螺旋线。诚然,"双创"人才的培养过程离不开社会支持环境。响应创新型国家建设,除了盘活、整合高校、政府、企业资源,在发挥各自效用的基础上,还需要形成良好的"双创"人才社会支持环境。开展"双创"教育是一项关乎社会各界的系统工程,需要全社会共同关注、营造"双创"教育氛围,打造健全的社会支持生态系统。如基金会、创业协会、民间组织、校友等社会力量可视为三螺旋立体结构中连接三方主体的"骨架"和"能力细胞"。这些"骨架"与"细胞"能够为"双创"人才培养提供资金、平台、指挥棒等支持,有效弥补三方主体和混成组织不足,构成多元补给创新驱动力,为创新创业人才培养注入活力。除此之外,社会组织还发挥着预警的作用,高校、政府、企业三条螺旋追求的是效率最高、生产效益最大。但随着人们对生活质量要求的不断提升,单纯的经济效益已经不再是公众的最大关切。因此,社会组织将会对科技的负面影响带来及时的反馈,抑制单纯追求利益最大化,提醒关注生态和环境,

---

① 陈耀,李远煦.改革开放以来我国高校创新创业教育组织变迁及其启示[J].高等教育研究,2019,40(3):51.

提升生活品质。可见,社会组织的作用和地位是毋庸置疑的。因此,亨利·埃茨科维兹提出了阴阳双三螺旋模型,即由高校、政府、产业构成的阳三螺旋,由高校、政府和社会构成的阴三螺旋,两个模型相互结合、相互作用,两个三螺旋的耦合运动构成创新的阴阳三螺旋模型。至于如何有效发挥社会组织的地位是另一个重要研究课题,本研究仅做简单介绍,不再深入论述。

第五节 创新创业教育中三螺旋主体分工合作机制

三螺旋模型中,政府、企业及高校密切协同配合、相辅相成,发挥集成优势,为创新提供信息、知识和资源积累。要做到三者有机结合,发挥最大效用,实现持续创新,最重要的是角色转变,重叠中有分工、有合作,最终建立起目标一致的政府、企业和高校创新创业联盟,打造良好的创新创业生态环境。在创新创业三螺旋模型中,政府、高校和企业之间分工合作主要体现在,政府通过制度创新为创新创业教育提供条件保障,企业通过技术革新为创新创业人才培养提供实践基地,高校利用理论创新开展创新创业人才培养。

一、政府要抢占创新创业教育的高地

政府是社会公众代表,对创新创业资源进行管理,是三螺旋链条中主要的组织者、策划者和操作者,发挥着设计师和工程师的作用,负责政策规划、引领创新发展。

政府是创新创业的具体操作者体现在,如果要形成对创新创业的激励,首先要具备良好的环境,能尊重、鼓励、维护创新创业主体的利益,所以政府的首要任务是提供良好的制度环境来促进创新创业发展。所谓制度环境是一系列被指定的规则、守法程序和行为伦理道德规范,旨在约束追求主体福利或效用最大化的个人行为,包含先发程序、制度安排、行为伦理等。制度创新的重要性远胜于技术创新,制度创新能够决定技术创新,合适的制度对技术创新起促进作用,不合适的制度不仅会起阻碍作用,甚至会扼杀创新。这一论断是基于创新对社会产生巨大推动力,因为一旦创新活动失去了制度保障,创新创业者赚取的收益降低,而承担风险和创新的成本提升,其积极性就无法被激发。而奖励只能提供短期激励,如果诉诸政策、制度来保障创新创业者的收益,帮助创新创业者承担适度的风险,反而会激发他们产生持久的动力。制度创新的任务在于建立平衡机制,能保持足够的创新创业

动力以确保创新创业活动开展,又能保持足够的公正促进技术的有效应用。因此创新制度的制定对创新创业活动的开展具有重要意义。政府用制度创新维护创新创业者的合法利益,有效促进科技转化和传播新技术、新应用,使科技成为带动经济发展的中坚力量。

政府是创新的设计师和工程师,还体现在政府不仅是创新创业制度的制定者,也是创新创业教育的领导者、组织者、参与者、合作者。原因在于:首先,创新的复杂性提升,以前可以由个人完成的现在必须由一个团队甚至几个团队才能实现,政府、企业和高校是一个有机整体,三者缺一不可;其次,国际科技和人才的竞争愈演愈烈,为在未来的竞争中抢占先机,各国都认识到创新人才的重要性,重金引人,以此加快科技创新和研发步伐;最后,创新创业投入的成本加大,单个企业或个人无力承担。创新创业风险性的提升等都决定了政府必须扛起创新创业组织者、协调者、管理者、服务者的大旗。政府借由掌握的资源在与企业、高校共同参与创新创业的过程中,为创新创业提供人才培养的公共服务及设施。这些设施对创新创业而言不可或缺,但因其价格昂贵、资金回笼慢等原因,企业、个人无法一力承担,必须由政府出资建设、修缮、运转。

二、企业要建强创新创业教育的基地

企业是创新创业人才培养的重要实践基地。并非所有企业都有创新能力,只有敏锐捕捉市场信息变化,深入了解科研成果的价值,又能将科研成果转化为现实生产力的企业才称得上是创新型企业。而此类企业恰是时下提出的学习型企业,它对市场需求及科技研发十分敏感,能主动搜集科技信息并将其消化、吸收,不断优化流程,培养人才,以求持续推进新产品的产出,更好地满足市场需求,提升经营能力,创造经济利益。

学习型企业的理念源于佛瑞斯特(Jay Forrester)学习型组织的构想。学习型组织理论奠基者彼得·圣吉(Peter M. Senge),在对数千家企业进行调研的基础上,于1990年编写了代表作《第五项修炼——学习型组织的艺术与实务》。该书认为,现代企业缺乏系统思考(system thinking)的能力是许多组织无法实现有效学习的原因,现代组织分工的方式使人们的行动与结果产生时空距离,而这种距离会致使从业者产生无须为行动负责的假象,因而不会对自身行为及行动进行修正,亦即无法进行有效学习。企业借由学习提升整体运作能力和持续不断创新,延长企业生命周期,方能实现转变。他将学习型组织表述为"持续创新、前进的组织,众人能不断突破自身上限,创造向往结果,培养全新的、前沿而开阔的思维方式和不断学习"[1]。尽管诸多专家学者对学习型组织的定义有所不同,但一致认为学习型组织具有的普遍显著特征是:拥有共同愿景,强调不断学习,由多个创造团体组成,结构简单、上下一致、富有活力,创新文化先进,创新组织开放。

总之,创新型的组织必定是学习型的组织,是"双创"人才成长和发展的摇篮,是因其有共同愿景,有成为行业、领域龙头的豪情壮志,不断进取、累积知识、培养人才,提升企业整体素质、改进生产工艺方式,优化产品流程,推出新产品、占据新市场,他们努力使企业不断创新、不断提升市场竞争力,最后成长为创新型的企业,实现最初发展愿景。学习型组织与传统组织企业之间有着天壤之别,不仅体现在产品生产、服务提供等方面,更重要的是其还兼具人才培养和社会服务的职能。

三、高校要筑牢创新创业教育的阵地

高校除承担人才培养、科学研究和社会服务等职能外,还扮演着文化传承的重要角色。长期以来,高校一直被视为保有和继承人类知识的场所与机构,而教育的主要功能也在"复现"人类已有的文化资源。一方面对文化复制、继承,使优秀文化遗产得以保存;另一方面,这种继承与复现,并不是机械的搬运或模仿,教育本身就具有面向未来的功能,因而能够根据社会现实的变化带领人类走向更高文明。尤其是时至今日,职能的不断拓展使公众改变了对高校的传统看法,由单一的教学转向产学研用一体化的发展进程,从单纯的知识"保有机构"转向"知识深入加工的机构",从传统的"象牙塔"转向"现代社会加油站",从单纯的"知识科研所"转向"技术孵化器""产业园"。高校身份的这一系列转变,服务功能的不断扩大、深入,使高校由社会边缘逐渐迈入社会中心。

教育上的差距形成了知识上的差距,进而带来了经济上的差距。在发达国家与发展中国家的比较中,两者经济间的巨大鸿沟在一定程度上是由教育水平差异所导致的,两者间的相互关系,使我们看到教育差距既是经济差距的果,又是经济差距的因,这是对人力资本理论的丰富与发展。高校对知识差距和经济差距的影响愈加显著,如联合国教科文组织在《教育——财富蕴含其中》指出:"在一个社会中,高等教育是经济发展动力,它既是知识

---

[1] SENGE P M. The leader New York: building learning organizations [J]. Sloan management review,1991:7−22.

保管者又是知识创造者。"尤其在智力和科技作为发展因素,与物质资源相比越来越占优势的后现代社会或未来社会,高校和科研场所的重要性与日俱增。故高校在创新中扮演了前所未有的重要角色,尤其是研究型高校对创新会产生更为巨大的作用。

因此,高校具有的培养创新创业人才的知识基础、高水平的师资队伍和优越的研究条件,在培养学生创新创业基本素质和能力方面发挥着关键作用,能够为学生提供良好的创新创业生态系统。

第二章 三螺旋模型下美国高校创新创业人才培养体系的构建

中共中央办公厅、国务院办公厅在印发的《加快推进教育现代化实施方案(2018—2022年)》中强调,要"实施创新创业教育改革燎原计划……高等学校毕业生就业创业促进计划"。目前,我国高校创业教育仍存在着诸多问题,亟须学习发达国家高校创新创业教育先进经验。美国作为世界科学中心和教育中心,从创业教育到创新创业教育历经几十年的发展,逐渐呈现出三螺旋的特征。本章通过梳理美国创新创业教育历史,以三螺旋模型为框架,诠释美国高校创新创业人才培养体系的构建,总结其创新创业教育先进经验,探寻我国高校创新创业教育的有效路径。

第一节 高校创新创业教育三螺旋模型的演变

美国创新创业教育起步较早,历史悠久,发展也较为迅速,三螺旋模型框架下的政府、高校与企业在创新创业领域相互配合、相辅相成,使美国高校创业教育成就斐然。美国高校创新创业教育的形成与发展离不开创业文化氛围的营造,美国高校创业教育的历史发展阶段更是值得探究与总结。

一、高校创新创业教育的形成与发展

(一)创业文化的形成和特点

创业文化是高校开展创新创业教育的文化基础。良好的文化氛围不仅为高校创新创业提供有力支持,也为高校学生萌生创业观念并将之付诸实践提供了原始驱动力。创业文化的兴衰与否,直接影响着学生创业意识和创业知识的培养和建立,关系着创业行为和创业活动的有效开展,对创新创业人才的培养和发展起着至关重要的作用。探究美国高校创业教育的发展和演变历程,总结美国高校创业教育的发展规律,借鉴其有益经验,必须先

了解美国创业文化形成和发展过程。

1. 美国创业文化的形成

美国创业文化的形成主要受历史因素和社会因素影响。在历史因素中,17世纪,源于英国本土的宗教文化传到北美大陆,并得以广泛传播。清教文化主张务实、节俭、自由、自律的品格和作风,在美国社会影响和培育了一代又一代的清教徒。在北美移民过程中,清教徒占据移民人口的主体,清教文化对美国创业文化的影响主要体现在三个方面:一是关于个人主义价值观的传播。学者们普遍把清教文化视为美国个人主义发展的源头,个人主义的核心在于强调尊重人的价值,强调个体的自由和享有的权利,提倡要最大限度地发挥人的主体性和创造性,发扬开拓进取、勤奋务实、不断奋斗的精神,追求进取和成功。二是价值创造。在清教文化宣传中,社会上的所有职业没有高低贵贱之分,个体在自身的工作岗位上发挥同等重要的价值。对于判断个体发挥职业价值的大小,主要在于其为个人和社会创造财富的多少。① 三是重视教育的作用。为了清教文化能得到更好的传播和发展,清教对教育的作用极为重视,对清教文化的宣传和传授不仅仅局限于贵族,而是保证到每个个体。提倡个人主义与价值创造,强调教育作用,这些都是促使后期美国创业文化产生、发展以及社会各界广泛参与高校创业教育的历史因素。在社会因素中,作为典型的移民国家,美国的移民人口数量超过总人口数的50%。由于受美国开放、自由、宽容的社会环境影响,移民群体拥有极高的创业热情,并通过不断探索将创业精神用于实践。根据统计数据显示,在每10 000个移民人口中,有52个自由创业者。在洛杉矶、旧金山等地区的创业企业中,移民创业者的比重达到30%—38%。美国联邦政府和州政府对移民创业者的创业活动陆续颁布相关政策与法规,并在此过程中提供创业指导、资金援助等,对他们的创业实践给予相应鼓励和扶持。移民者的创业热情和创业活动,在一定程度上推进了美国整个社会创业文化和创业活动的发展。

2. 美国创业文化的特点

伴随社会的不断发展,政府和社会各界愈加意识到创新的重要性,为提高公民创业能力、培养创业意识和创业精神,美国创立了形式多样且种类繁多的创新创业宣传途径。为鼓励公民创业,设立创业节日,选定每年11月为

---

① 韦伯. 新教伦理与资本主义精神[M]. 彭强,黄晓京,译. 西安:陕西师范大学出版社,2006:90-100.

"国家创业月",11月16日为"国家创业日"。政府举办不同类型的创业活动,并着重在高校推广和宣传创业文化。首先,从国家层面对创业活动进行鼓励,提高公民对创业的认识和理解,帮助其树立正确的创业观;其次,针对高校学生群体设立专门的"国际社会创业节",为大学生提供创业援助和辅导,通过采取校企合作等形式,为大学生提供创业实践基地;最后,为鼓励女性创业,培养女性创业意识和创业能力,设立"女性创业日"。与此同时,还建立、推广"学生大使"项目,支持女性创业。美国高校的创业文化覆盖学生学习和生活的多个方面,主要通过设置创业课程和创业的相关机构、建立创客空间、开展系列创业大赛以及树立创业榜样等形式进行宣传、教育,旨在将创业精神和创业文化渗透到学生生活、学习的方方面面,激发学生创业热情,提高创业能力。

(二)高校创新创业教育的发展阶段

美国高校创业教育起步较早,至今已有70多年的历史。起步时间早、发展过程长,为创新创业教育发展积累了丰富的经验,奠定了良好的基础。受历史、经济、政治、社会文化等多种因素影响,美国高校创新创业教育大致经历萌芽、迅速发展和成功转型三个主要阶段。

1. 20世纪40—70年代的萌芽阶段

1947年,哈佛大学率先开设第一门关于创业教育的课程"新创企业管理"(Management of New Enterprise),标志着美国高校创业教育正式拉开帷幕。1958年,麻省理工学院开始设置与创业相关的课程。在20世纪40—70年代的几十年里,美国部分高校如斯坦福大学、贝勒大学、南加州大学等,开始陆续设置创业课程,对大学生进行初步的创业教育和指导。这一时期,美国高校的创业教育处于萌芽阶段,受各种历史因素影响,创业教育发展极为缓慢,成果并不显著。尽管有高校开始开设创业课程,但仍处于探究摸索阶段。除去高校自身对创业教育的研究摸索外,政府机构几乎没有对创业公司进行援助。在这一阶段,美国社会发展迅速,经济繁荣,大公司的鼎盛发展一定程度上阻碍了创业教育的深入开展,高校的创业教育缺少有利的社会环境和政策支持。因此这一时期的创业教育处于萌芽阶段。

2. 20世纪70年代到21世纪初的迅速发展阶段

1973年,阿拉伯国家开始实行石油禁运,这一政策直接导致美国原油价格迅速上涨,间接导致多个行业生产成本增加,致使一般物价开始上调。20世纪70年代的石油危机造成美国经济严重衰退,失业率不断上升。与此同时,西欧经济的加速发展,一定程度上占有了美国在国际市场的部分盈利份额,使美国遭受空前发展压力。为尽快扭转经济衰退局面,提升就业率,促使美国经济回归正轨,政府开始撤销管制,颁布放松管制的政策,加快推动经济发展。在这一时期,社会大环境为创业企业提供了良好的发展契机,也为创业教育提供了宝贵的经验积累。受国际形势和经济发展影响,美国开始大力鼓励和扶持中小企业,这些举措一方面提升了社会的就业率,缓和了社会矛盾,促进经济平稳运行;另一方面创业企业的兴起,也进一步带动了创业教育,提高了人们的创业意识和创业能力。高校创业教育在这一阶段进入迅速发展时期,开设创业课程的高校数量不断增加,课程设置和内容设计也逐渐变得更为系统和完善。在20世纪末"第七次全美创业教育项目"的调查中,有142所高校将创业作为一门专业学科,其中有近50所高校设置了专业学位。可以看出,这一时期高校的创业教育得到了迅速发展。

3. 21世纪初至今的成功转型阶段

21世纪以来,互联网技术的普及和发展为创业者提供了更为便捷的环境和技术支持。高校在重视创业教育的同时,也更加重视创新教育作用。伴随创业带来的机遇与福利愈加彰显,越来越多的人投入创新创业之中。美国政府陆续出台积极的就业政策,鼓励和推动大学生进行"非正规就业"。在这一发展时期,美国创新创业教育进入全新发展阶段。更多高校将创新创业教育课程纳入教学系统,且教学范围覆盖本科教育、研究生教育、成人教育等不同教学领域。麻省理工学院开设了"创新战略""企业管理""技术创新""创业思维"等70多门创新创业课程,涵盖理论类、实践类和项目类等。创新创业教育的深入开展客观上推进了美国创业大学的建立,部分高校摒弃传统的发展理念,对学校发展战略进行大幅调整,进一步打造创业大学品牌。随着教学的不断完善和改进,美国高校在这一时期已逐渐形成相对完整的创新创业教育体系,迈向成熟阶段。

二、美国高校创新创业教育的三螺旋模型

美国企业政策的实施多通过间接手段,鼓励其他机构执行公共目标,这样就不会由于政府和企业间的公开关系而导致更高层次争议。在政府、企业、高校三者的博弈过程中,产生了一种新的制度结构,在这个结构中,政府、企业和高校以解决开创性的和具有经济前景的技术问题为共同目标,并最终创造出新的企业、产业和就业岗位。自20世纪90年代以来,创业教育逐步转型为创新创业教育,政府和企业在美国高校创新创业人才培养中扮演着越来越重要的角色,美国创新创业教育形成了高校主导下的政府和企

业合作保障机制。换言之,高校、政府和企业虽是独立个体,但在社会进程中又相互合作、互相制约,以螺旋上升的方式促进社会发展,美国高校创新创业教育的三螺旋模型演变确立为"重叠模式"(见图2-1)。

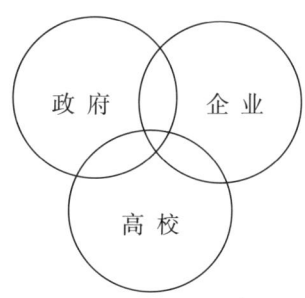

图2-1 美国高校创新创业教育三螺旋"重叠模式"

第二节 美国高校创新创业人才培养支持体系

美国高校创新创业教育体系日臻成熟,呈现出"双创"教育紧扣经济政治发展需求、高校"双创"教育的特征和导向明显等特点,其中包括鼓励跨学科的创新创业教育、鼓励基于科技的创新创业教育、不断升级的创新创业人才培养体系、密切的大学—产业合作关系和发挥各级各类组织的资源聚集功能等主要内容。美国高校创新创业教育体系的建立自然也离不开健全的支持系统,政府、高校与企业作为三螺旋模型的主体发挥着不可替代的重要作用,共同推动着美国创新创业教育的健康发展。

美国高校创新创业人才培养支持体系主要由政策扶持体系、资金支持体系以及高校孵化体系组成。

一、创新创业政策扶持体系

美国政府通过制定创新创业政策,以推动创新创业活动、完善创新创业环境、培育创新创业人才、提供创新创业支持。换言之,创新创业的本质在于刺激创业,在政府力所能及的范围内采取鼓励创新创业的政策,提升国家和州之间的创新创业活跃度。在大学生创新创业发展中,政府政策的主要作用在于营造良好的环境和提供相应的教育,政策主要内容包含鼓励创新创业教育、简化创建企业手续和提供创新创业资金支持等。

(一)创新创业政策的产生与发展

就美国经济环境发展历史来看,政府的干预措施扮演着重要角色。自19世纪末,政府在商业领域的公共政策通过规章制度、反垄断和政府所有制三大政策工具驾驭市场力量。1890年,国会颁布《谢尔曼反垄断法》(Sherman Antitrust Act),这是美国历史上第一部反垄断法,也是美国第一部授权联邦政府控制、干预经济的法案。该法案严厉打击垄断行为和限制贸易的活动,保障了各行业创业机会,显示出美国政府对创业的保护和激励。

伴随全球化浪潮的加快和知识经济时代到来,传统政策已无法满足经济提升和科技创新的需求,迫使政策制定者重新寻觅新的经济增长点和就业途径。伴随联邦商务委员会(Federal Trade Commission)等管理机构的衰落,公有企业私有化出现,某种程度上彰显了政府政策本质导向的转变。相较于传统政策抑制大型企业的垄断行为,20世纪80年代的政策导向则转向鼓励中小企业的萌芽和发展,政府开始将创新创业视为经济腾飞的新引擎,制定创业政策,把鼓励创新创业活动作为国家的优先发展战略。如1980年《拜杜法案》《史蒂文森—威德勒技术创新法》和1982年《小企业创新发展法》等法案的颁布,更好地促进了技术的商业化,满足了公众利益的需要,使美国先于世界上其他国家利用创新创业实现经济的持续发展和高品质就业。

21世纪以来,全球化和科技革新是影响经济发展和市场结构变动的主要因素。一方面,伴随全球化步伐日益加快,中小企业面临更多挑战和机遇。许多实证研究表明,国外投资倾向于成熟的大企业,但事实却佐证了全球化为中小企业和成熟企业提供了同样的发展机会,因此中小企业应该积极抓住机遇、把握机遇、利用机遇,实现经济增长和规模扩张。另一方面,伴随科技进步,社会对高素质劳动者的要求与日俱增,对技术型劳动力的需求大幅增长。创业活动和区域间的联系,引起政府的高度重视。政府开始出台引导、支持和鼓励创新创业的政策,以应对全球化发展和科技变革。创新创业规章制度的不断修正,企业私有化浪潮加快在美国和欧洲国家出现,促使知识生产和商业化措施不断出台,以致力于解决供需不平和市场失灵等问题。

(二)创新创业政策的具体内容

1. 创新创业政策的关键要素

制定创新创业政策是为了促进创新创业活动发展,高校、政府和相关机构应承担完善创新创业环境、培养创新创业人才、提升创业成功率的角色。不同国家的创新创业政策有不同内容,大致包含政策目标、动力、评价指标和着力点等。①

创业政策包含针对性的直接政策和统领性的间接政策,针对不同创业阶段提供不同的支持和干预。根据政策受众差异,可以分为个人或企业、产业与环境。② 微观层面而言,在创业过程中,只有具备动力、创业和运营技能才可以获取创业成就;③对创业企业而言,能否在市场中获得生存与发展是关键问题所在;就政府干预而言,应考虑建立适宜的市场准入和退出机制,为创业企业减少行政程序所带来的负担。从宏观层面而言,政府政策在创新创业文化、基础设施建设和规章制度方面拥有巨大影响力。从创业政策的实施和影响途径来看,主要包含直接介入创业活动、营造创新创业环境氛围、制定政策导向三种类型。④ 直接介入创业活动是直接干预资源的市场配置,包含提供技术服务、资金支持,设立大学科技园等;营造创新创业环境氛围是政府以协调者和促进者而不是参与者的角色推动创业,通过完善基础设施建设,降低企业创业的社会成本;制定政策导向是通过地区制定的规章制度和改革(包含政治、经济和法律等),发挥对创新创业的引导。

2. 美国联邦政府的创新创业政策

美国联邦政府的创新创业政策集中于:不断优化创新创业环境,促进中小企业创业与发展,为大学生提供经费、技术、服务和咨询等创业支持的小企业管理局(Small Business Administration,简称SBA),出台国家创新战略,引领创业发展方向并明确创业人才培养的具体内容。

良好的环境是创新创业产生和发展的基础条件。美国政府在制定创新创业政策时,注重完善创新创业基础条件,形成利于创新创业产生并发展的环境保障。首先便是优化基础设施建设。美国政府大力发展先进的基础设施,包括物质基础设施和数字基础设施。先进的基础设施已经成为支持美

---

① Lundstrom and Stevenson, Entrepreneurship Policy for the Future: Special Edition for the SME Forum [R]. Sweden Vaxjo: Swedish Foundation for the Small Business Research, 2001:19-20.

② VERHEUL, et al. An eclectic theory of entrepreneurship: policies, institutions and culture[J], Business and policy research,2001(1):48.

③ Van Vuuren and Nieman, Entrepreneurship Education and Training: A Model for Syllabi/Curriculum Development[R]. Proceeding at Conference of the International Council for Small Business,1999:20-23.

④ 赵都敏,李剑力.创业政策与创业活动关系研究述评[J].外国经济与管理,2011(3):19-26.

国企业创新,吸引海外企业回迁的重要前提。其次,加大在国家优先领域的科技部署。美国政府致力于推动健康技术、纳米技术、先进制造技术、清洁能源、空间技术、高性能计算、智慧城市技术等领域的重大技术突破,特别是制造业振兴在美国创新战略中占据非常突出的位置。最后不断完善制度环境,保障科技创新所需的基本条件。除改革知识产权制度外,美国还重视完善市场竞争规则,促进国际贸易,帮助企业进入国际市场,提升本国企业的国际竞争力。[1]

美国通过制定针对中小企业(尤其是大学生创业企业)政策,助力美国经济增长和就业保障。在美国社会,大约2 800万小企业为社会提供了三分之二的新增就业岗位,为一半的美国劳动人口提供了就业机会。而成立于1953年的美国中小企业管理局是专门为创业者和小企业发展提供支持的美国联邦政府机构。中小企业被视为美国经济复苏、增强综合国力和未来全球竞争力的关键。中小企业管理局秉持"为中小企业提供资金支持、咨询服务和技术援助,保障中小企业相关权益,维护企业自有竞争环境,助力美国经济发展"的信念。其战略目标包含企业发展和增加就业、小企业局自身建设和维护小企业利益三方面。通过差额担保、小企业投资公司计划和其他贷款担保计划提供创业资金支持;通过小企业创新研究计划、小企业技术转移计划提供技术研发支持;通过政府采购合同、产品出口服务、建立合作平台等措施提供渠道支持;通过小企业发展中心为创新创业提供智力支持。通过实施国家创新战略,培育创新创业人才。

为应对20世纪90年代末世界各国掀起的创新创业热潮,充分发挥创新创业对美国社会发展的驱动作用,以及扭转美国的创业局势和经济态势,奥巴马执政以后美国联邦政府连续发布了数份创新战略:通过"美国创新战略:迈向持续增长和高品质就业"(2009)提出了以基础设施建设为塔基、以促进私人部门创新为塔身、以国家优先领域的技术和产业突破为塔尖的金字塔形创新战略体系,[2]旨在通过加强高科技和创新对经济的增长作用,带动美国经济可持续发展,增加就业数量和质量;通过"美国创新战略:确保我们的经济增长和繁荣"(2011),在塔基部分更加突出人才培养的基础性作用,塔身部分注重以市场为导向的创新,塔尖部分进一步强化对清洁能源、

---

[1] 黄军英.美国创新创业政策研究及借鉴[J].科技与经济,2017,30(1):31-35.
[2] 唐家龙,马虎兆.美国2011年创新战略报告评析及其启示[J].中国科技论坛,2011(12):138-142,155.

健康技术、生物技术、纳米技术等尖端技术的革新,强调开发新产品和生成新行业是美国在科学发展和技术创新中充当世界引擎并促进国家繁荣的关键,从而增加了维持创新生态系统的一系列新政策;最终版的"美国创新战略"(2015)进一步强调要激励全民创新,发掘美国的全部创业潜力,并为创新生态系统可持续发展补充了相应新政策。创新战略被多次更新的原因包括:在创新战略引领下,实现了就业增长和创新技术的提高,验证了创新创业对经济增长的重要作用,进一步刺激了美国创新创业战略的优化;世界各国纷纷进行人力资本投资加剧了美国的危机感;为积极应对经济发展的深入和新社会问题出现,要求创新战略发展与时俱进。其政策主要包含:加强创新投资、创业环境支持、创新人才发展支持、重点领域创新、建设创新型政府等内容。通过"创业美国计划"致力于在全美范围内鼓励成长性企业的创办和发展。

"创业美国计划"(Startup America)是美国创新战略的重要组成部分,也是通过创业实现经济繁荣增长的关键途径,既是奥巴马政府对执政之前二三十年创新创业政策与实践的总结与反思,也为未来创新创业活动提供了纲领性框架。"创业美国计划"的核心目标是:扩大高增长创新企业的数量和规模,带来经济增长和工作岗位,把创业精神树立为美国核心价值观和竞争优势的源泉,鼓励空前多的社区和个人建立美国企业。[①] 该计划提出公共部门要在扩大创业支持资金行动、减少创业障碍、加速突破性技术创新从实验室到市场的转化等领域为创业提供支持和便利。除了明确公共部门的职责与义务,该计划尤其注重整合成功的创业者、风险投资家、大学、基金会等私营部门的力量,成立"创业美国伙伴"(Startup America Partnership,简称SAP),[②] 致力于推进创业生态系统建设,鼓励下一代创业者加强导师与创业者之间的联系,通过提供资金、经验、政策、平台等各方面的支撑帮助青年一代实现创业梦想,共同创造创新型、高成长的美国企业。

"创业美国计划"实现了一个重要的尝试,即整合公共部门和私营部门的资源,形成政府、盈利企业和非营利组织通力协作的公私伙伴关系(public-private partnership,简称PPP),共同确保完成政策功能和计划的可

---

① 黄军英.创业美国计划将带来什么?[J].科技潮,2011(8):42-45.
② 梅伟惠,陈悦.美国高校创业教育新纪元:"创业美国计划"的出台、实施与特点[J].高等工程教育研究,2015(4):82-87.

达性及有效性。① 发端于20世纪70年代末的PPP模式促进公共部门与私营部门共同承担项目的风险、成本与收益,促进公私利益紧密结合并实现共赢,已日益成为现代公共治理和公共服务供给的新范式。② 在"创业美国计划"的PPP模式中,公共部门致力于创新创业政策的制定、减少税收和规制,为创业企业提供更好的发展环境,确定创新创业服务的供给方式和质量,为民营资本投向创业企业提供补贴和匹配资金;而私营部门则发挥其在灵活、效率和企业家精神等方面的优势,促进资本与创业者的衔接,提供多样化的创业平台和服务,促进创新成果向市场的转移突破,实现商业利润和资本回报。

在州和地方政府的创业政策中,由于区域经济发展差异较大,20世纪伊始,美国卡夫曼基金会(Kauffman Foundation)邀请美国州长协会(National Governor's Association,简称NGA)和全国州立法大会(National Conference of State Legislatures,简称NCSL)针对各州创新创业政策加以调研,通过建立创业支持机构、搭建区域合作平台等形式助力创新创业政策的发展。

美国政府把创新创业作为未来经济腾飞和提升国际竞争力的关键因素,集全国各界的力量支持创新创业人才培育和创业活动发展。美国高校在创业教育实施和创业人才培养方面具有较强自主性,市场是创新创业教育发展的主要驱动,而政府政策发挥战略规划和环境优化的支持作用。③ 通过设立统筹协调的专门机构,协调创业者需求和政策实施方向,统筹相关机构部门;明确了各利益相关者的角色定位;协调联邦政府和地方政府间的合作。无论是中小企业发展政策还是创新国家战略,美国的创业政策都制定了明确的战略规划和目标,关注创新和创业领域的前沿发展,关注下一代高水平创业人才的培养,关注长期可持续发展的创业生态系统建设,这些关注点彰显了美国创新创业的前瞻性。

二、创新创业资金支持体系

资金支持是激发大学生创业意愿、保障创业项目持续进行的重要支柱。

---

① ROSENAU P V. Public-private policy partnerships [M]. Massachusetts: The MIT Press, 2000:3.

② E. S. 萨瓦斯. 民营化与PPP模式:推动政府和社会资本合作[M]. 周志思,等译. 北京:中国人民大学出版社,2015:127.

③ 梅伟惠,陈悦. 美国高校创业教育新纪元:"创业美国计划"的出台、实施与特点[J]. 高等工程教育研究,2015(4):82-87.

毋庸置疑,融资是大学生创业者需要面临的关键问题,这一环节需要政府、企业和高校多方参与、协调运作,形成行之有效的创业资金支持链条,推动高校创新创业教育的开展,强化大学生的创新创业动机,建立完善的创新创业生态环境。

(一)资金支持的重要性

创业资金是大学生创业支撑体系中的重要组成部分。大学生作为具有创新精神和技能的特殊群体,是政府、社会重点支持和鼓励的对象。大学生创业在知识储备和技术创新上具备优势,但不少创新创业项目却因为缺少启动资金而被扼杀在襁褓中,或在创业过程中因资金链断裂而失败。创新创业的蓬勃发展是美国经济社会发展的长足动力,青年创业者也是美国创业活动的主力军。据全球创业观察统计,2013年,美国总体创业活动的四分之一来自青年创业者。报告同样显示,资金是创业者最为关注和担心的因素。由此可见,对创业者和初创企业的人而言,创业资金缺乏是其面临的挑战性门槛,如何调动社会资源,为大学生提供资金支持,也是构建大学生创业外部支撑体系的重要议题。

(二)获取资金支持的渠道

为了给企业融资提供便利,特别是加快新创企业融资,奥巴马于2012年4月签署《创业企业扶助法案》(Jumpstart Our Business Startups Act,2012),为初创企业和小企业获得资本明确了法律依据。该法对于"新兴成长公司"融资提供了快速通道。此外,为了保障中小企业的发展,出台了一系列金融支持制度,其中包括以小企业管理局为主要职能机构的贷款担保、直接贷款和风险投资等融资支持,同时提供关于创业、商业知识的免费学习资源与培训机会;财政部出台的小企业融资计划;税收减免政策刺激社会创业投资;制订学生创新创业专项计划等。

为创业开拓多元融资渠道是小企业管理局的重要职能。该机构通过担保、培训指导等形式帮助中小企业获得贷款和风险投资,在担保贷款中,小企业管理局提供的担保贷款(包含小企业贷款、小额贷款等)针对各个创业阶段,为创业者提供不同期限、不同金额的担保贷款选择。在美国财政部的创业融资计划方面,2010年,美国国会通过《小企业就业法案》(Small Business Jobs Act,2010),强化了小企业管理局贷款计划,并推出两个新融资项目,即各州小企业信贷计划和小企业贷款基金,通过财政拨款的形式拓宽小企业资金支持渠道。小企业信贷计划是美国财政部资助,各个州和合作机构管理,在社会贷款与投资机构共同参与下推行的贷款项目,可以分为资金扶持方案、贷款担保方案、抵押支持方案、联合贷款方案及风险资本方案。小企业贷款基金计划是针对独立银行和社区发展，总价 300 亿美元的投资项目，促进了社区银行对创业企业的贷款资助力度。2016 年，美国财政部发布了这两项财政计划的绩效评估报告。报告显示，自项目启动以后，创造了近 20 万个工作岗位，有效带动了美国经济的繁荣。基于小企业信贷计划，美国财政部为各州划拨 15 亿美元用于支持当地小企业发展，并赋予各州灵活分配资源的权利。州小企业信贷资金增长有效激励了全美各地创业公司的发展。因此，联邦政府大力推广州小企业信贷计划并奖励最佳实践案例，鼓励各州找准当地市场需求，促进包容性，为新创企业发展吸引私人资本，加强区域创业生态系统并进行效果评估。为提高银行贷款批准率，小企业管理局建立了旨在简化贷款流程的互动式网络平台——SBA One，以利于银行和创业公司更方便、智能、简易地完成贷款过程。上述举措不仅有效促进了各州经济的增长，企业的信心也开始回升，提升了企业的资金流动性能，改善了偿债能力，为新创小企业持续提供保障和支持。

除了金融和投资相关的政策，税收减免政策、鼓励小企业投资政策也是美国政府的重要手段，先后出台了《经济复苏税收法》（Economic Recovery Tax Act，1981）、小企业替代性最低限额税（Alternative Minimum Tax，1986）、《纳税人救济法案》（American Taxpayer Relief Act，1997）、《美国复兴与再投资法案》（America Recovery and Reinvestment Act，2008）。州政府还提供税收政策、税务知识咨询与培训，减轻教育贷款压力，让创业者通过天使投资、风险投资、基金会、众筹、民间贷款、公益投资等形式获取资金。

基金会的资助是美国高校创新创业教育项目经费的重要来源。考夫曼基金会是美国最大的、专门支持创业教育的非营利性私营基金会，由美国已故企业家兼慈善家考夫曼在 20 世纪 60 年代中期创立。考夫曼基金会将推动创新创业教育发展作为基金会两大核心业务之一，下设考夫曼创业领导中心，主管创新创业教育事务，主要通过经费资助、创业研究，开展全国性创新创业教育调查等活动，广泛支持创新创业教育项目和创业活动的开展，如通过资助雪屋创业项目（Ice House Entrepreneurship Program，简称 IHEP）、考夫曼校园计划（Kauffman Campus Initiative，简称 KCI）等项目，有效推动美国创新创业教育发展。2003 年，考夫曼基金会向 8 所高校共捐赠 2 500 万美元，推行第一轮"考夫曼校园计划"，旨在使所有学生拥有普遍的创业意识和创业经验。2006 年，该基金会又向布朗大学、普渡大学等 9 所高校捐赠 2 550 万美元，开启了第二轮考夫曼校园计划，将资助高校扩展到 30 多所，为推动美国创新创业教育提供了超过 2 亿美元的资助。

科尔曼基金会(the Coleman Foundation)作为一家独立的私营基金会,在1981年至2011年期间,对各种创新创业教育项目进行资助,促进了美国创业学和创新创业教育的发展。近年来,该基金会推行了创新创业教育影响计划,对高校创新创业课程和创业课程辅助活动进行资助。2017年第一季度,科尔曼基金会批准了74万美金支持5所非营利组织的创新创业教育项目,推进创新创业教育影响计划;2017年第二季度,批准了18.5万美元资助未来创始人启动项目(the Future Founders Startup Programs),持续推进创业教育影响计划。[①]

美国的创业资金支持已经形成由政府、投资者、基金会和各种中介机构组成的高效协作体系,能有效促进大学生创业企业的落地和成长,最终带动经济增长和社会发展。在美国的学生创业资金外部支持体系中,政府起到了重要的引导和协调作用。一方面,政府通过制定法律和政策调控创业资本市场的发展,拓宽大学生创新创业的社会融资渠道;另一方面,积极引导社会资本支持大学生创新创业活动的开展。美国的创新创业产业集群是在某一特定区域内,以某一主导产业为核心,大量联系密切的创业企业在物理空间上集聚,形成了强劲、持续的竞争优势。

三、创新创业高效孵化体系

创新创业孵化机构是支持创业由稚嫩理念走向成熟企业的关键环节,既能帮助创业者降低创业成本和风险,提供政策咨询、专家导师等服务,还能打开融资渠道,建立创业交流与合作网络。

(一)创新创业孵化机构的发展

以孵化器为主要载体的美国创业服务机构为创业者提供的支持内容不断扩大,由最初的基础设施支持,到创新创业知识和技能服务,再到外部机构参与都可以找到它的影子。孵化器作为美国创业发展的催化剂,对创业者和初创企业成长起到了重要加速作用。

创业服务机构旨在将具有市场前景的创新技术或产品孵化成为高增长型创业企业,不仅为孵化企业提供适宜的办公场所,还提供税务、市场、管理、融资等各种问题的咨询和培训,解决创业者早期初创阶段遇到的各种问题。美国创业服务机构呈现出了多样化、全面化和专业化的发展趋势,创业

---

① 梁会青,孙焕焕.以评估促发展:从全美创业教育调查看美国高校创业教育[J].世界教育信息,2018,31(15):34-43.

服务机构不仅为创业者提供一站式创业服务,还通过共享基础设施和专业设备,帮助创业者节约日常开支。在美国创业服务机构的支持下,创业种子资金在创业服务发展中发挥着越来越重要的作用,服务范围也在不断扩大。

(二)创新创业孵化服务模式

美国创新创业孵化服务模式主要包括孵化器机构运作模式和大学研究园模式。孵化器机构是服务于大学生创业的专业机构,大多以低廉价格租给创业者,创业者之间共享支持创业的基础设备,能够有效减少创业者日常开支,为创业者搭设内外部联系网络。[①] 大学科技园(University Research Park)依托于研究机构,培育、吸引并留住科技人才,创设创业企业的物理环境,是服务科技创新创业的特殊孵化机构。按主导机构分类,大学科技园大致可分为三种:高校主导,如斯坦福大学1951年建立的斯坦福科技园,逐渐发展为硅谷;企业主导,如波士顿128号公路监理的"波士顿128号公路高科技园区";政府主导,如北卡罗来纳州的"三角科技园"等。

(三)创新创业孵化机构的积极影响

根据不同行业与需求,多种类型的孵化器、加速器等创业服务机构均予以创业者专业化支持,主要在创业存活率、创业成长速度、知识传播等领域发挥影响。

对孵化企业和创业者而言,孵化器可以有效提高企业可靠性(Credibility);缩短创业者学习曲线(Learning Curve),加快创业学习进程;针对创业中的问题予以解决(Problem Solving);搭建创业网络平台(Network)。[②] 通过管理支持、行政支持、设备支持和商业知识等,孵化器帮助创业企业搭建内部结构,建立外部信誉。

创业者在选取孵化器时,应考虑五方面内容:创业的阶段,不同阶段对具体的服务需求也有所差异;创业者需求与服务机构定位、目标与关注点的匹配程度;进驻条件和结业政策;服务性质和程度,以及所承担费用;搭建的合作网络,予以的法律、技术、金融支持等。

[①] BERGEK A, NOMNAN C. Incubator best practice: a framework[J]. Science direct, technovation, 2008(28): 20–28.

[②] SMILOR R. Managing the incubator system: critical success factors to accelerate new company development[J]. IEEE transactions on engineering management, 1987(3): 146–155.

第三节 三螺旋主体在创新创业教育中的角色

美国创新创业教育在高校、政府和企业三者间构成了良性互动。高校是创新创业人才培养基地,为创新创业提供智力支持;政府扮演服务者的角色,侧重提供政策法规与资金支持,但对高校内部的创新创业教育无权干涉;企业享受高校提供的科研支持,接收高校培养的人才,同时又为高校提供了师生培训、实践基地等。美国高校创新创业教育在政产学研结构的保障下得以稳步开展。

一、高校:培养创新创业人才

(一)构建创新创业教育课程体系

美国高校适应社会发展的能力较强,它们是衍生新公司和新产业的母体,是推动经济与社会发展的不竭动力,在创新创业教育中占据主导地位。1947年,哈佛商学院首次开设了"新创企业管理"(Management of New Enterprise)课程,开启了美国高校创业教育的历程。1968年,百森商学院在本科生中开设了第一门创业学主修专业,打破了以往单一创业课程的状态。统计显示,1995年美国有400余所高校开设了创业课程,换言之,参加美国大学排名的高校基本上都开设了相关课程。2000年,美国约有1 200所高校开设创业和小型企业管理课程;2008年,美国高校开设了超过5 000门创业教育课程,每年有超过40万名学生学习创业教育内容。有数十所高校将创业课程逐渐发展为创业教育项目(Entrepreneurship Program),将其视为高校教育的重要内容组成。

为避免创业课程开设的盲目性和"同质化",美国高校会根据自身的优势和特色设置侧重点各不相同的创业课程。如斯坦福大学、哈佛商学院、百森商学院等设立的创业教育课程属于综合性创业教育项目;加利福尼亚大学伯克利分校、麻省理工学院、马里兰大学等高校的创业教育则着重高科技创业;加利福尼亚大学旧金山分校、霍普金斯大学等高校创业教育项目的主要方向是大型机构创业和创新、生命科学应用等;旧金山大学、圣荷塞州立大学等主要以硅谷为依托,为学生提供基于创业企业的更高质量的就业机会。

与工业社会对单科型人才的需求不同,现如今的知识经济时代需要的是视野开阔、通晓多门学科、具备多种技能的人才。如果古希腊的人文三艺(Trivium)指的是文法、修辞、逻辑,则当今的新式人文三艺(Novum Trivium)则由传统专业学科、外语及跨文化交际能力、创新创业三部分构成。美国高校的创业教育关注学生全面发展,在引导并塑造其创业者心态的基础上,通过创新创业课程的系统开展,帮助学生找到兴趣、积累知识、开阔视野、训练思维、培养应对和解决各类问题的综合能力。具体来看,美国创新创业课程体系一般由创业基础理论课程、与专业结合的创业课程和创业实践课程三部分组成。以斯坦福大学为例,创业基础理论课程主要由商学院及其下设的创业研究中心开设,主要包括创业基础类课程(如"创业基础")、金融类选修课程(如"天使资本""创业融资""私募股权")、市场与运营类选修课(如"产品发布""创业者的市场研究""电子商务")等类型;与专业结合的创业课程主要由相关院系开设,其中工学院课程开设较为成熟,实施了技术创业计划(the Science and Technology Venture Project),聚焦某一学科领域或在交叉学科领域开展高科技创业的教学与指导;在实践课程方面,斯坦福大学设立了创业工作室,给学生提供创业实践的平台,并为学生提供到新创企业实习的机会,提供更直接生动的创业体验。

目前,美国高校主要发展了三种不同的本科创新创业教育形式:一是创业学专业,二是创业选修课,三是跨校区创业教育。前两种形式都建立起了完备的课程体系。例如,创业学专业的课程包括入门课程、能力课程、整合课程和实践课程四种类型,共7种课程内容,这些课程可以在一两个学期内完成(见表2-1)。[①]

表2-1 美国高校创业学专业课程

课程类型	课程内容	培养目标
入门课程	创造力	如何提出新的和不同的想法(创造力) 如何评估想法(可行性) 如何考虑实施这些想法(商业化)
	组织启动	创建或收购组织所需的能力(行业和市场分析、运营规划、人力资源管理、开发销售策略)

---

① KATZ J A, HANKE R, MAIDMENT F, et al. Proposal for two model undergraduate curricula in entrepreneurship[J]. Int Entrep Manag J, 2016(12):487-506.

续表 2-1

课程类型	课程内容	培养目标
深入/能力课程	市场营销与销售	探讨营销原则在新公司构建和实现营销职能的过程中的应用(分销渠道、定价策略、促销、位置、直接和间接销售方法、谈判、客户管理和客户服务)
	财务与会计	探讨会计和财务课程原则的应用(应用活动如理财、管理资金、跟踪资金等)
	组织管理	人力资源管理、领导力、微观或宏观组织行为
整合课程	业务规划	制订一个或多个业务计划,编写一份文件,列出最佳实现方式
实践课程	创业实施	高度具有经验性的课程。学生参加与其先前课程相关的活动,实施商业计划

创业学专业学生除了学习专业基础课外,还可以辅修最能反映本校优势和最符合自身兴趣的课程(见表 2-2)。[①] 一些选修课可以很好地融入创业专业,如企业创业、家庭创业、社会创业、国际创业、环境(绿色)创业、技术与商业化创业、互联网/电子商务创业等。虽然创业学专业设在商学院,但个别选修课也可以设置在学校其他院系,或者跨校参与选修课。例如,环境研究可以设置绿色创业课程。此外,学校还可以与区域伙伴或类似机构一起制定选修课,以帮助学生发现创新创业机会(如农村创业)。

表 2-2 美国高校创业学选修课

课程类型	课程内容	培养目标
基础课程	小型企业基金会	介绍小型企业在经济中的基础知识,如小型企业与企业家思维、企业主的职业道路以及所有权途径(如家族企业、特许经营、购买企业、创业)
	创业基金会	介绍基本创业技能,如创造力、创新、愿景以及识别和创造机会。介绍新公司的财务因素,如预算和初发融资、市场营销和战略思维,包括 SWOT 分析和行业分析

① KATZ J A, HANKE R, MAIDMENT F, et al. Proposal for two model undergraduate curricula in entrepreneurship[J]. Int Entrep Manag J,2016(12):487-506.

续表2-2

实践课程	业务规划	严重依赖企业家和小企业的案例研究(在可能的情况下包括现场案例),完成学生在第一门课程中提出的商业计划
期末课程	深度课程	本课程对学生的特定业务领域(如零售、计算机或网络编程、电子商务、房地产或其他领域的课程)非常有用

美国高校创新创业教育课程广泛采用多元化的教学方法,如案例教学法、模拟创业、讲座、项目教学法、浸入法、问题中心教学法、在线课程、社会考察、与企业高管的对话等。以具体学校为例,斯坦福大学商学院采用"项目开发式"创业教育方式,让学生在课程中尝试起步创业项目。加州大学伯克利分校创业技术中心聚焦人工智能、大数据分析等新兴领域,在课程和专设项目中将新兴领域的知识学习与创业项目设计同步展开。马里兰大学商学院开发的创业课程,在课堂上指导学生体验创业行动中项目计划、设计、实施、评价的全过程。麻省理工学院的创业教育公开课"供应链管理专题"(Supply Chain Management)课程是以授课与讨论的形式进行,同时邀请公司主管作为演讲嘉宾进行教育教学活动。康奈尔大学的"社会创业法"课程是采用案例研究法和课堂活动教学。

(二)构建创新创业教育人才培养体系

美国高校创新创业人才培养体系表现为在受教育层次上的拓展,包括向上和向下两个方向。向上拓展主要是加强创新创业教育的学科体系建设,培养创业学方向工商管理硕士(MBA)和博士(PHD);向下拓展则体现为在社区学院、工程学院和初级学院开设创业课程。

1971年,工商管理硕士创业学专业首次在南加州大学开设,提高了创业学的学科层次。《商学院全览》(*All Business Schools*)是一个完全的联机商业教育指南,它列出了27个创业方面的工商管理硕士计划,并在美国90个工商管理硕士计划中提供创业课程。麻省理工学院的斯隆商学院作为全球领先的商学院之一,充分利用学校在理工学科的优势,赋予学生更多接触前沿高精尖技术的机会,其开设的包括新技术和产品开发、制造业管理等专业在内的MBA计划具有很强的技术性特色。马里兰大学的MBA计划以史密斯商学院为平台,着力打造"数字经济的领袖"。纽约大学则开设了创业和创新领域的MBA课程。伊利诺伊大学专注于提供工程方面的MBA计划。此外,加州大学、哈斯商学院、德克萨斯大学、科罗拉多大学、威斯康星大学、北卡罗来纳大学等都致力于在 MBA 计划框架上开展创新创业课程。

佐治亚大学、印第安纳大学、沃顿大学等提供了创业教育的博士计划,将创业教育的学历层次提高到博士阶段。此外,包括波士顿大学、哈佛大学、科罗拉多大学博尔德分校、圣路易斯大学、南卡罗来纳大学、俄亥俄州立大学、明尼苏达大学、纽约大学、田纳西大学、南加州大学在内的多所大学在创业教育领域也提供博士计划。

20 世纪 80—90 年代,社区学院开始设置有关创新创业教育课程。此后,社区学院的创业教育逐步发展起来。后期受"创业美国计划"的支持和推动,社区学院创新创业教育开始具备鲜明的发展特色。至今,社区学院的创新创业教育已逐步建立起较为先进的培养理念,摒弃一味从功利角度出发提高学生创业技能的倾向,转向企业家精神培养。不少学院提出了"从学校到职业生涯"的计划,着重培养学生的再就业能力和创业能力。在创业课程设置中,一些社区学院提供了和商业相关的信息课程,有的还提供了撰写商业计划书、培养创业精神和创办小商业等方面的课程,注重在教学过程中让学生学习创业理念、方法和技术,在多种多样的教育教学实践中逐步提高学生的创业意识和能力。

(三)构建创客教育平台

美国高校的创业教育不只局限于获取相关知识的课堂教学之内,发生于创客空间之内的教育作为与之平行或与之衔接的环节,是美国高校创新创业教育开展的重要组成部分。

"创客"(Maker)一词源于美国麻省理工学院微观装配实验室的实验课题,此课题以创新为理念,以客户为中心,以个人设计、个人制造为核心内容,参与实验课题的学生即"创客"。现特指具有创新理念、努力将创意变现实、善于自主创业的人。"创客空间"(Makerspace)则可用若干视角来定义。首先,它是一个"物理化的智造空间",向创客提供开放的物理空间以及激光切割机、3D 打印机等原型加工设备;其次,它是一个"人际化的共享空间",组织创客聚会,开设创客技术工作坊,促进知识分享、跨学科协作以及创意的实现以至产品化;[①]最后,它是一个"社会化的服务空间",为创客们的创新创意作品提供孵化的全新组织形式和服务平台。

由此可见,创客空间作为一种开放创新的共享空间,其主要功能便是为

---

① 陶蕾.图书馆创客空间建设研究[J].图书情报工作,2013(14):72-76,113.

创新创意的实现与转化提供平台。它往往与高校创业园、孵化园、众创空间等连载为一体,形成创业生态系统支持大学生创新创业教育,进而发展为一种创业教育生态系统。①

从历史发展来看,创客空间发端于 20 世纪 50 年代的美国,其最初的形态包括各种孵化器和黑客聚集社区。创客空间的出现,使得高校的人才培养和科技创新两大职能实现了交融,学生在创业教育课程体系中所获取的创业知识、创意和技能得以在此实践。时至今日,欧美发达国家几乎所有的大学都建立了带有企业孵化功能的创客空间,旨在为学生创新创业提供真实完备的实体空间和运用环境,促进大学生创新创业能力发展。

美国高校依据自身的优势与资源,构建各具特色的创客空间,主要可分为四种类型。

一是依托名校高水平科技创新实验室平台而构建的开放实验室型创客空间。如麻省理工学院的微观装配实验室(Fab Lab)和媒体实验室(MIT Media Lab),该类创客空间注重参与学生的跨学科协作、跨领域整合、开放式共享,尤其强调科技与艺术的结合,实现创意、创新与创业的一体化。

二是依托社区资源而建、面向社区开放的社区联动型创客空间。美国高校在规划本校创客教育实施时非常重视与社区已有资源的结合,如匹兹堡市的高校着重吸纳社区空间、博物馆参与本校创客教育的设计与实践。伊利诺伊州立大学商学院的创客实验室则通过举办社区创客大会,组织学生面向社区开展创客活动。

三是基于图书馆而建的创客空间。美国高校在发挥图书馆传统功能的基础上,把打造创客空间视为图书馆服务模式转型的一大方向。如内华达大学在本校图书馆的基础上建立了科学图书馆创客空间,为学生提供自主学习区、3D 打印机与扫描仪、激光切割机等技术与软件服务。②

四是与企业协同建立的校企合作创业空间。美国企业格外关注高校的科技创新和产品研发能力,因而倾向于对高校提供创客教育技术与相关资源的支持。如福赛大学(Full Sail University)受美国知名视频提供商创客工作室(Maker Studios)支持创建了视频制作创客空间,为学生提供了参与真实视频制作的机会,有效提升了学生的专业创造与制作能力。

---

① 郑刚,郭艳婷.世界一流大学如何打造创业教育生态系统:斯坦福大学的经验与启示[J].比较教育研究,2014,36(9):25–31.

② 郑燕林.美国高校实施创客教育的路径分析[J].开放教育研究,2015(3):21–29.

美国已有约 1 000 所高校设立配备先进数字制造工具的创客空间,以其为场所开展的大学生创新创业活动丰富多彩。创客活动及创客教育与传统的创新创业课程体系相互补充、相辅相成,构成了较为完整的创新创业教育体系。尤为特别的是,美国的图书馆和博物馆等公共文化机构不断更新自身功能与定位,逐渐演变为高校创客教育的组织者与引领者。它们越来越注重构建创客空间,举办动手实践的创客活动,开展创新创业培训,举办"创客月""创客节"等活动,激发学生的创新创造力,对于高校创新创业教育发展起到了重要的推动作用。

在多层衔接的创新创业人才培养体系的基础上,通过系统全面的创新创业教育课程培养,结合丰富多元的创客实践活动,美国高校学生的创业知识、创新创业思维和创业实践能力得到了显著提升,并直接体现在选择创业的高校毕业生数量上。例如,麻省理工学院的本科生在毕业后选择创业的比例从 2006 年的不到 2% 上升到 2011 年的 15%。

二、政府:提供政策资金支持

在美国创新创业教育的萌芽和发展阶段,政府的角色并不明显。但自 20 世纪 80 年代以来,美国政府出台了一系列扶持小企业发展的法律,降低了创业门槛,鼓励大学生积极进行创新创业实践,并建立机构扶持中小企业发展。

这一时期,知识经济蓬勃兴起、高科技迅猛发展。美国政府逐渐意识到创新企业的经济增长力,开始将创新驱动经济竞争力提上政策日程。为增强教育的经济功能,美国政府对高等教育给予了政策和资金扶持。20 世纪 80 年代初,时任总统里根设立了竞争力委员会。委员会除为高等教育改革提供政策建议外,还要定期形成报告供决策使用,同时加大对数学、工程等实用学科领域的资金支持,扶持研究型高校的应用型研究。

20 世纪 90 年代以来,美国政府出台的政策文件开始向高新技术产业倾斜,为高新技术产业提供大量的税收优惠和财政补贴。2000 年美国政府出台了新市场税收抵免方案,企业如果在低收入地区进行投资,即可抵免所得税收。2009 年,美国政府推出了商业复苏贷款计划(American Business Recovery Loan Course),有资质的小企业可以向政府申请 6 个月的贷款,从而保证企业的资金运转,促进企业积极扩展业务,如微软、英特尔公司等国际知名企业都是这些法案的受益者。

2013 年,美国商务部发布的《创新创业型大学:聚焦高等教育创新和创业》(Innovative and Entrepreneurial University:Higher Education,Innovation &

Entrepreneurship in Focus)强调,联邦政府应进一步加强校企合作的有效性,促进学生创新创业、鼓励教师创新创业、支持高校技术转移、促进校企合作、推动区域与地方经济发展。为创业型大学教师技术成果转化提供大力支持,鼓励大学生从事创业活动,使创业型大学获得持续健康发展的空间。同年,联邦政府发布的《全美创业教育国家战略》(National Strategy for Entrepreneurship Education)强调,高校开展创业教育应考虑区域经济发展,凭借自身的技术和创新优势,打造创业教育的生态系统,为美国经济复苏提供教育支持。

三、企业:驱动创新创业教育开展

美国创新创业教育呈现出明显的市场驱动特征。第二次世界大战后,美国经济历经黄金、衰退、复苏和繁荣发展四个时期。与此同时,美国创业教育也随着经济发展不断走向成熟。

二战后美国出现的创业教育萌芽,主要目的是为经济复苏做准备,同时也让参加二战的退伍军人接受创业教育,帮助他们走上就业岗位,但创业教育在随后20年中并没有实现预期目标,当初对创业教育信心满满的大学教授也逐渐将研究兴趣转移到大型企业,因为大企业才是当时美国经济增长的主要动力,中小企业和新创企业并不是刺激美国经济复苏与发展的主要因素。20世纪六七十年代,"滞胀"成为美国经济的主要特征,主张市场化、自由化的新经济主义登上历史舞台,代替了提倡国家宏观调控经济的凯恩斯主义,以市场为导向的社会经济环境为创业教育的开展提供了土壤。

1979年,麻省理工学院的大卫·伯奇(David Birch)发表了《工作创造过程》(The Job Creation Process)一文,他认为推动美国经济发展的不只是大型企业,小企业在经济增长和推动就业方面也具有重要作用。该结论颠覆了以往的认知,具有划时代的意义。他发现在1969—1976年,美国经济81.5%的新就业机会由中小企业所创造。进入20世纪80年代后,大卫·伯奇的理论成为创业教育进一步发展的基石,创业教育也获得了理论支撑。

20世纪90年代以来,美国的IT技术和电子通信快速发展,信息通信技术在提供大量就业岗位和就业机会的同时,也成为当时创新创业的必备条件。进入21世纪,全球化浪潮、世界政治经济一体化进程加快,美国创新创业教育进入新纪元,高校逐步建立起校企合作模式:如麻省理工学院的创新创业教育将高校和产业有机结合,通过与企业签订合作协议,向产业界输送最新科技成果,构建产学研一体化合作模式,极大推进了创新发展;斯坦福大学也建立起政产学研机构,组建了科技园区,通过完善园内公共服务设施,吸引企业入驻,该校还依靠校内科研优势,为科技园的发展提供了咨询服务和技术支持,为大学生提供了实习基地与科研场所。

第四节 美国创新创业人才培养的特点与启示

从创新创业教育发展现状来看,中美两国仍存在较大差距。美国创新创业教育呈现出支持保障体系完善、产学合作广泛、重视企业家精神培育和价值引领、注重国际性和开放性等特点。在三螺旋视域下考量美国高校创新创业人才培养特点,探寻西方经验,能为我国创新创业教育发展提供可供参考的探索方案、新的视角和思考。但同样应该意识到,美国的创新创业教育有其特定的历史文化背景和意识形态语境下的言说方式与话语体系,两国社会文化环境的巨大差异,要求我们在借鉴其创新创业教育发展时,必须立足本国国情,坚持社会主义办学方向,尊重教育规律,协调、调动创新创业各要素活力,有力推进创新创业人才培养质量。

一、美国高校创新创业人才培养的特点

美国高校创新创业人才培养体系的发展和完善,离不开政府、企业以及高校三方的共同支持。美国政府十分重视创新创业教育对经济社会发展的重要作用,出台了一系列政策法规、规章制度引导、协调创业活动;社会各界也为创业群体提供多方援助,如金融机构、投资机构等提供信息咨询和技术支持;高校作为创新创业人才培养的核心,重视创新创业教育课程体系建设,通过完善教学系统为学生提供高质量的创新创业教育教学活动。

(一)政府发挥强有力的引导作用

美国政府十分重视创新创业对经济发展的驱动作用,主要从创新战略和扶持中小企业发展两方面颁布相关政策对创业活动进行引导和协调。在创新战略方面,美国联邦政府颁布知识产权保护和技术转移方案,为创新创业的企业提供法律保障。在扶持中小企业发展方面,设立专门管理机构,为其创业提供资金、信息咨询等方面的支持。综合来看,美国政府颁布的创新创业人才培养政策具有引导性、前瞻性和整体性的特点。

第一,引导性。美国高校在创新创业教育规章的制定或落实上享有较大自主权。政府在其中发挥宏观引导作用,旨在促进创新创业教育有序开展。再者,联邦政府和州政府之间也会进行政策协调,保证创业政策的稳步

实施。美国高校创新创业人才培养主要来自联邦政府和州政府的通力合作,即联邦政府提供有利的宏观环境,加强对创业教育和创业活动引导。州政府和地方政府在联邦政府宏观政策的基础上,结合发展实际,制定更为细化和微观的发展政策,为创新创业活动提供支持和服务。

第二,前瞻性。美国政府出台的创新创业政策,都有明确的战略规划和发展目标,有较强的前瞻性和目的性。美国极为重视高层次创新创业人才培养,通过制定详细的人才发展战略,为国家的未来发展提供高质量人才储备;通过设立创业教育专项基金、建立创业教学网络等方式,推动高校创新创业人才培养。

第三,整体性。美国创新创业教育政策的制定具有整体性的特点。创业政策涵盖技术支持、教育支持、环境支持、资金支持等方面,为创新创业人才培养提供全方位服务。

(二)高校构建完善的创业教育体系

经过几十年的发展和逐步推进,美国高校已建立起相对完善、成熟的创新创业人才培养体系。在学科建设、教学模式、课程设置、教学内容、教学实践等方面发展为独具特色且日益完善的创业教育教学体系。

美国高校注重学科建设,设立了创业学专业,并授予相应学位。在美国学术界,大量优秀学者投身创新创业教育相关实践,促使涉及创新创业的学术期刊如雨后春笋般纷纷建立,加速推动了高校创新创业教育研究的发展。美国高校主要采取两种教学模式。一是以创业中心为主导的模式,高校的创新创业教育课程由创业中心进行总体设计与安排。二是全校式的教学模式,注重理论与实践并重。美国高校的创新创业教育课程主要分为公选课程和核心课程。公选课程面向学校全体学生,讲授内容涵盖伦理道德、自然科学、历史研究、文学研究等内容,核心课程讲授范围包括理论知识、案例分析等,内容相对系统,操作性更强;课堂内容类型多种多样,包含创新创业意识、创新创业能力素质、创新创业实操等,涉及知识产权、创业经验、市场营销、危机管理等多个层面。美国高校招纳社会上优秀创业人士,担任创新创业教育的兼职教师,重视创新创业的实践环节,如斯坦福大学的创新创业教师分为专职教师和兼职教师两种,兼职教师由有资深创业经验的社会人士担任,对学生的创新创业实践进行指导和帮扶,帮助学生提高创新创业实践的科学性和可行性。

(三)社会营造良好的创新创业氛围

美国社会各界对高校创新创业人才培养的大力扶持是创新创业教育快

速发展的重要动因。高校学生创业凭借高回报率和政策扶持等特点,不断吸引社会各界资本融入与合作。在创业融资方面,美国政府一般不直接对创业活动进行资金援助,而是通过建立基金项目,引导、鼓励社会机构对创业群体提供资金支持。针对创业不同阶段,美国社会形成与之相符的资助项目。在创业知识的普及阶段,科尔曼基金会等针对高校创新创业教育课程和相关教学活动进行资金援助,帮助高校更好地开展创新创业教育,培养学生创新创业意识,锻炼创业思维,提升创业理论知识储备。在创业实践起步阶段,天使投资对学生的创业方案和发展规划进行科学评估,对达标且可行性较高的创业计划予以支持。在创业实践发展阶段,风险投资会对正在发展中的大学生创业企业进行长期资助,推动了美国创新创业的发展。美国社会形成了共同致力于创新创业发展的良好氛围,为大学生创业提供了多元投资渠道,全程参与对创业项目的资金援助,极大地推动了高校创新创业教育的发展。

二、美国高校创新创业人才培养对我国的启示

通过分析美国创新创业教育发展历程与特点,可以发现其在创新创业教育领域积累了丰富经验,对我国实施"创新创业教育改革燎原计划……高等学校毕业生就业创业促进计划"具有重要启示。

(一)构建人才培养体系

美国创新作为创新创业教育的先驱,经过长期发展与完善,已建立起一个涵盖政府、企业和高校的三螺旋创新创业人才培养生态系统。我国创新创业教育起步较晚,创新创业教育资金支持和课程改革的责任主体还在政府,未能有效调动社会力量。[①] 然而大学生创新创业能力培养的最终目的是为社会发展服务,因此,政府在做好宏观调控的同时,还应积极发动企业、社会等各方力量参与创新创业人才培养之中。

我国构建基于三螺旋模型的创新创业人才培养体系,首先应明确政府在制度引导上具有合法性、权威性和资源性优势的特点。政府的角色是创建绿色健康经济环境,通过占据视域最高点,做好顶层设计,整体把握人才教育规划的动态,为高校和企业的科技创新和创业活动提供政策的支持和

---

① 谭玉,李明雪,吴晓旺.大学生创新创业政策的变迁和支持研究:基于59篇大学生创新创业政策文本的分析[J].现代教育技术,2019,29(5):112-118.

平台的搭建。① 但创新创业教育是一个复杂的过程,需要多方面的支持与合作。高校创新创业教育若要谋得更好发展,就要让学校、政府、企业以及社会组织等多元主体共同发挥作用,单独依靠政策呼吁或高校封闭的发展模式是行不通的,要共同形成主体明确、责任清晰的创新创业教育合作网络,这是个多主体、多元化的创新创业教育支撑体系,各个合作主体在合作网络中能共享创新创业教育资源,为大学生创新创业活动提供全面环境支持,形成创新创业教育发展合力。政府要加大引导作用,加强创新创业政策执行力度。在政策制定上,要重视宏观指导和微观调控相结合,加强高校、政府和企业三方的沟通和联系,把创新创业教育、创业实践落实落细,提高创业政策的针对性和有效性;在政策落实上,要将责任具体到各部门,避免各部门在落实任务时出现互相推诿的现象,明确其分工,为大学生创新创业提供切实可行的优惠政策;在政策宣传上,要加强社会宣传和引导,拓宽宣传渠道,为大学生创新创业提供有利的社会环境。在高校层面,作为大学生创新创业人才培养的关键,要逐步完善创新创业教育体系,重视构建创客教育平台并有效发挥其功能,优化创新创业教育师资队伍建设,提高教学质量,帮助学生树立正确的创业观,培养创新思维和创业意识,切实提高大学生的创业理论知识和创业能力。在企业层面,应积极寻求与高校合作,加强企业助力作用,增强服务意识,为大学生创新创业提供实践平台,促进企业与高校开展良性互动,发挥双方优势,共同致力于大学生创新创业教育发展。

(二)改革创新课程体系

透过高等教育发展史,可以发现,伴随社会环境的发展进步,大学的概念在一直演变更新,大学的职能也在不断地得到补充和发展。在中世纪之后的几个发展阶段中,大学一直被严格限定为教学型机构。当大学中出现了教学型实验室时,学生在其中根据教授的指导和建议开展实验,科学研究成为大学活动的重要组成部分。20世纪以来,衍生新公司和新产业成为大学的社会服务职能新拓展。一方面,随着科研活动规模的扩张,于20世纪30年代以哈佛大学和麻省理工学院为首的高校率先成立了专门生产科研设备和科研工具的公司,用于满足与日俱增的实验室订单需求。另一方面,麻省理工学院自19世纪末便开始邀请公司企业的工程师代表作为本校授课教师,同时鼓励本校教师和科研工作者投身商业活动,迈出了三螺旋模型演变

---

① 刘有升,陈笃彬.三螺旋创新视角下的高校创业型人才培养研究[J].北京化工大学学报(社会科学版),2015(2):51-56.

过程的关键一步,即企业与高校的个体人员循环。20世纪70年代以来,基于国内经济社会发展对创新创业人才的需求,在政府部门的鼓励和引导下,美国高校的思路发生了变化,由自己创建公司转向培养善于开展商业活动的创业人才。真正意义上的创业型大学由此形成。如今,高校的创新创业教育对经济发展、社会进步的意义日益凸显。作为新知识和新技术的发源地和辐射中心,高校在开展创新创业教育活动中,需要不断深化教育改革,探索科研创新新模式,培养学生的创新意识和企业家精神,积极推进创新创业教育实施,在国家创新创业人才培养中肩负起应有的责任和使命。

课程是教育教学的重要单元。美国高校创新创业教育已形成了包括创业学专业课程和创业学选修课在内的较为完善的课程体系,创业课程具有明显的个性化和本土化特点,学生可根据自身兴趣和创业需要进行选择。目前,我国高校创新创业教育课程仍处于摸索尝试阶段,今后的创新创业课程建设应打开思路,将人文科学、自然科学和社会科学联系起来,跨越学科间的鸿沟。工科学生应投入人文科学,如诗歌、音乐、写作等实践活动,通过人文实践来开发想象力,培养团队精神和逻辑思维,增加感知世界的途径。

需要注意的是,和美国不同,我国区域间的社会经济发展状况存在巨大差异,创业型大学发展要找准定位,合理促进学校转型建设,为创新创业人才培养提供最适宜的土壤。创新创业教育课程开发必须充分考虑区域实际,结合本国国情,凸显中国特色和地方特色,避免迷失在西方发展模式之中,注重创新创业教育的本土化。首先,要重视研究和弘扬如晋商文化、徽商文化等本土传统企业家精神以及改革开放以来浙江商人、广东商人的现代创业精神;其次,要重视研发具有本土文化特色的案例,研制本土化教材;最后,要整合本土教育资源,注重本土创新创业政策的研究。我国高校创新创业人才培养需要注重结合自身实际,明确教学目标和教学定位,开发具有自身特色的创业校本课程。

(三)优化"双创"实践路径

美国的创新创业教育与经济发展情况密切相关,呈现出明显的市场驱动特征,而我国则是明显的政策驱动。从政策上看,一方面,中美两国创新创业政策的对象不同。美国创业政策针对企业和重大科技领域,并不直接作用于高校内部的创新创业教育,而我国的政策文本内容则侧重于高校的能力建设。另一方面,中美两国创新创业政策的发布主体不同。美国的创新创业政策主要是由联邦政府发布的,而我国创新创业政策的发布主体绝大部分为教育部、国务院、人力资源和社会保障部,创新创业政策是由促进就业政策演化而来的。① 由此可见,国内创新创业教育是由政府和教育部门主导的行为。

目前,我国创新创业教育仍然主要集中在高校范围内,创业教育与创业实践之间存在断层现象,尚未形成较为完善的创业教育生态系统。② 然而,创新创业是典型的市场行为,与社会状况、经济发展息息相关。因此,我国创新创业教育发展应将市场需求也囊括在内,创业实践应实现高校与企业的联动发展。在第四次工业革命的背景下,网络化、信息化与智能化深度融合,资本和劳动力不再是促进生产力发展的核心。在创新创业教育方面,应以关键技术的创新和应用为突破口,深化校企合作。从短期看,以科技创业为导向的研究型大学通过将"产、学、研、创"紧密结合来直接创造经济效益,为经济和社会发展服务;从长期看,研究型大学为社会培养大量的高科技人才,推动科学技术发展,进而推动区域经济发展和社会进步。③ 鼓励校企紧密对接,建立合作伙伴关系,通过建立创新创业人才培养机制和共同研发项目等方式,最大限度发挥双方优势与价值,实现互惠共赢的目的。企业拥有对市场环境和经济发展的敏锐度,能够动态监测市场发展走向,同时企业能为高校创新创业人才提供广阔的实践平台和资金支持,引导和带动大学生进行创业实践。良性互动的校企合作,一方面能源源不断地为企业输送高素质人才,另一方面企业也能为高校学生提供宝贵的实践经验,较好地解决目前高校创新创业教育与创业实践相脱节的问题,使学生学习到的创业理论与创业实践相统一。也可以通过采取积极措施,鼓励企业引荐优秀职工或创业杰出人才进高校,通过开展讲座、进行系列创业培训等方式,培养大学生的创新创业意识和创业思维,提高其创业热情。

---

① 谭玉,李明雪,吴晓旺.大学生创新创业政策的变迁和支持研究:基于59篇大学生创新创业政策文本的分析[J].现代教育技术,2019,29(5):112-118.

② 张竞,马韵涵,徐雪娇.三螺旋理论视角下中国创业教育生态系统构建研究:基于美国创业教育生态系统的经验借鉴[J].教育探索,2018(5):110-113.

③ 吕成祯.以科技创业为导向:美国研究型大学创业教育的经验与启示[J].黑龙江高教研究,2019,37(8):102-106.

第三章 三螺旋模型下美国社区学院创新创业人才的培养机制

随着知识经济与信息化的高度发展,社会各领域掀起一股创新创业热潮,从而对创新创业人才的培养提出新要求。目前,人们更多地将创新创业人才培养的重任寄托于研究型高校,忽视高等职业院校在创新创业人才培养中的作用。事实上,很多国家的高等职业院校都承担着近一半高等教育人才培养的任务,是高等教育创新创业人才培养体系中不可忽视的重要力量,也是创新创业人才培养的重要基地。教育部统计数据显示,2020年,我国具有普通高等学历教育招生资格的高等职业院校(专科)达到1 468所,占全国普通高校的53.62%;全国普通高等职业院校招生数超过524万,占普通高校招生总数的54.20%。就此看来,我国高等职业院校承担着近一半人才培养的重任,对我国创新创业发展具有极大的推动作用。三螺旋模型能够为创新创业人才培养提供完整的理论指导。鉴于我国高等职业院校的办学定位与美国社区学院相似,本章以美国堪萨斯州约翰逊县社区学院(Johnson County Community College,简称JCCC)为例,运用三螺旋模型探究美国社区学院创新创业人才培养机制,力图为我国高职高专创新创业人才培养提供借鉴。

第一节 三螺旋模型与创新创业人才培养

美国社会学家亨利·埃茨科维兹和阿姆斯特丹科技学院的罗伊特·雷德斯多夫教授对麻省理工学院在新英格兰委员会中所起的作用进行研究,并在对美国斯坦福大学的硅谷科技园等创新成功案例进行深入分析的基础上提出并完善了三螺旋模型。这一模型理论的提出可以被看作协作创新模式的一次革命。三螺旋模型在国际范围内迅速得到关注与认可,其弥补了传统"产学研"创新理论存在的理论体系不完善、行为主体定位不清、合作模式单一和创新机制简单等弊端,①掀起一股三螺旋创新创业研究的热潮。

一、三螺旋模型的内涵

三螺旋模型(triple helix model)又称TH理论,是一种非线性网状立体创新模式,是指高校、企业与政府三方在创新过程中相互作用,密切合作,每一方在保持自己独特身份的同时,发挥其他两方的能力,从而实现螺旋上升,以达到良好的创新效果。三螺旋模型的要旨是高校、企业、政府这三个组织(机构)范畴每一个都表现出另外两个的某些能力,但同时仍保留着自己的原有作用和独特身份。在三螺旋结构中,一根螺线可以代替另一根成为主驱动力,而此时原来起核心螺线作用的那个机构就变成了支撑机构,三个机构都可以成为领导性机构,相互作用,产生持续创新流。②

三方主体如同螺旋上升的螺旋线一样互动、交叉、重叠和融合,演变出层出不穷的关联模式和组织结构,从而推动整个创新活动的螺旋式上升。③在三螺旋模型中,高校、政府和企业的功能是动态的;三方主体间的关系也是复杂多样的。每一主体机构都有自己的功能,并且功能的边界具有一定的"弹性化"。在不同创新创业情境需求下,三方主体的功能边际会产生变动,一个主体机构可能会发挥其他主体机构的功能,两两主体机构之间可能会产生相互交叉的情况(见图3-1)。更为理想的情况是,三方主体机构相互协同。随着三个主体组织边界的"开放性"延伸,组织自身功能将"弹性化"调整,即三个组织之间的功能将具有相互渗透性,通过各自组织边界的开放,实现组织功能的弹性化。④ 三螺旋中的高校、企业、政府除独立发挥自己的作用之外,三方还会相互交叉混合,整合创造出创新创业的多元化混成组织(hybrid organizations),如大学科技园与孵化器等,这些混成组织又反过来为高校、企业与政府三方的协同创新提供平台,从而实现"1+1+1>3"的创新效能。

三螺旋模型运作过程中,不仅仅是这三个主体相互协作,还存在其他的

---

① 张秀萍,黄晓颖.三螺旋理论:传统"产学研"理论的创新范式[J].大连理工大学学报(社会科学版),2013,34(4):1-6.
② 埃茨科维兹.三螺旋[M].周春彦,译.北京:东方出版社,2005:16.
③ 孙祥冬,姚纬明.双三螺旋模型理论与人才培养模式的创新[J].南京社会科学,2012(12):124-130.
④ 黄利梅.高校创业教育协同创新机制:基于三螺旋理论视角[J].技术经济与管理研究,2016(6):25-29.

多元力量不断地给予支持,如基金会、创业协会、个人捐赠等。这些力量是三螺旋立体结构的"细胞""组织"与能量动力,充实起整个三螺旋立体结构(见图3-2),为三螺旋模型运作提供能量与动力。

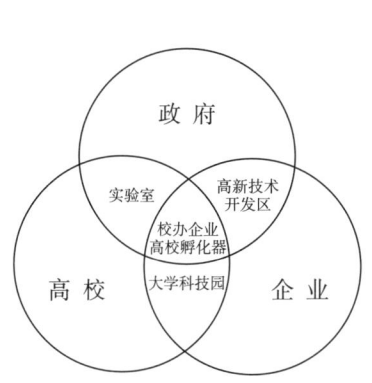

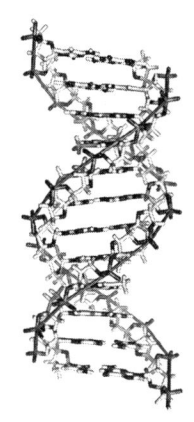

图3-1 创新创业教育三螺旋模型　　图3-2 三螺旋立体结构图①

二、三螺旋模型下创新创业人才培养的驱动力量

三螺旋模型是指三个主体(高校、企业和政府)间的积极协同作用,弥补了以往创新模式的不足,能够更大力量地调动各方主体积极性,更加密切地结合高校、企业与政府三方主体,形成一股创新创业人才培养的合力。三螺旋模型的特征在于,作为决策者、指导者与聚合者的政府,作为人才培养活动与学术性研究和开发活动中心的高校,与作为基于商业活动以及研究开发和满足客户需求的企业,之间存在着强烈互动。这三个机构范畴的密切结合会增加一个国家或地区更大规模的知识溢出与高质量人才产出,增强国家和地区经济发展的竞争优势。

(一)高校是创新创业人才培养的核心力量

高等院校是人才的聚集地。人才资源不断流动与更新,与社会进行双向互动。此外,高校具有创新创业人才培养的独特优势与功能,直接接触多元化与个性化的学生,拥有丰富的人才储备。因此,高校是培养创新创业人才最直接的发力点,是创新创业人才的孕育地。

---

① 张秀萍,黄晓颖.三螺旋理论:传统"产学研"理论的创新范式[J].大连理工大学学报(社会科学版),2013,34(4):1-6.

在"产学研""校企合作"等传统的创新创业模式中,高校创新创业人才培养的主体性不显著,多数情况下依赖政府主导。三螺旋模型重新强调高校的主体性作用,将高校作为创新创业活动中的主导力量之一。作为三螺旋模型三大主体之一的高校,能够充分发挥自身的积极性与主动性,将创新创业人才培养视为影响长远发展的重要职责,摆脱传统的隔离状态,与企业、政府密切合作,共同促进创新创业人才数量与质量的同步提升。

(二)政府是创新创业人才培养的支持力量

政府的支持力量是推动创新创业人才培养的主力。在三螺旋模型中,政府在创新创业人才培养方面发挥着不可替代作用,引领与支持国家创新创业发展方向,促使创新创业人才适应社会发展。

第一,政府在创新创业人才培养中独立发挥作用,提供资金支持、商业咨询、制定并完善法律等。第二,政府与企业、高校合作,超越自身机构范畴,发挥企业、高校机构的作用。与企业进行合作,为企业发展提供资金、政策等便利资源,推动企业创新活力增强,促进企业创新创业人才的可持续增长;又与高校进行合作,为高校提供政策上或资金上的支持。无论是在国家干预主义还是在自由放任主义的背景中,政府均对高校进行一定的控制,规范、引导与支持高校创新创业人才培养。第三,政府为企业—高校合作培养人才搭建桥梁,巩固企业与高校双方的相互作用与合作基础。

(三)企业对创新创业人才培养具有多重推动力

企业具有推动创新创业人才成长的多重作用。第一,企业直接接触市场,能够及时且灵敏地捕捉市场对产品、科技与劳动力等各种需求,对创新创业人才培养过程进行及时反馈,引导本企业创新创业人才知识技能的发展符合市场需求,增强企业创新创业人才的生命力。

第二,企业更多关注创新创业活动的实践、高科技研发成果的转化。三螺旋模型下,企业为高校创新创业人才提供更多的实习平台与实践机会。高校学生进入企业参加实习会获得真实的创新实践体验,相比于仅仅参加高校的创新创业竞赛,企业广阔的平台会开阔学生视野,提升学生创新创业的实践能力。

第三,基于三螺旋模型,企业与高校在政府的支持下三方协同培养创新创业人才,企业充分发挥创新创业人才培养风向标的作用。将市场发展需求传递给高校与政府,使得高校在培养创新创业人才或进行创新研发时更加具有针对性,减少滞后性;政府也能适时出台政策与完善法律法规,为创新创业人才培养提供支持。

(四)混成组织是创新创业人才培养的关键发力点

三螺旋模型中,政府、高校与企业三个机构范畴超越各自的功能边际,边际与边际之间相互渗透,在螺旋上升的过程中相互耦合形成混成组织,这是创新创业人才培养的最为关键的立足点。三螺旋模型的创新创业人才培养混成组织主要是高校技术转化办公室、创新合作中心、高新技术产业园、孵化器等机构。通过将高校学生或企业员工带进创新混成组织中,为他们提供创新创业平台。混成组织中先进的技术、不断更新的思想、创新思维卓越的人才、得天独厚的政策支持等创新因素聚合在一起,共同致力于创新创业人才培养,推动创新力与创业实践的发展。

(五)社会其他力量是多元补给的创新驱动力

近年来,一些学者对三螺旋模型进行了总结与创新,提出三螺旋之外的第四螺旋、多螺旋等创新模式。但三螺旋之外的多螺旋可能性都可被纳入三螺旋模型的混合创新组织之中,来丰富与充实三螺旋模型。这些社会多方力量可以被视为连接三方主体的"骨架""能力细胞"和"动力组织",主要表现为基金会、创业协会、民间组织、校友捐赠等社会力量。这些细胞与动力组织构成多元补给创新驱动力,对创新创业人才培养发挥极为重要的作用,在必要时为创新创业人才培养提供资金、平台、指挥棒等支持,能够弥补三方主体和混成组织的不足。

第二节 美国社区学院创新创业教育概述

一、美国社区学院基本状况

社区学院(Community College)是美国高等教育体系的重要组成部分,提供两年制的初级高等教育,一般授予副学士学位(Associate degree),提供技术学位,也提供普通教育的副学士学位,此外还提供一系列的认证项目和专业培训项目,能够满足不同学生的多样化需求。美国社区学院具有转学教育、职业技术教育及继续教育三大功能,重点是职业技术教育。社区学院承载美国将近一半高等学历学生的教育,因此是非常主流的教育体系。

(一)美国社区学院的起源发展

美国社区学院起源于美国的初级学院运动。初级学院运动发生于19世纪末至20世纪初,促进了美国中等教育到高等教育的衔接,是美国高等教育改革进程中的一个重要突破。美国著名教育家、世界顶级学府芝加哥大学第一任校长威廉·哈珀(William Harper)与斯坦利·布朗(J. Stanley Brown)于1901年共同创办了全美第一所公立社区学院——乔利埃特初级学院(Joliet Junior College)。初级学院毕业生既可以选择升入高级学院继续攻读,也可以直接进入社会参加工作,这是当今社区学院的雏形。随着美国工业化进程的加快,一方面工厂企业对技术人才产生更大更高的需求,另一方面失业人口的增加导致社会压力变大。1932年,卡耐基基金会发布的研究报告明确指出,社区学院的性质是向普通民众提供一般性教育和半职业或职业培训。[①] 随后经过一系列的改革发展,美国社区学院生源广泛、在校生数量增多、学院数量增多,成为美国高等教育体系的重要组成部分。在不断摸索的过程中也明确了自己的办学定位,即提供专门的职业技术教育,并形成一套成熟的职业技术教育与培训的教学模式,其人才培养质量逐渐获得美国社会的认可。

(二)美国社区学院的基本特征

美国社区学院具有如下三个特征:一是社区学院近90%为公立学校,带有很强的地域性,与当地社会联系紧密;二是社区学院的学费低廉,入学门槛低,相应地吸引不同类型的学生前来学习;三是社区学院是两年制高等院校,许多学生毕业后转入四年制大学继续攻读。社区学院与大学之间也建立良好的学分互认制度与转学制度。

社区学院在美国教育体系中占据了举足轻重的地位。一方面,社区学院在满足人们的高等教育需求方面成功缓解了四年制大学的入学压力,而其中职业教育副学士学位及证书项目的推行,使学生能够获得社会相关职业所需的知识和技能,从而解决自身的工作需求。另一方面,社区失业群体和待业群体可以通过社区学院学习获得就业所需的知识和技能,以谋求新的就业机会,从而缓解社区的就业压力。此外,社区学院还可以为学生提供进入四年制大学学习的重要渠道,进入社区学院也能实现自己追求更高学历的梦想。社区学院因为提供不同的教育培训项目可以较大程度地促进个体自身发展,提高收入,进一步提升自身生活质量。

(三)美国社区学院的管理体制

美国社区学院按照外部管理体制可分为以下两种形式:一是由各州政

---

① 朱浩,廖煜.美国社区学院办学定位转变的历史沿革与特征分析[J].职业教育研究,2017(6):80-86.

府进行管理的社区学院,二是由大学进行管理的社区学院。二者在管理模式以及组织形式上存在着较大的差异。首先,在州政府管理的社区学院中,各州政府对其教育拥有极大的行政管理权,州政府会根据法律成立相应的管理机构,并由该管理机构制定相关的管理政策,对社区学院进行领导、管理,并对社区学院提供资金和政策支持。该模式下,不仅有利于政府对其辖区进行统一的教育政策和规划,也保障了社区学院与州政府的直接沟通和联系,便于获取各种资源,促进自身发展。① 而且各州的行政管理方式各有特色。其次,大学负责管理的社区学院,将其组织结构以及管理模式纳入大学的体系中,使其成为大学系统的组成部分,呈现了典型的社区学院组织架构,这些组织架构充分体现了校长负责制的特点。将社区学院有机地融入大学的管理体系中,不仅有利于二者的相互合作和共同发展,更有利于在两种机构间实现资源共享、优势互补,显然更有利于社区学院的发展。②

美国社区学院的内部管理主要采用由董事会领导、院长负责的二级管理模式。在学院运营和管理过程中,由社区选举或者州政府任命的社区学院董事会主要对学院的发展规划、制度制定、院长遴选、经费筹措等重大事务进行决策,学院院长则主要负责对学院的日常事务,包括社区服务、教学安排、教师聘任、学生管理等进行具体实施。社区学院规模大小不同,其管理形式也存在较大差异。规模较小的社区学院主要采取相对简单的职能分工的管理形式,而规模较大的社区学院则主要采取类似大学的管理体制。

(四)美国社区学院的课程设置

美国社区学院在专业设置方面充分地反映了社区的教育和培训需求。学生在学院设置的教育与培训项目中能够很容易找到符合自己需求的项目。社区学院的教育培训项目主要包括:转学类副学士学位教育项目、职业技术教育类项目、补偿性课程以及其他形式的教育培训课程。③ 这些项目的具体内容包括:第一,转学类副学士学位教育项目是美国社区学院的经典项目。该专业的课程设置更具有学科指向性。学生在该项目中学习相应的专业基础课程和普通教育课程并获得相应的学分,达到四年制大学的要求,便可申请转学继续攻读学士学位。第二,职业技术教育类项目,主要包括:应用型副学士学位专业、资格证书类课程以及短期培训课程。应用型的副学

---

①② 徐魁鸿,张荣娟.美国社区学院管理体制研究[J].职业技术教育,2012,33(16):79-82.

③ 彭跃刚.美国社区学院发展与变革研究[D].上海:华东师范大学,2017:81.

士学位专业与转学类副学士学位教育项目不同的是,在其所设置的专业教育课程中,部分学分除本学院之外是不受其他高校所认可的,而这些不能受认可的学分课程主要与学生的就业技能紧密相关。也就是说,应用型的副学士学位专业的课程设置更倾向于学生就业相关的应用型课程。资格证书类课程则主要是为了满足希望通过掌握一门技能而获取一份合适工作的学生,其课程内容与就业相关的知识和技能密切相关,学习时间一般是2年。还有一些短期的培训课程,基本也是为了学生的就业而服务。补偿性课程,其目的主要是让学习者具备进一步学习副学士学位课程的知识水平,其主要针对高中辍学以及一些成人学生等。课程内容主要包括数学、社会和科学等一些基础学科。社区学院为了满足社区组织和个人的其他教育培训需求,也设立了一些其他形式的教育培训课程,其种类涵盖了能够提升社区成员个体发展的方方面面。

美国社区学院的课程设置具有针对性、基础性、灵活性、职业性以及衔接性的特征。[①] 首先,美国社区学院根据不同群体进行不同的课程安排,具有较强的针对性。例如,想要继续攻读学士学位课程的学生群体,可以选择文科或者科学类的副学士学位课程;而想要直接就业的群体,则可以选择资格证书类课程或者应用型的副学士学位课程。其次,社区学院在办学理念上更加加强调学生的可持续发展,不仅为那些不具备高中水平的学习者开设了与高中课程水平相当的课程,方便他们在未来可以攻读副学士学位的课程,同时也鼓励那些正在攻读副学士学位课程的学生继续攻读学士学位课程,可见社区学院的课程设置极为注重基础性。[②]再次,社区学院的课程设置具有一定的灵活性,社区学院设置的项目不同,其完成所需的时间跨度也有所不同,这样学习者就可以根据自己的需求灵活地选择课程。此外,社区学院的课程设置还具有较强的职业性。早期的社区学院就提倡开设职业课程,从而满足学习者的就业需求。职业性的特征一直以来都是社区学院的重要标志。最后,美国社区学院的课程设置具备一定的衔接性。例如,部分学习者通过社区学院副学士学位课程的学习可以进入四年制大学攻读学士学位。未取得高中文凭的人群可以选择补偿性的课程获得高中文凭,为了获取更高的学历也可继续申请和学习社区学院的副学士学位课程,或者为了就业需要选择资格证书类课程。

---

①② 彭跃刚,石伟平.美国社区学院课程设置的基本特点及经验启示:以伊利诺伊州朱丽特初级学院为例[J].中国高教研究,2017(5):102–106.

（五）美国社区学院的师资概况

美国社区学院根据项目特点的不同对于授课教师的需求也有所不同。例如，转学类的项目，由于教师需要承担普通教育课程的教学，其对师资的专业以及学历要求较高，一般对于该类教师要求硕士及以上学历。而对于职业性教育的教师，教师的职业知识、工作经验和技能水平是衡量其是否能承担社区学院教学任务的主要标准。

社区学院主要采取的是体现多元化教育培训服务的专职教师和兼职教师相结合的师资团队。专职教师主要从事一些基础性和理论性的教学，其结构及工作稳定性较强；兼职教师主要从事职业技能的教学工作，其主要来自各相关的企业和行业，具备丰富的工作和实践经验。但由于社区学院受到每年招生情况、课程安排情况的影响，对于兼职教师的需求也有所不同，因此与专职教师相比，兼职教师工作的稳定性较弱。

此外，为了提高社区学院教师的教学能力和专业素养，社区学院还为教师开展了一系列的职前和在职培训。在招聘教师的过程中，社区学院会着重考察应聘者的专业能力和教学能力；入职前后，社区学院也会通过研讨和讲座等形式对教师进行包括专业技能、教学技能等的培训。也有部分高校会针对社区学院的需求开设教育学、教学与评价、教学理论与实践等与教师培训相关的专业课程，以提高教师的教学水平。

社区学院对于教师的考核也是其对教师高效管理的重要手段。由于社区学院教师主要从事教学工作，很少涉及科研，因此，考核主要对教师的教学工作情况进行。教师的教学工作是社区学院的核心和基础，因此教师的教学水平是衡量社区学院办学质量的关键要素。社区学院考核教师不仅可以评估教师对于教学工作的完成情况，进一步提升教师的工作绩效，还有利于完善社区学院制定教师招聘、课程调整以及教师薪酬制度等相关的政策。当然，由于管理制度不同，每所社区学院的教师考核方法有所差异。一般情况下，规模较大的社区学院对教师的考核也相对比较完善和规范。考核的内容主要是围绕着教学的相关环节，针对教学材料、教学理念、授课表现、学生评价以及同事评价等方面进行。

二、美国社区学院创新创业教育特点

美国社区学院在多年的发展过程中形成了重视创新创业教育的传统，培养"具有企业家精神的人"，在创新创业教育方面极具特色。不同学者也从不同角度对美国社区学院创新创业教育特点进行了分析和描述。沈陆娟指出，美国社区学院在创业教育项目方面具有不断创新性，其创业中心和创业活动体现了教学与服务的功能，提供了多样化的商业援助服务，具有系统的创业教育课程和课程开发体系，专兼结合的创业教育师资团队，并且具备逐步完善的创业教育合作伙伴体系。① 周赣琛指出，美国社区学院的创业教育具有创业教育理念的战略性、创业教育模式的多样性、创业教育形式的灵活性、创业教育课程的整合性、创业指导教师的多元性、创业教育支撑体系的社会性等特点。②

美国社区学院的生源广泛且多样化。为满足不同类型学生的多样化需求，社区学院形成了一套独特的创新创业人才培养体系，这是美国社区学院最具特色之处。首先，在教育理念方面，社区学院的创新创业教育树立坚实的方向导引，以培养具有企业家精神的人才为终极目标。其次，在课程设置方面，社区学院的创新创业课程设置极其多样且实操性强，以市场需求为导向，有效培养面向劳动力市场的高素质人才。再次，在教学规模方面，社区学院进行小班教学，根据学生已有的知识水平进行分班，这样更能够兼顾不同学生的学习进程，有针对性地进行指导，更利于确保学生高质量吸收学习内容，保证学习的效果。此外，在师资设置方面，社区学院的教师由专业知识扎实的专职教师和具有丰富实践经验、技能过硬的兼职教师组成。专职教师能够传授给学生扎实的基础知识，兼职教师作为来自企业的技术人员，能够科学地训练学生的实践动手能力，促进学生将理论知识的学习转化为实际的操作技能，从而培养为高素质的职业技术人才。最后，在教学内容方面，社区学院极其重视实践技能的教学，理论教学与实践教学相结合，更符合创新创业教育的性质，为学生开展创新创业打下了基础。

美国社区学院无论是在办学理念、办学模式方面，还是在课程设置、教学内容、师资配备等方面，都十分重视创新创业人才培养，为当今美国社会输送大批量高水平创新创业人才奠定了良好基础，也为创新创业人才发展提供广阔的空间与平台。因此，社区学院凭借其独特的办学条件，成为美国创新创业人才培养不可或缺的主体之一。

三、美国社区学院创新创业教育外部支持体系

社区学院作为美国职业技术教育的主体，不仅重视职业技术教育，而且

---

① 沈陆娟.美国社区学院创业教育研究[M].北京:知识产权出版社,2014:12.
② 周赣琛.美国社区学院创业教育的特点及对我国高职高专院校的启示[J].职业教育,2013(4):26—29.

还在其他方面做出诸多努力,取得了显著成效。如前所述,三螺旋模型中高校、政府、企业三方主体只有合力协作,才能在创新创业人才培养方面取得成功,美国社区学院的创新创业教育显然也离不开多方主体的协助与支持。

(一)政府提供政策制度支持

美国政府格外重视创新创业教育。政策制度是高校创新创业人才培养的导向,而高校创新创业人才的培养也必须受到政府政策制度的支持。美国政府在长期发展过程中形成了重视创新创业教育的传统,积极颁布法律法规、政策文件等推动创新创业教育发展。1989年,美国颁布《全国竞争技术转移法案》(National Competitiveness Technology Transfer Act of 1989)。该法案明确规定,地方政府、高校以及企业都承担着科研成果研发的主要任务,并将研发成果真正用于实践中,为社会创造价值与财富。[1] 高校是开展科研的核心基地。该法案的出台,不仅提升了高校科研创新的热情,而且极大地推动了高校内部封闭式科研成果的转化,促进大批创新创业人才涌现。随后美国政府相继颁布诸多促进小企业发展、保护知识法权的法案,如《美国创新与创业法案》(U.S. Innovation and Entrepreneurship Act)、《美国创业与创新计划》(U.S. Innovation and Entrepreneurship Project)、《全美创新与创业型大学发展报告》(National Innovation and Entrepreneurial University Development Report)、《美国创新和竞争法案》(U.S. Innovation and Competition Act)等,进一步支持社区学院开展创新创业教育,营造良好的政策制度环境。

美国的相关政府机构对于社区学院创新创业教育的支持主要体现在以下几个方面。第一,美国教育部为社区学院提供创新创业教育指导,也推出了相关项目,如生涯和技术教育国家项目(Career and Technical Education National Programs)。该项目主要资助生涯和技术教育领域,主要开展生涯和技术教育领域的开发、推广以及教育培训等活动。第二,美国劳工部为缓解劳动市场的就业压力,保障更多的社区居民能够获取生存、就业或创业的技能,推出了许多创业培训项目,如生涯途径创新基金(Career Pathways Innovation Fund)、社区就业培训资助项目、区域经济发展计划中的劳动力创新(Workforce Innovation in Regional Economic Development Initiative)、创业能力模式(Competency Model for Entrepreneurship)以及绿色职业创新基金(Green Jobs

---

[1] 文斌.美国社区学院创业教育实践路径及合作伙伴体系[J].黑龙江教育学院学报,2019,38(6):7-9.

Innovation Fund)等。① 第三,美国农业部为农村地区社区群众推出一系列项目来支持农村的创新创业教育和活动。例如,未来美国农村项目(Future Farmers of America)。并且美国农业部还推出了一些创业教育课程,来提升社区群众的创业相关的理论知识和技能。第四,隶属于美国商务部的创新创业办公室、小企业发展中心以及小企业局等下属机构各司其职,密切合作,制定相关的创新创业项目,并对受众人群提供专业的创业教育培训,以提高他们的创业技能。第五,各州及地方政府部门也非常重视创新创业教育项目。这主要是由于创业能够推动州及地方经济的发展,并创造出更多的岗位,解决当地社区群众的就业问题。部分地区的社区学院与联邦、州以及地方政府建立合作关系,推出各种创业计划项目。

(二)企业提供合作伙伴支持

美国政府极其重视中小型企业的作用,出台法案为中小型企业的成立与发展提供便利,创造良好的社会环境促进中小企业蓬勃发展,相应地,创新创业人才缺口增大。因此,政府大力推动社区学院创新创业教育,努力向中小型企业提供创新创业人才。

社区学院作为美国专业人才培养的机构之一,存在与社会沟通不畅的问题。社区学院通过与企业进行合作,能够增强学校与社会的接触力度,了解社会对创新创业人才的需求,办好创新创业教育。美国中小型企业与社区学院密切合作,企业作为社区学院的合作伙伴,为社区学院反馈市场需求等信息。社区学院创业工作与企业紧密配合具有重要意义,通过借助企业平台,了解当前社会中热门行业以及有前景的领域,从而对学生的创业指导更具针对性。② 美国社区学院一方面积极与企业谋求合作,同时为企业培养创新创业人才、培训企业员工;另一方面,社区学院能够从企业获取最新技术与人才需求信息,谋取技术更新与人才培养的方向标。

企业与社区学院的合作主要体现在以下几个方面:首先,企业支持社区学院的创新创业教育。企业与社区学院的积极合作是一把双刃剑:一方面,企业要承担一定的社会责任;另一方面,也能给企业带来不小的利益。企业通过讲座、研讨会、论坛以及网络会议等形式,向社区学院的学生分享创业经验,解决实际操作中遇到的问题,并给予他们合理的创业意见,使学生们

---

① 沈陆娟.美国社区学院创业教育研究[M].北京:知识产权出版社,2014:161-162.
② 文斌.美国社区学院创业教育实践路径及合作伙伴体系[J].黑龙江教育学院学报,2019,38(6):7-9.

转变就业选择的态度,积极投向创业的道路;而且不少企业的管理人员还被社区学院聘为兼职教师,讲授创业相关课程并参与和指导学生的创业活动;企业也会给学生提供奖学金和助学金的资助;企业还为学生提供专业的培训和实习基地,一方面,使学生在充分了解企业的同时积累经验、巩固创业知识;另一方面,也为企业节约成本并创造利润。其次,社区学院促进小企业的发展,社区学院为中小型企业提供意见和管理培训、个人实践、市场营销、金融、采购政府补助和合同,安排新的生产技术、工作实践,满足新的政府规定,培训雇员。① 最后,社区学院通过合同培训的形式服务于企业,企业同社区学院选定一门或者系列的创业课程作为培训课程并签订合同,形成课程内容,并由企业选择学生并制定合格标准。这种合同培训重点在于学生的工作技能,这种技能并非狭隘的技术,而是包括精益生产、准时化生产、持续质量控制所需的技术问题分析和决策能力,以及非企业特定团队工作所需要的学习技能。②

(三)非营利性社会组织的支持

美国社区学院数量众多,约有2 300所社区学院,拥有1 000多万注册学生。为谋求社区学院的发展,非营利性社区学院联盟组织成立。非营利性社区学院联盟的成立与发展,特别是创业教育联盟的成立与发展,对社区学院创新创业教育提供了重要支持。一方面整合多方优势,增加创新创业教育课程的研发力度,为美国社区学院开展创新创业教育提供科学的方向指导;另一方面,为社区学院创新创业教育在资金、平台、资源等方面积极谋取帮助,开拓更大的空间。非营利性社区学院联盟主要包括创业教育联盟(The National Consortium for Entrepreneurship Education,简称EntreEd)、社区学院创业协会(National Association for Community College Entrepreneurship,简称NACCE)以及基金会等。

1. 创业教育联盟(EntreEd)

创业教育联盟1982年由俄亥俄州立大学发起成立,由国家职业教育研究中心进行领导,且由执行董事以及各地的顾问人员进行管理的虚拟公司。其成员主要包括四年制大学、基金会、政府机构、社区学院、企业、学生组织以及区域其他教育系统等。该联盟在创业教育领域的角色主要包括以下几方面:第一,在倡导将创业教育纳为终身学习过程中发挥引领作用;第二,为

---

① 沈陆娟.美国社区学院创业教育研究[M].北京:知识产权出版社,2014:36-48.
② 沈陆娟.美国社区学院创业教育研究[M].北京:知识产权出版社,2014:77-128.

每年 2 月份第三周创办的全国创业周找寻合作伙伴;第三,制定国家创业教育标准;第四,作为国家认可的旨在服务 K-12 为主的美国创业学校联盟的创建者;第五,为教师提供创新性和实践性的专业发展机会;第六,建立创业教育者社区;第七,组织年度创业教育联盟论坛,为教育工作者提供全国联网的培训机会。创业教育联盟的工作职责主要包括:第一,促进将创业教育纳入各级教育和社区项目,尤其是整个 K-12 系统;第二,在现有的学术课程中注入创业精神,并支持在创业领域开发独立课程和项目;第三,鼓励与工商业、机构和行业协会建立伙伴关系,通过创新创业教育,将致力于促进经济发展的多元化群体聚集在一起;第四,鼓励教师教育机构和认证团体将创业能力纳入教师培训课程;第五,共享实施中的教育活动、项目和策略,将创业理念融入教学和指导服务活动中;第六,在规划、组织和促进创业教育中发挥协调作用。创业教育联盟的价值主张是:随着未来工作的不断发展,创业教育联盟每年都会将创业思维灌输给每一位学生,以打造更具创业精神的美国。学生有了这些思维,将在全球经济中更具竞争力,并为自己和社区创造更繁荣的未来。创业教育联盟的目标有以下几方面:第一,鼓励新的终身职业;第二,加强地方就业;第三,通过提供真实世界的例子丰富学术学习;第四,鼓励创造性思维;第五,激发社区活力;第六,使成年人有机会返回自己的家乡;第七,让所有学生参与进来,即使他们从未开始创业。

2. 社区学院创业协会

社区学院创业协会(National Association for Community College Entrepreneurship,简称 NACCE)是 2002 年在马萨诸塞州斯普林菲尔德技术社区学院成立的非营利组织。该协会代表了 340 多个社区和技术学院以及 2 000 多名教职员工、行政管理人员和总裁,为超过 300 万名学生提供服务。该组织的使命为:提供领导力和可持续的、可扩展的资源,以促进北美最大的企业家生态系统之一中的企业家思维和行动。其理念是跨学科的企业领导力和教学对于大学、学生和社区的蓬勃发展至关重要。其愿景是使社区学院成为北美地区杰出的企业家精神教育、支持和灵感来源。社区学院创业协会作为一个非营利性组织,其经费主要由科尔曼挑战基金和考夫曼创业基金提供,并通过组织会议、会员注册以及活动、技术帮助来产生收入。同时帮助全国的社区学院将创业发展与传统的劳动力发展两个目标相结合,与科尔曼、考夫曼以及直销教育等基金会合作,通过研讨会、讨论会、年会、季刊、电子通信、博客等形式,帮助相关成员共享创业教育信息。

3. 基金会

基金会也是支持社区学院的重要非营利社会组织。其中最具代表性的基金会有科尔曼基金会和考夫曼基金会。基金会通过创业大赛奖金、创业扶持基金、论文奖学金以及捐赠教席的方式支持大学和社区学院创业教育。

可以看出,美国社区学院的创新创业教育具备良好稳固的外部支持环境。政府出台的相关政策和制度支持其创新创业教育的发展;基金会和企业为社区学院提供资金并与之合作;社区学院的创业协会也为创新教育提供良好的服务和资源。政府、高校和企业三者在互相扶持、互相促进的同时各自发挥自身的优势,形成的三螺旋结构推动了社区学院创新创业教育的实施和发展。

第三节 基于三螺旋模型的 JCCC 创新创业人才培养实践

自1969年成立以来,约翰逊县社区学院一直注重学生的创新创业问题,是美国堪萨斯州最大的社区学院。作为美国社区学院创业联盟中的一员,约翰逊县社区学院的发展目标是成为全美社区学院创新创业教育的领先者,不断探索和实施全校范围的创业教育。其使命是通过激发学生的学习去改善生活条件与增强社区实力。约翰逊县社区学院虽然并未居于美国官方社区学院排名的前列,但仅考虑创新创业因素,该学院是美国社区学院创新教育的先锋,是美国社区学院协会和社区学院创业协会公认的创业教育开展得最好的学校之一。[①]

一、学校层面

(一)设立创业中心

高校的创业中心能够承担创新创业教育等工作,为学生提供专门的指导与咨询,是学生创新创业的后援力量。2007年JCCC设立创业中心,中心下设创业学分计划教师办公室、创业资源中心以及大学创业者组织咨询办公室等机构。创业中心是创新创业人才培养与发展的基地与平台,为学生

---

① 沈陆娟.美国社区学院全校性创业教育策略评析[J].比较教育研究,2014,36(2):53-59.

的创新创业活动提供各种便利资源,是一所致力于培养创新创业人才的机构。JCCC 创业中心的使命是通过课堂教学、学生机构活动、专业咨询和研讨会等,让有志于创业和已经创业的人去研究、规划、开创和发展他们的事业,从而促进社区经济的繁荣。JCCC 的创业中心承担了创新创业教育工作,为学生提供专门的创新创业指导与咨询,是学生创新创业的重要支持力量。

(二)开设"双创"课程

首先,JCCC 设立创业学专业,将创业学由管理学中分离,成为一个独立的专业,并设置全面系统的创业学课程体系,包括创业心态、创业入门、商业计划、小企业财务管理等 12 门课程。[①] 通过设立创业学专业,JCCC 向学生传授系统的创新创业知识,强化理论知识,为培养学生的创新创业能力奠定基础。其次,JCCC 在 1992 年开设创业课程,其创新创业课程设置极具创新性,是美国高校的典范。创业课程安排在四个学期讲授,学生在校的两年时间内均需接受培养。课程内容主要包括机会识别、市场营销、人际关系、小企业管理、商业计划、创业实习等,主要由各院创业中心的教师担任授课任务。创业课程分别由各院专门研究创新创业的教师讲授,寻找不同学院与创新创业的契合点,各院有针对性地进行创新创业能力培养,提高创新创业人才培养的效果与质量。

(三)兼容创业教育

JCCC 自 1994 年起就实行创业学证书(共 34 学分)和商业计划证书(共 7 学分)。其中,商业计划证书包括创业入门(2 个学分)、机会分析(2 个学分)和 FastTrac™ 商业计划(3 个学分)三部分的课程内容,面向在校学生和社会企业人士,同时向其提供创新创业教育,打造兼容性的创业课程。将面向在校生和社会人士的创业课程融为一体,并以此搭建创业桥梁,为学生相互交流借鉴创新创业经验提供渠道,激发学生的创新创业意识,开拓学生的创新创业视野。

(四)营造创新文化

JCCC 向师生和外界宣传的教育愿景是凭借卓越的教育与卓越的创新力成为全美社区学院的领导者。一方面,JCCC 在全校不断塑造创新文化,营造浓厚的创新创业氛围,提高学生的创新创业意识,大力推动学生创新创业能

[①] 沈陆娟.美国社区学院全校性创业教育策略评析[J].比较教育研究,2014,36(2):53-59.

力的发展。另一方面,JCCC 与社区联系密切。双方进行着大量的双向人才流动,其创新文化渗透到社区中,激发社区成员的创新创业意识,产生高校创新文化的辐射作用,带动整个社区创新创业人才的培养。

(五)提供多元支持

JCCC 通过商务与技术中心为当地企业提供技术培训,为企业提供经济发展的动力。首先,JCCC 为企业员工定制商务写作、Strengths Finder 团队建设、高级 Excel、经理准备评估、大数据、人力资源管理等方面的培训。其次,为满足初级创业者对于创业技能的需求,JCCC 为有意向创业的人(未来的企业家)或企业中的创新人士提供两门初级创业课程:"创业心态"和"创业入门",目的是培养学员学会像企业家一样思考以及具备一些基本的商业技能。通过该创业课程促使学员掌握创业的基本技能与思维,引导其探索自身的创业生涯。再次,JCCC 定期开展企业家培训,为企业家提供出口、政府合同、知识产权、Quick Books 办公软件/程序、小企业的基本知识、中小企业融资、小型企业管理、中小企业市场营销、小型企业税务工作坊等九门继续教育课程,不断完善和更新企业家的知识与技能。最后,JCCC 与其他几所大学一起对堪萨斯采购技术援助中心(Procurement Technical Assistance Center,简称 PTAC)进行资助。该中心主要协助企业定位、获取和执行联邦、州和地方政府合同。JCCC 还通过商务与技术中心为当地企业和行业提供技术培训,为企业和政府提供经济发展的动力,并为当地居民提供戏剧、艺术展览和讲座等文化活动。

二、政府层面

(一)设立服务机构

美国联邦政府具有主导创新创业发展的历史传统。当前,美国联邦政府认识到,创新创业活动对于促进经济发展、帮助其在全球市场上获得竞争力以及建设美国未来至关重要,因此极其重视创新创业人才培养。美国小企业管理局是美国联邦政府下设的独立机构,主要提供商业咨询和贷款服务以协助小企业成长,维护权益,推动创新创业进程。美国小企业管理局与其下设的小企业发展中心均与 JCCC 建立合作关系,在 JCCC 分设小企业发展中心,助力 JCCC 培养创新创业人才。JCCC 的小企业发展中心(The JCCC Kansas Small Business Development Center)于 1983 年成立,由美国小企业管理局、美国小企业发展中心、堪萨斯州商业部以及 JCCC 联合创办,是政府与社区学院合作为当地小企业提供技术支持与指导的重要机构。JCCC 小企业发展中心的使命是帮助企业家和小企业主创业,主要为创业人士提供战略规划、企业管理、财务分析、营销策略等服务。

(二)提供教育经费

社区学院的教育经费来源多样化:政府拨款、学生学费、学校创收与捐赠等。政府拨款是最主要的经费来源。JCCC 呈现的地方政府财政拨款为主、三级政府(联邦政府、州政府、地方政府)财政拨款为辅的特点。每年堪萨斯州政府和约翰逊县政府拨款占到学院总收入的 65%。平均每年堪萨斯州政府向 JCCC 拨款 3 千万美元左右,约翰逊县政府每年向其拨款 8 千万美元左右。2015 年,堪萨斯州政府向 JCCC 拨款达 30 504 414 美元,约翰逊县政府向 JCCC 拨款达 84 542 966 美元。约翰逊县政府和堪萨斯州政府对 JCCC 的财政拨款数量是由当地经济发展状况决定的,JCCC 所获得的政府拨款金额在社区学院中排名靠前。堪萨斯州和约翰逊县对 JCCC 的教育经费拨款为 JCCC 创新创业人才培养提供了极大的资金支持,为不断提高 JCCC 创新创业人才质量与数量提供了保障。

(三)完善法律法规

自 21 世纪以来,为促进小企业的发展成长,美国政府出台一系列法律法规,如《联邦政府采购法》《小企业投资法》《小企业投资奖励法》《小企业经济政策法》《小企业项目改进法》等法案,这些法案的颁布在小企业投资、贷款、税收、风险保障等方面进行政策支持,也为社区学院发展创业教育提供了坚实的基础。[①] 美国政府众多法案的颁布不仅给小企业发展带来新契机,也为美国社区学院创新创业人才培养带来了新机遇。

美国不断完善创新创业法律法规,为 JCCC 培养创新创业人才提供制度依据。一方面,美国多次修订职业教育法,为 JCCC 创新创业人才培养营造安全的外部环境。2018 年,美国总统特朗普签署《加强 21 世纪职业与技术教育法》。依据该法,联邦政府每年向职业技术教育拨款 12 亿美元,同时赋予各州更大的自主权,各州教育部门有更大自由去制定自己的职业与技术教育绩效目标,促进社区学院的整体发展。这为 JCCC 创新创业人才培养提供了法律和经费投入的双重障碍。另一方面,美国推进专利法改革,为 JCCC 的学生获取专利提供法律服务。例如,2011 年通过的《Leahy-Smith 美国发明法案》(Leahy-Smith America Invents Act),保护知识产权。JCCC 学生开展

---

① 吕杰杰.美国社区学院创业教育支持体系研究[D].重庆:西南大学,2017.

创新与创业、获取专利更为便利。

（四）推动部门合作

美国联邦政府推广"企业界结合社区学院教育计划"，推出小企业技术创新计划与小企业技术转移计划。堪萨斯州政府在积极推动企业 JCCC 的双方协同方面发挥了关键作用。2010 年 10 月，美国实施美国未来技能计划（Skills for America's Future），政府推动企业界与社区学院广泛建立合作伙伴关系。这项计划实施的目的是使得社区学院的教育教学符合企业与市场的需求，促使毕业生能够更好地适应劳动力市场的需求。联邦政府的这项计划为 JCCC 与企业双方合作创新、合作培养创新人才开拓了新途径，将部分美国联邦研究基金投资到小企业来支持其技术研发工作，为小企业提供其难以独自承受的研发风险和研发费用保障，鼓励包括高校在内的研究机构与小企业合作进行科研与技术创新，从而加快科研成果转化效率。

三、企业层面

（一）助力高校创新创业人才培养

企业是创新创业人才培养的推动者，通过反馈市场需求与提供资金支持推动 JCCC 创新创业人才培养。

1. 反馈市场需求

企业能够及时且灵敏地反映市场对产品、科技与劳动力等的需求，在创新人才培养过程进行及时的反馈。一方面，企业根据市场需求来促进自身创新研发工作，引导本企业创新人才知识技能的发展符合社会需求。另一方面，企业实现市场需求的外部反馈。约翰逊县当地企业将市场需求反馈给 JCCC，促进 JCCC 更新与调整课程结构以满足市场新需求，使得 JCCC 创新创业人才具有更强的市场契合度。

2. 提供经费资助

JCCC 与当地企业建立合作伙伴关系，为企业提供职工在职培训。企业会支付给社区学院培训费用，这是 JCCC 教育经费来源非常重要的一部分。一方面，当地企业看中 JCCC 优质的创新创业课程与商业课程，将员工送入 JCCC 接受在职培训，并支付给可观的培训费用，成为 JCCC 教育经费的重要组成部分。另一方面,企业还为 JCCC 建设实验室与教学楼,并捐赠实验设备仪器。[①] 例如,1985 年美国最大的铁路公司之一伯灵顿北方铁路公司(Burlington Northern Railroad)就与 JCCC 建立伙伴关系,向 JCCC 购买企业员工培训,并直接将铁路培训设施搬到 JCCC 校园内部,以教学设备的形式进行捐赠。企业为 JCCC 提供教育经费、帮助其加强基础设施建设等,为其提供财力支持与基础设施保障,推动创新创业人才培养。

(二)重视创新创业人才继续教育

1. 开展创新创业人才培训

人才是企业创新力的核心,创新创业人才不仅仅存在于学校中,也存在于企业中。企业员工的在职培训能够促进其与时代步伐保持一致,提高研发能力,激励企业研发人员不断研发新产品、新科技,实现企业创新力持续增强。企业与 JCCC 进行合作,积极争取社区学院为企业员工提供专业培训,为其员工提供继续教育的机会。

2. 获得政府政策计划支持

小企业长期以来一直是创新和创业人才蓬勃发展的地方,在美国联邦政府通过小企业创新研究资助计划(Small Business Innovation Research)和小企业技术转移资助计划(Small Business Technology Transfer Program)支持背景下,企业能够为企业科研人才最大限度地提供资金、平台、资源、继续教育等创新支持,推动企业科研人员的创新能力与创新活力发展,拓宽与提高创新创业人才的创新视野与创新能力的发展。

四、混成组织

JCCC 并非主要以科研创新为目的研究型学院,没有形成类似于"斯坦福大学—硅谷科技园"和"麻省理工学院—波士顿 128 号公路高技术园区"这类具有影响力的科技园或孵化器,这主要是由其人才培养定位所决定的。虽然 JCCC 不以培养科研型创新人才为主要目的,但仍然重视创新创业人才的培养工作,并成立了独特的创新混成组织——CoLab 合作中心。

CoLab 合作中心提供一系列的资源——富有想象力的合作空间、先进的技术、技术支持、研究援助、活动协调,帮助学生、教师和社区合作伙伴创造

---

① 林云. 美国社区学院校企合作特点及其启示[J]. 职业技术教育,2010,31(16):89-93.

合作、体验式的学习机会,促进学生、教师和产业界在跨学科项目上的合作。该合作中心鼓励学生和教师与当地企业和社区组织建立联系,构成一种以学生、教师与社区为三个主体的平面三螺旋合作体(见图3-3)。

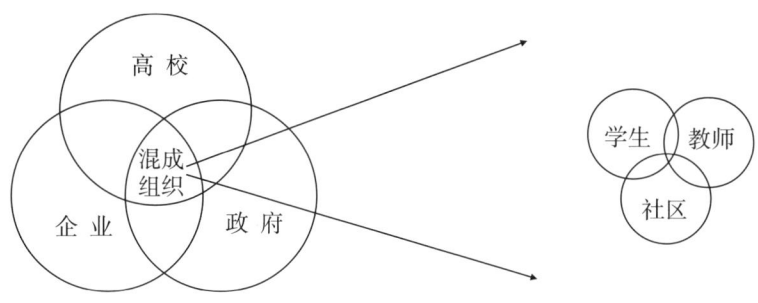

图3-3 CoLab合作中心协作模式

由于JCCC的特殊办学性质,社区对于该学院来说极为重要,学院与社区具有密不可分的关系。因此,在JCCC的CoLab合作中心所形成的三螺旋模型中,社区作为重要的一方主体而存在,社区中的行政机构和企业参与该合作中心的多项活动,学校(教师、学生)、当地政府、企业等多个主体协力助推合作中心的学生创新创业活动。

在CoLab合作中心形成的平面三螺旋合作体的基础上,JCCC与当地政府、企业形成立体的三螺旋协作模式,吸收社会多方力量,以当地社区的问题解决为导向,积极增强学院学生的创新创业意识,提高其发展能力。基于此,JCCC的创新创业人才更加面向社区与社会,成为创造性地解决社区问题的主要力量。

(一)培养创新创业素养

创新创业能力的发展首先需要具备基本的创新素养,如合作沟通能力、批判性思维、广阔的视野等。合作中心重视培养学生获得良好的人际关系和沟通能力,这是创新创业能力发展的基础。CoLab是一个高科技和灵活的空间,旨在鼓励学生、教师、员工和社区成员创新,分享他们的知识、团队和梦想。此外,在CoLab中,学生可以通过参与创业型初创企业来体验动手操作、主动学习,增强批判性创新思维技能和创新性软技能。

(二)开展创新创业活动

合作中心举办各种活动推动学生创新创业能力的发展。开展的合作、跨学科项目有"创业努力"、创业竞赛、营销活动等。如"创业努力"项目为学生提供与初创企业进行合作的机会,让学生进入初创企业进行实习,增加学生的创新创业经验。这些项目为学生创新创业提供多样化的平台,极大地激励与推动了学生创业意识的增强与创新创业能力的发展。

(三)举办创新创业讲座

CoLab 还邀请社区居民与经济领导人开展系列讲座,传递社区中存在的问题以及社区对劳动力和人才的新需求。讲座的举办加强了学生与社区之间的联系,促使学生主动关注社区问题与社区需求,并鼓励学生针对社区的实际问题提出创造性的解决方案,推动学生的创新力与创造力发展。

五、社会组织

三螺旋模型提出了一个复杂的立体式三螺旋结构,除高校、企业与政府三个主体机构之外,在这个立体螺旋结构中,还存在一些"能力细胞"与"动力组织",如前文提到的考夫曼基金会、科尔曼基金会,以及创业协会等社会组织,这些"细胞"与"动力组织"为整个三螺旋结构的运作提供多样化的资源,支持着创新创业人才的培养。

综上所述,JCCC 积极与政府、企业开展合作,并形成混成组织:CoLab 合作中心,构成创新创业人才培养的三螺旋横截面(见图 3-1);此外,JCCC 获得各种社会组织的支持,基金会、创业教育联合会等社会力量构成立体三螺旋运作的能量细胞,为创新创业人才培养提供资源补给。JCCC 与政府、企业展开合作,使整个人才培养机制构成一个完整的三螺旋结构,吸收社会多方力量,以解决当地社区问题为导向,推动学生创新创业意识、创新思维的发展以及创新创业能力的提高。

第四节 JCCC 创新创业人才培养对我国高职高专的启示

JCCC 虽然定位为职业技术教育,但学院并没有将职能局限于培养职业技术人才,而是通过各种途径促进学生的创新创业能力提升,激励并帮助学生利用所学知识技能进行独立的创业活动,培养具有创新创业能力的高质量应用型技术人才。美国社区学院创新创业人才培养的实践与经验对我国现阶段高职高专的发展具有重要的启示意义。

除了办学方向和领导体制不同,我国高职高专办学性质和定位与美国社区学院类似。如前所述，我国高职高专承担着近一半的人才培养重任，是我国高等教育人才体系中不可忽略的重要力量，其促进经济社会发展的作用不容小觑。高职高专创新创业人才的培养能够激发我国创新创业要素的活力，拓宽创新创业市场的覆盖面，形成多主体联动的创新创业机制。因此高校、政府与企业应重视高职高专创新创业人才培养，推进具有创新活力的技术应用型人才的产出。

基于三螺旋模型，借鉴JCCC的创新创业人才培养模式，我国高职高专的创新创业人才培养要在高校、政府、企业、混成组织以及社会力量等方面进行改进与完善。

一、高职高专发挥主导力量

（一）开设创新创业课程

我国大多数高职高专缺乏优质的创新创业课程，甚至部分院校未开设创新创业课程，单纯通过创新创业大赛开展创新创业教育，这种方式难以真正全方位培养学生的创新创业能力。借鉴JCCC创新创业课程的设置内容，我国高职高专应结合各专业特点，开设并打造优质的创新创业课程，开设创新机会识别、小企业管理、商业计划等方面的应用性创新创业课程。同时，各院系引进或自主培养本专业的创新创业教师，将课程与各专业特点充分结合，促进学生掌握系统的创新创业知识，形成坚实的创新创业能力。

（二）设立创新创业中心

创新创业中心是创新创业人才培养的基地与平台，为学生创新创业活动提供各种便利资源，是一所致力于培养创新创业人才的必不可少的高校机构。我国高职高专为学生提供创新创业活动的支持力度不足，因此应聚集各种创新创业资源，指导各院系开展创新创业教育教学，传播和形成创新创业校园文化。

（三）拓展校企合作内容

我国多数高职高专通过校企合作培养人才，但仅局限于培养学生的应用技术能力，并非培养学生的创新创业能力。我国高职高专可以借鉴JCCC人才培养的双向交流模式，积极拓展校企合作培养人才的内容。一方面，通过企业为学生提供创新创业实践机会与平台，增加学生的创新创业实践经验。另一方面，高职高专要为企业提供创新人才的理论培训，为企业持续注入创新血液，并与企业合作进行科技创新研发，进而更新学校创新创业教育的知识和技术。

二、政府提供全过程保障

在三螺旋模型中,政府应积极寻求职能的新定位,不仅仅局限于政策制定者与协调者的角色。

(一)重视"双创"人才的培育

政府要高度重视高职高专创新创业人才的发展。与普通高校相比,高职高专创新创业人才培养的方式、内容等有所不同,但都具有活力、具有发展的可能性;对缓解劳动力市场就业压力,满足我国对高质量技术应用型人才的需求具有极其重要的作用。

(二)提供资金与政策支持

政府要加大对高职高专创新创业人才培养的资金保障与政策支持。在资金保障方面,可借鉴 JCCC 的资金来源方式,即分国家、省级政府和地方三个层面对高职高专提供资金与政策支持,缓解国家财政负担,发挥地方自主权。国家层面增加对高职高专的财政经费投入,同时要充分发挥地方政府的作用,尤其是经济发达的省份要根据自身经济发展程度对高职高专给予充分支持,以弥补高职高专在获得国家资金拨款方面的劣势地位。中央政府一方面应向中西部地区倾斜,另一方向应与地方政府合理划分财政支持的比例,通过设立创新创业优秀人才奖学金、创新创业教育基金、创新创业专项拨款等形式进行资金支持。在政策支持方面,我国各级政府可根据各地实际情况进行调整和完善,因地制宜地制定创新创业人才培养相关政策,发挥政策的激励与导向作用。

三、企业提供全方位支持

企业能够为创新创业人才发展提供多样化的平台。首先,应以适应智能时代需要的复合式创新型高素质技能人才为目标,培养创新型企业员工。此外,企业要积极与高职高专建立合作伙伴关系,签订战略性合作协议,在通过与学校合作为自身发展补充能量的同时,协助高职高专为学生提供创新创业机会。

(一)构建学生创业实习的平台

高职高专的创新创业人才培养如果仅仅停留在学校理论层面,那么所培养出来的创新创业人才质量必然会受到质疑。学校更多的是为学生提供知识理论传授、培养创新意识等,而企业拥有操作空间与平台,两者建立合作关系,能够弥补学校在实操方面的缺陷,促进学校创新创业人才脱颖而出。

（二）为研发活动提供多方支持

企业在资金、设备、市场信息搜集等方面具有独特优势，因此应积极向高职高专反馈市场信息，保证创新创业人才培养符合市场需求。同时，提供资金和设备支持，推动我国高职高专顺利开展创新研发活动。

四、创建多元混成组织

受制于多方因素，我国高职高专很少建设有大学科技园、孵化器等多元混成组织。多元混成组织对于高职高专培养创新创业人才具有重要的作用。它能为这方面的人才发展营造理想的环境和广阔的发展平台，为学生提供真实的创业空间；能够锻炼学生的实践能力，如撰写商业企划书、开展创业模拟活动等，切实提高高等职业技术人才的创新创业能力。因此，我国高职高专要加强对多元混成组织的重视，建设高职高专创业中心或孵化器等组织。

高职高专、企业与政府要加强合作，搭建混成合作组织，如建立高职高专孵化器、创意园等，或借鉴 JCCC 的 CoLab 合作中心，积极吸收社会多方力量的支持，为学生和企业员工创新创业提供复合型的情境空间和协同合作平台。基于此，高职高专要增强学生的创业意识与创新创业的主动性，引导并鼓励学生积极开展理论实践活动，利用多样化的平台资源，发挥混成组织的最大化优势。

五、调动社会组织的积极性

高职高专要开拓多元化资源渠道，提高社会其他力量对创新创业人才培养的支持力度与积极性，如校友与基金会的资金支持、创业联合会等组织的资源支持等。可借鉴美国考夫曼基金会与科尔曼基金会对 JCCC 创新创业人才培养提供经费支持与项目引导的做法，还有类似的基金组织、风险投资公司对美国社区学院创新创业人才培养提供大量经费支持的经验。目前，我国高职高专创新创业人才培养资金来源主要依靠政府拨款，方式较为单一。在政府财政压力较大的情况下，我国可以鼓励社会力量成立创新创业基金会，或充分调动现有相关基金会、风投公司的积极性，为高职高专培养创新创业人才提供资金支持。

第四章 三螺旋模型下我国高校创新创业人才培养政策的演变

2019年,中央全面深化改革委员会第九次会议指出,"深化产教融合,是推动教育优先发展、人才引领发展、产业创新发展的战略性举措。要坚持问题导向,试点先行……尊重教育规律和经济规律,发挥市场配置资源决定性作用和政府统筹推动作用,统筹部署、协调推进"①。强调了市场和政府在创新创业教育中的地位作用和工作要求。三螺旋模型认为,政府、高校和企业之间是既相互独立,又相互影响、彼此制约的个体,以螺旋递进的方式作用于社会发展。开展高校创新创业教育离不开政府政策的鼓励和支持,高校向社会输送人才也需要校企之间的紧密配合,同时也依赖于政府与社会之间形成的鼓励支持高校学生创新创业的空间和氛围。因此,保证创新创业人才的培养质量,"必须追求高校—政府—企业三者间的良性互动"②。改革开放以来,我国高校创新创业教育政策体系经历几十年的发展和演变后已初具规模,但仍存在诸多亟待解决的问题。三螺旋模型为高校创新创业政策的解读提供新的理论切入点。本章通过探讨我国创新创业教育政策的发展历程,分析存在的问题,以三螺旋为基础尝试构建高校—政府—企业三方协同联动机制,以期进一步提高高校创新创业教育政策实施的效果。

第一节 我国高校创新创业教育政策历史演进

目前国内学者的研究多倾向于三螺旋模型下创新创业教育机制的构

---

① 紧密结合"不忘初心、牢记使命"主题教育 推动改革补短板强弱项激活力抓落实[N].光明日报,2019-07-25(1).
② 埃茨科维兹.国家创新模式:大学、产业、政府"三螺旋"创新战略[M].周春彦,译.北京:东方出版社,2013:12.

建,鲜有从创新创业人才培养政策角度入手进行探讨。在政府、企业、高校三大主体中,政府政策作为创新创业教育发展的杠杆和助推器,对高校建设和企业发展起着重要的引导和推动作用。合理借助政策的导向性和影响力,有助于推动高校创新创业教育的快速发展。20世纪90年代末,我国开始逐步建立创新创业教育政策,引导政府、高校和企业对大学生创新创业进行鼓励和扶持,主要内容涉及大学生自主创业政策、创业教育政策、职业发展教育与就业指导政策、创新创业教育教学政策、创新创业教育体系构建等。

我们认为,我国高校创新创业教育政策的发展历程可以划分为以下五个时期:1.0时期(1998—2001年),创新创业教育政策处于起步和萌芽阶段,政府部门开始关注大学生自主创业问题,但尚未出现针对性较强的政策文本;2.0时期(2002—2007年),政府和高校开始尝试进行合作,共同致力于创业教育的发展,但企业的地位和作用未引起足够重视;3.0时期(2008—2012年),政策的内容制定开始向企业倾斜,鼓励企业、政府、高校通力合作,充分发挥三方优势;4.0时期(2013—2017年),创新创业教育政策逐渐规范化和具体化,进入深入推行阶段;5.0时期(2017年至今),政策颁布以构建新时代高校中国特色创新创业教育体系为目标,推进创新创业教育体系的构建和完善。

一、1.0时期:政府主导(1998—2001年)

1998年,清华大学首次举办"创业计划大赛",将创业计划大赛引入国内大学校园,揭开了高校创业比赛的序幕,受到了新闻界、学术界、企业界和投资界的广泛关注,大学生创业问题开始逐渐受到国家重视。同年,为落实科教兴国战略,实现党的十五大所确定的目标,激发全民的创新能力,推动教育全面改革与发展,提高全民族的素质和创新能力,教育部颁布《面向21世纪教育振兴行动计划》指出,"要加强对教师和学生的创业教育,采取措施鼓励他们自主创办高新技术企业……促进高等学校、科研院所和企业在技术创新和发展高科技产业中的结合。鼓励企业在高等学校建立工程研究中心、生产力促进中心等技术集成与扩散的示范中心,开发高新技术产品。鼓励高等学校向企业转让技术,或利用现有中小企业兴办高新技术企业,探索企业与高校从立项到投产'一条龙'的全面合作"[①],表明国家已开始鼓励高

---

① 面向21世纪教育振兴行动计划[EB/OL].(1998-12-24)[2020-05-16]. http://old.moe.gov.cn//publicfiles/business/htmlfiles/moe/s6986/200407/2487.html.

校与企业两大主体进行合作,支持高校师生开展自主创业。

1999年,由共青团中央、中国科协、全国学联主办,清华大学承办的首届"挑战杯"中国大学生创业计划竞赛成功举办,竞赛汇集了全国120余所高校近400件作品。大赛的举办使"创业"的热浪从清华园向全国扩散,在全国高校掀起了一轮创新创业的热潮,产生了良好的社会影响。随着比赛推动,一批优秀的创业计划脱颖而出,并在政府部门和社会各界的支持与帮助下,创业计划开始转为实际运营操作,逐渐孕育出第一批大学生自主创业创立的高科技公司。同年,国务院办公厅转发教育部和中央组织部等部门《关于进一步做好1999年普通高等学校毕业生就业工作意见的通知》,指出我国正处于改革攻坚阶段,国民经济处于关键的结构转型期,为保证高校毕业生能顺利就业,缓解社会就业压力,各级教育、人事、计划、公安等有关部门要密切配合、相互协作,努力拓宽高校毕业生就业领域,继续确保国有企业特别是重点单位用人需要,同时鼓励和支持毕业生到非国有制单位就业或自主创业。2000年,教育部印发《教育部关于贯彻落实〈中共中央、国务院关于加强技术创新,发展高科技,实现产业化的决定〉的若干意见的通知》,指出产学研结合促进科技成果向现实生产力转化是科技成果转化和高新技术产业化的有效途径,高校要提高技术创新,加快科技成果转化以及高新技术产业化,深化高等教育体制改革,发挥高校科学技术优势,把科研成果的转化和高新技术产业化放到与科研、教学工作同等重要的位置。强调高校和企业之间的有机联动,倡导企业应发展成技术创新主体,高校发展成高新技术创新的基地。通过"共建企业技术开发中心、科研生产联合体、相互兼职、在职培训、合作研究、委托培养研究生"等方式鼓励校企间展开合作,允许大学生休学进行自主创业,学生在休学期间保留学籍。

1.0时期的鲜明特点是政府主导。主要表现在,一是创新创业教育政策萌芽,政府开始关注和鼓励大学生自主创业,并将之纳入国家发展战略考虑之中,通过与高校合作举办大学生创业大赛,在全国高校范围内掀起创业浪潮,并逐步认识到高校与企业之间的内在联动关系。二是以政策为导向,倡导校企之间开展合作,互惠共赢。但这一阶段颁布的创业政策文本少而分散,多以鼓励和支持为主,鲜有涉及高校创新创业教育和具体的措施。总体而言,这一时期高校创新创业教育政策处于起步和探索时期,政策文本信息相对较少,针对性强、规范性严、具体性实的政策文件还不多。

二、2.0时期:政校融合(2002—2007年)

2002年,教育部、公安部、人事部和劳动保障部联合发布《关于进一步深化普通高等学校毕业生就业制度改革有关问题意见的通知》,明确提出鼓励高校毕业生自主择业、勤奋创业。该《通知》指出,1999年高校开始大规模扩招后,毕业生数量快速增加,加之高校地区分布的不均衡导致结构性的就业困难,部分地区高校毕业生就业产生新问题,出现新困难。为缓解就业压力,各高校要加强引导工作,注重转变学生就业观念,帮助其树立积极的创业观和健康就业观,鼓励和支持毕业生自主创业。工商和税收部门要简化审批手续,共同支持和配合,努力实现高校毕业生充分就业,将大学生的创业政策进行初步落实。同年4月,教育部召开普通高校"创业教育"试点工作会议,提出要以点带面,推进创业教育。会议指出,高校应把培养大学生的创新精神、创造能力和创业能力作为工作重点,鼓励高校积极探索、开展创业教育。会后,教育部高教司发布《创业教育试点工作座谈会纪要》,确定清华大学、北京航空航天大学、中国人民大学、上海交通大学、西安交通大学、武汉大学、黑龙江大学、南京经济学院和西北工业大学等9所高校作为试点院校开展高校创业教育,拉开了创新创业教育在高校试点的实践序幕。

为做好高校毕业生就业创业工作,国务院发布《关于做好2003年普通高等学校毕业生就业工作的通知》,从政府角度首次为毕业生创业提供具体的税收优惠政策,如"鼓励高校毕业生自主创业和灵活就业。凡高校毕业生从事个体经营的,除国家限制的行业外,自工商部门批准其经营之日起1年内免交登记类和管理类的各项行政事业性收费"。同时鼓励有一定经济实力的地方性政府,在现有渠道中为毕业生创业提供小额贷款和担保。此外,由政府部门承担相关费用,对于就业困难的应届高职毕业生提供职业技能培训。2004年4月,由共青团中央、劳动和社会保障部联合发布《关于深入实施"中国青年创业行动"促进青年就业工作的意见》,该政策以为青年创造就业岗位、促进青年就业为总体目标,提出要通过普及创业意识、培养创业能力、提供创业服务、优化创业环境、完善对青年的就业服务等方式,建立相对完善的促进青年创业和就业的工作体系,引导和帮助青年在创业的过程中实现就业和自我发展,形成"中国青年创业行动"品牌,为推动我国经济和社会发展做出新贡献。2004年8月,劳动和社会保障部颁发《关于在部分高等院校开展"创办你的企业"(Start Your Business,简称SYB)培训课程试点通知》,由劳动和社会保障部、教育部负责大学生创业培训工作的统筹规划和政策指导,选择北京航空航天大学、北京工业大学、南开大学、天津大学等37所有创业培训工作基础和工作积极性较高的高校进行试点,对学生进行"创办你的企业"课程培训。SYB是国际劳工组织与我国劳动和社会保障部联合开发的就业培训项目,将创业课程引入校园,对提高大学生创业能力,促进大学生自谋职业、自主创业和灵活就业,以及深化教育体制改革、全面推进素质教育具有重要意义。该《试点通知》决定,首先进行师资培训,在试点院校培养一批优秀的"SYB"教师后,再在试点院校进行学生的"SYB"培训,为经过培训的大学生提供创业政策咨询、项目开发、开业指导、融资服务等扶持。

2006年,中共中央组织部、中共中央宣传部等14个部门联合发布《关于切实做好2006年普通高等学校毕业生就业工作的通知》,充分肯定和强调高校毕业生的社会地位和作用,提出要全力以赴做好高校毕业生就业工作,加大自主创业扶持力度,明确要求各地要踊跃组织和开展就业咨询、培训和指导工作,提供从政策咨询到跟踪辅导的"一条龙"服务,为高校毕业生勤奋创业搭建绿色通道,鼓励有一定经济条件的地区,通过政府财政和社会各界等筹资渠道,为大学生提供"高校毕业生创业资金"。文件还指出,高等学校要加强对毕业生的创业指导、创业培训和创业实践活动,优化学科专业结构,将创业理念深入教学,加强实践教学,切实提高学生的创业能力。2007年,教育部印发《大学生职业发展与就业指导课程教学要求》的通知,设置大学生职业发展与就业指导课程,提倡所有普通高校开设职业发展与就业指导课程,将其作为公共课纳入教学计划,贯穿学生从入学到毕业的整个培养过程,并确定了课程的教学目标、内容、方式、管理与评估,要求大学生学习掌握创业基本知识、培养创业意识和创业精神、提高创业能力。创业教育作为六大部分之一被纳入高校课程教学中,对高校创业教育的教学目标、教学内容和教学方法进行具体规定。具体而言,教学目标方面,要求学生掌握创业基本知识,具备一定创业素质和能力;教学内容方面,涵盖创业内涵与意义、创业精神与创业素质、创业准备与过程、创业常见问题与对策、相关法律法规等六大模块;教学方法方面,要求综合运用课堂讲授、小组讨论、创业计划大赛等形式,丰富创业教育的课堂形式,充分调动学生的学习热情。

2.0时期的鲜明特点是政校融合。这一时期有关大学生创业的政策相比1.0时期有了突破性进展,主要表现为,一是政策能够贴合高校实际,大学生创业政策取得明显进展。政府加大向自主创业的大学生提供的政策优惠和支持,开始陆续出台专门的创业政策鼓励高校毕业生进行自主创业,改变以往政策文本内容分散、针对性不强的现象。二是政策颁布主体规格提升并且多样化,从教育部为主发展为国务院、中共中央组织部、人事部和劳动和社会保障部等多个部门通力合作进行多元化指导。三是大学生创业政策开始具体化,操作性增强。由政府部门和高校共同落实,政府为其提供各项行政事业性收费的优惠、减少审批流程、税收减免等政策支持,高校创办科技园。四是高校开始重视大学生职业生涯规划,促进学生树立职业生涯发展的自主意识,重视学生的终身发展,进一步落实大学生创业教育工作,并将其纳入课程教学中,帮助大学生理性看待、规划自身未来的发展方向,提高就业能力。五是国家将创新与建设创新型国家、就业民生大事紧密联系在一起,更加重视创新创业教育,创新创业教育在高校中从理论走向更大范围的实践。2.0时期,政府和高校两大主体开始联合作用于创业教育,但在政策文本中,创新教育和创业教育尚未融合,企业也没有被纳入具体政策落实的议程中,创业教育缺乏实际平台支撑。

三、3.0时期:企业介入(2008—2012年)

2008年,美国次贷危机引发的世界性金融危机给世界经济带来了严重影响,中国经济也未能独善其身。为缓解金融危机带来的经济压力,部分单位和企业陆续进行裁员,职位的缩减给高校毕业生带来巨大的就业压力,加上扩招后毕业生总数的急剧上升,就业形势变得更加复杂严峻。同年,为加快就业,促进经济发展与扩大就业相协调,推动社会和谐稳定,我国正式实施《中华人民共和国就业促进法》,政府开始从法律层面对就业创业进行规定和指导,鼓励劳动者积极开展自主创业,缓解就业压力,推动经济稳定发展。《中华人民共和国就业促进法》通过对政策支持、公平就业、就业服务和管理、职业教育和培训、就业援助、监督检查、法律责任等八个部分进行具体规定,指出要增强劳动者的创业能力和就业能力,鼓励开展自主创业,要求县级以上的人民政府加强就业者的职业培训和指导工作,完善就业服务体系。此外,鼓励职业技术院校、职业技能培训机构与企业加强沟通合作,以产教融合的方式培养实用型人才,为经济发展建设服务。

2009年,中国高等教育学会成立创新创业教育分会(Branch of Innovative and Entrepreneurial Education of China Association of Higher Education),分会以"发挥高校创新创业教育的优势作用,进行创新创业教育的理论、政策研究和协作活动,总结经验、探索规律、推动我国高校创新创业教育事业的发展"为目标宗旨。至此,高校创新创业教育有了独立的学会机构,在教育领域内自成体系并独立发展。2010年,人力资源和社会保障部颁发《关于实施大学生创业引领计划的通知》,通知要求坚持政府促进、社会支持、市场导向、自主创业的基本原则,发挥政府部门、公共服务机构和高等学校的职能作用,调动社会各方面力量,采取一系列鼓励、引导和扶持措施,强化大学生创业意识,提升创业能力,改善创业环境,健全创业服务,引导和带领一大批大学生通过创业实现就业。总体的目标是在2010—2012年的三年中,引领

45万名大学生实现创业,为有创业意愿且具备一定条件的大学生提供创业指导和培训,初步建立以市场为导向的大学生创业机制。主要任务为落实高校学生提供创业培训(实训)、给予政策扶持、为大学生提供指导性服务和创业孵化服务等,建立不同阶段大学生创业的多方位、阶梯形的创业服务体系,为大学生创业提供多方面的政策支持和保障措施。在创业培训(实训)方面,选评一批创业培训讲师,组织大学生积极开展各种创业竞赛,鼓励大学生参加创业实训,切实提高创业素质和能力;在政策扶持方面,相关部门为其提供税收优惠、注册资金减免等便利条件,通过多种渠道提供专项扶持资金;在指导服务方面,建立完善大学生创业导师制度,提供大学生创业项目库、大学生创业俱乐部等多种形式的服务;在提供孵化服务方面,要求整合政府、企业、社会等多方资源,建立全方位的大学生创业孵化服务体系。

2009年,教育部推出《关于大力推进高等学校创新创业教育和大学生自主创业工作的意见》,充分肯定了大学生的时代地位,要求以提升大学生创新精神、创业意识和创业能力为核心工作,指出大学生是最具创新和创业潜力的群体之一,强调鼓励大学生自主创业是建设创新型国家的必要举措和必经阶段,也是落实以创业带动就业,推动大学生充分就业的重要措施。该《意见》从课程体系和师资队伍建设、创新创业实践活动和质量检测跟踪体系、创业基地建设、创业指导和服务工作等方面对大学生的自主创业提供了详细的政策规划,对高校和相关部门提出具体的工作要求,进一步对大学生创业政策进行完善。为推动这一政策落实落细,教育部发布了《关于成立2010—2015年教育部高等学校创业教育指导委员会的通知》,指出创业教育指导委员会是在教育部领导下,对高等学校创业教育工作进行研究、咨询、指导、评估和服务的专家组织,具有非常设学术机构性质。委员会的主要任务是组织和开展创业教育的理论与实践研究;指导高等学校创业教育的课程建设、教材建设、教学内容改革,指导高等学校开展创业实践活动等工作;组织开展创业教育师资培训、经验交流,宣传推荐创业教育优秀成果;完成教育部委托的其他工作。委员会的成立,有助于发挥专家学者的研究和指导作用,加强对高校创业教育工作的宏观领导,大力推进高等学校创业教育工作。

就业是民生之本。党的十八大报告中明确提出要推动实现更高质量的就业,贯彻劳动者自主就业、市场调节就业、政府促进就业和鼓励创业的方针,实施就业优先战略和更加积极的就业政策。引导劳动者转变就业观念,鼓励多渠道多形式就业,促进创业带动就业,做好以高校毕业生为重点的青年就业工作。

在此之前,教育部在制定的《普通本科学校创业教育教学基本要求(试行)》中对普通本科学校创业教育的教学目标、教学原则、教学内容、教学方法和教学组织作出明确规定,强调"在普通高等学校开展创业教育,是服务国家加快转变经济发展方式、建设创新型国家和人力资源强国的战略举措,是深化高等教育教学改革、提高人才培养质量、促进大学生全面发展的重要途径,是落实以创业带动就业、促进高校毕业生充分就业的重要措施。要坚持面向全体、注重引导、分类施教、结合专业、强化实践的原则,以教授创业知识为基础,以锻炼创业能力为关键,以培养创业精神为核心,使学生掌握创业的基础知识和基本理论,熟悉创业的基本流程和基本方法,了解创业的法律法规和相关政策,激发学生的创业意识,提高学生的社会责任感、创新精神和创业能力,促进学生创业就业和全面发展。要遵循教育教学规律和人才成长规律,以课堂教学为主渠道,以课外活动、社会实践为重要途径,充分利用现代信息技术,创新教育教学方法,努力提高创业教育教学质量和水平。同时,要充分利用校内外资源,依托校企联盟、科技园区、创业园区、大学生校外实践基地和创业基地等开展学习参观和成果转化"。《普通本科学校创业教育教学基本要求(试行)》对高等学校创业教育进行充分肯定,在教学目标层面,要求大学生通过创业教育,掌握创业基本技能,提高创业能力,推动创业就业,促进全面发展;在教学原则层面,要求将创业教育融入人才培养体系,强调注重引导、因材施教,将创业教育与学生的专业学科充分结合,加强实践环节的培训;在教育内容层面,从创业知识、创业能力、创业精神等方面培养高素质创业型人才;在教学方法层面,以课堂教学为主,以课外活动和社会实践为辅,提高教学质量;在教学组织层面,高校单独创立"创业基础"课程,加强教学条件保障,建设高水平的师资队伍,将创业教育的实施效果作为教学评价的重要指标,全面落实高校创业教育工作。

3.0时期的鲜明特点是企业介入。主要表现为,一是提出"充分整合政府、企业、高校、社会团体等多方资源,发挥小企业创业基地、科技企业孵化器等现有园区和孵化基地的优势"①,整合政府、企业、高校各方优势。二是从政策上要求组织一批有社会责任感的企业家和专业人士成立大学生创业导师团,与高校进行合作,提高高校创业教育师资队伍的专业水平,提升教

---

① 人力资源社会保障部.人力资源社会保障部等九部门关于实施大学生创业引领计划的通知[EB/OL].(2014-05-22)[2020-05-18]. http://www.mohrss.gov.cn/SYrlzyhshbzb/jiuye/zcwj/gaoxiaobiyesheng/201405/t20140530_131188.html.

学质量。三是开始从法律层面对创业进行规范和指导,创业教育政策迈向新台阶。四是创业教育政策更加详细和规范,各地区也开始陆续出台相应的政策鼓励和带动劳动者自主创业,如上海市人民政府发布的《上海市鼓励创业带动就业三年行动计划(2009—2011年)》、深圳市人民政府发布的《深圳互联网产业振兴发展政策》等。政府部门陆续出台政策,对高校师资队伍、课程体系、基地建设等方面做出具体要求,同时对大学生创业教育的学习、服务指导到创业项目具体落地的优惠政策等多个层面进行系统梳理和任务安排。3.0时期,创新创业教育只是在社团组织上得以建立,创业教育和创新教育虽互有交叉,但是创新创业教育的名称还没有真正落实到高校教学中,职业发展教育与就业指导课程和创业教育课程内容存在重叠现象。

四、4.0时期:三方协同(2013—2017年)

2013年,国务院办公厅颁发《关于做好2013年全国普通高等学校毕业生就业工作的通知》,指出要积极完善创业政策,加强创业教育、创业培训和创业服务,大力扶持高校毕业生自主创业,尤其要鼓励高校毕业生创办国家和地方优先发展的科技型、资源综合利用型、智力密集型企业,支持通过网络创业带动就业;要求将创新创业教育融入专业教学和人才培养全过程,并将创业教育课程纳入学分管理,鼓励在校生积极参加创业教育和创业实践活动;鼓励高等学校和社会服务机构进行合作,开展创业培训和实训。同时将毕业生的创业补贴期限进行上调(从目前的毕业年度调整为毕业学年,即从毕业前一年7月1日起的12个月),要求各地区进一步放宽对大学生创业的准入门槛,加强税费减免等优惠政策,加大政策倾斜力度,全面推进大学生自主创业。社会机构在创业教育方面的重要性再次引起政府部门重视。

党的十八届三中全会研究并通过《中共中央关于全面深化改革若干重大问题的决定》,指出要加快转变经济发展方式,建设开放型经济体系,完善扶持创业的优惠政策,形成政府激励创业、社会支持创业、劳动者勇于创业新机制;完善城乡均等的公共就业创业服务体系,构建劳动者终身职业培训体系;实行激励高校毕业生自主创业政策,整合发展国家和省级高校毕业生就业创业基金,形成政府、社会、劳动者三方有效联动的新体系。市场机制的日趋完善、政府的大力支持和良好的社会环境都为高校学生创业提供了有利的外部环境。2014年,国务院办公厅发布《关于做好2014年全国普通高等学校毕业生就业创业工作的通知》,确定2014—2017年,在全国范围内实施大学生创业引领计划,通过提供创业服务,落实创业扶持政策,提升创业能力,帮助和扶持更多高校毕业生自主创业,稳步提高高校毕业生创业比例。该《通知》要求,各地要采取措施,确保符合条件的高校毕业生都能得到创业指导、创业培训、工商登记、融资服务、税收优惠、场地扶持等各项服务和政策优惠;各高校要广泛开展创新创业教育,将创业教育课程纳入学分管理,有关部门要研发适合高校毕业生特点的创业培训课程,根据需求开展创业培训,提升高校毕业生创业意识和创业能力;各地公共就业人才服务机构要为自主创业的高校毕业生做好人事代理、档案保管、社会保险办理和接续、职称评定、权益保障等服务。至此,以政府、高校和企业三方为主的协同创新创业培育体系初步建立起来。

依据《关于做好2014年全国普通高等学校毕业生就业创业工作的通知》要求,人力资源和社会保障部、国家发展和改革委员会、教育部等九部门发布了《关于实施大学生创业引领计划的通知》,该《计划》的目标是通过各方共同努力,使大学生的创业意识和创业能力进一步增强,支持大学生创业的政策制度和服务体系更加完善,政府激励创业、社会支持创业、大学生勇于创业的机制基本形成,大学生创业的规模、比例继续得到扩大和提高,力争实现2014—2017年引领80万名大学生创业的预期目标。该《计划》详细规定了各省份四年间需引领大学生创业的具体人数,通过实施普及创业知识、加强创业引导和服务、加强创业公共服务、提供工商登记便利、提供多渠道资金支持和基地支持等措施为大学生创业提供实质性服务。同时提出要加强组织领导、绩效考核、舆论宣传,营造不断创新、勇于创业的社会氛围,推进创业工作的有效开展。文件还指出要建立健全青年创业辅导制度,从拥有丰富行业经验和行业资源的企业家、职业经理人、天使投资人当中选拔一批青年创业导师,为创业大学生提供创业辅导。

2014年9月,在夏季达沃斯论坛上,李克强总理指出创新创业是社会发展的必然要求,也是推动国家进步的必然举措,提出要在960万平方千米的土地上掀起"大众创业""草根创业"的新浪潮,形成"万众创新""人人创新"的新势态。通过政府的大力号召,我国创业政策尤其是各地区的创业政策开始不断涌现,进入迅速发展时期。2015年1月,科技部《关于进一步推动科技型中小企业创新发展的若干意见》提出,支持高校毕业生以创业的方式实现就业,对入驻科技企业孵化器或大学生创业基地的创业者给予房租优惠、创业辅导等支持。

2015年3月,李克强总理在《政府工作报告》中又提出"大众创业,万众创新"的口号,将创新创业上升到促进国家经济发展的新高度,强调创业既能够推动就业、增加居民工作收入、提高生活质量,又可以维护社会稳定、促进社会纵向流动。随后,国务院办公厅在《关于发展众创空间推进大众创新创业的指导意见》中提出,推进实施大学生创业引领计划,鼓励高校开发开设创新创业教育课程,建立健全大学生创业指导服务专门机构,加强大学生创业培训,整合发展国家和省级高校毕业生就业创业基金,为大学生创业提供场所、公共服务和资金支持,以创业带动就业。

2015年5月,国务院办公厅颁发《关于深化高等学校创新创业教育改革的实施意见》,从完善创新创业教育课程建构、变革教学方式、强化创新创业实践等方面对高校创新创业教育做进一步的要求,指出要"以创新人才培养机制为重点,以完善条件和政策保障为支撑,促进高等教育与科技、经济、社会紧密结合,加快培养规模宏大、富有创新精神、勇于投身实践的创新创业人才队伍……探索建立校校、校企、校地、校所以及国际合作的协同育人新机制",鼓励高校与企业联合开发创业培训项目,多方协同的态势加快推进。

为落实国务院办公厅《关于深化高等学校创新创业教育改革的实施意见》,激发高校学生创新创业热情,展示高校创新创业教育成果,培养造就"大众创业、万众创新"的生力军,教育部决定在2015年5月至10月举办首届中国"互联网+"大学生创新创业大赛。大赛以"'互联网+'成就梦想 创新创业开辟未来"为主题,要求能够将移动互联网、云计算、大数据、物联网等新一代信息技术与行业产业紧密结合,培育产生基于互联网的新产品、新服务、新业态、新模式,推动互联网与教育、医疗、社区等深度融合的公共服务的创新发展。自2015年5月至2020年11月,大赛总共举办了六届,逐步融入全球创新创业浪潮,起到以赛促学,培养创新创业生力军;以赛促教,探索素质教育新途径;以赛促创,搭建成果转化新平台的作用,对推进高校学生创新创业训练和实践、提高创新创业人才培养水平,促进"互联网+"新业态形成,服务经济高质量发展,努力形成高校毕业生更高质量创业就业的新局面起到了积极的战略意义。

2015年6月,国务院印发《关于大力推进大众创业万众创新若干政策措施的意见》,指出我国创业创新理念还没有深入人心,创业教育培训体系还不健全,善于创造、勇于创业的能力不足,鼓励创新、宽容失败的良好环境尚未形成,提出要坚持深化改革、需求导向、政策协同、开放共享的方针;加强创业、创新、就业等各类政策统筹,以及部门与地方政策的联动;把创业精神培育和创业素质教育纳入国民教育体系,实现全社会创业教育和培训制度化、体系化,加快完善创业课程设置,加强创业实训体系建设;加强创业创新知识普及教育,使"大众创业、万众创新"深入人心;加强创业导师队伍建设,提高创业服务水平;加快建立创业创新绩效评价机制,让一批富有创业精神、勇于承担风险的人才脱颖而出。同年9月,科技部《关于印发发展众创空间工作指引的通知》提出,发展众创空间重在完善和提升创新创业服务功能,要通过便利化、全方位、高质量的创业服务,让更多人参与创新创业,让更多人能够实现成功创业。"充分发挥市场配置资源的决定性作用,以社会力量为主,采用市场化机制发展众创空间",企业在创新创业中的作用日益受到重视。

2016年,为深入落实国务院《关于深化高等学校创新创业教育改革的实施意见》,教育部相继发布《关于召开深化高校创新创业教育改革经验交流会的通知》和《关于建设全国万名优秀创新创业导师人才库的通知》。通过组织筹备,教育部在华中科技大学召开深化高校创新创业教育改革经验交流会,会议旨在交流创新创业教育可复制可推广的制度成果和先进经验,推动解决重视程度不够、认识上有偏差、与专业教育结合不紧密等问题,为服务创新驱动发展、促进大众创业万众创新提供更加有力的人才智力支撑,为各高校有效开展创新创业教育提供支持。教育部鼓励各地区高校积极推荐各行各业优秀的创新创业人才,后期通过筛选和审核,组建全国性的创新创业导师人才库,集聚优质共享的创新创业导师资源,切实发挥导师的教育引导和指导帮扶作用,提高创新创业教育的针对性、时代性、实效性,增强大学生的创新精神、创业意识和创新创业能力,提高人才培养质量,努力造就"大众创业、万众创新"的生力军。2017年,为进一步推进高校创新创业教育改革,教育部发布《关于开展第二批深化创新创业教育改革示范高校认定工作的通知》,认定支持100所左右深化创新创业教育改革示范高校,对各高校的创新创业教育进行新一轮的评定和考核,各级教育部门和各高校十分重视此次评定工作,在评审过程中查缺补漏,不断完善自身的创业教育工作。同年7月,国务院《关于强化实施创新驱动发展战略进一步推进大众创业万众创新深入发展的意见》提出,加强科研机构、高校、企业、创客等主体协同,促进大、中、小、微企业优势互补,推动城镇与农村创新创业同步发展,形成创新创业多元主体合力汇聚、活力迸发的良性格局,要以科技创新为基础支撑,加快科技成果的生产力转化,拓展融资途径,鼓励更多的中高等院校毕业生和留学回国人才投入创新创业中。该《意见》强调要完善人才流动激励机制,实施留学生回国创业启动支持计划,引进国际高层次人才,形成结构合理、素质优良的创新创业队伍。在政策的引领和推动下,政府、高校、企业三方共同发力,协同作用于高校创新创业教育的发展。

4.0时期的鲜明特点是三方协同。主要表现为,一是政策上引导政府、企业、高校三个主体在大学生创新、创业、就业、创业教育、创新创业教育进行协同或者联动。二是开始重视企业对高校创新创业教育方面发挥的重要作用,陆续出台有关政策鼓励校企合作,并倡导有一定经济基础的企业为自主创业的大学生提供资金支持。三是在政策推动下形成"大众创业""万众创新"的新浪潮,为高校创新创业教育提供有力的环境支持。地方性政策也大量涌现,有效地推动创新创业教育的开展。如安徽省人民政府颁布《"创业江淮"行动计划(2015—2017年)》、四川省人民政府颁布《关于深化高等学校创新创业教育改革的实施意见》、山东省人民政府颁布《关于进一步做好新形势下就业创业工作的意见》、合肥市委和市政府联合发布《合肥市进一步扶持高层次人才创新创业实施意见》等,都进一步为本地区创新创业发展提供良好的政策支持和引导。四是政策的颁布内容日趋丰富,措施进一步被落实,扶持力度加大,政府、高校、企业在创新创业教育方面的工作更加具体化、规范化。这一时期,政府部门工作更为细化,高校也进行创新创业教育的深化改革,企业的地位和作用日益受到重视。我国高校创新创业教育政策进入深入推进阶段。但是,这一时期创新创业教育的体系尚不健全,各方的积极性还没有充分被调动,联动合力有待于进一步激发。

五、5.0时期:体系构建(2017年至今)

习近平同志在党的十九大报告中指出:"中国特色社会主义进入新时代。"这是对我国发展新的历史方位的科学判断。中国特色社会主义进入新时代,我国社会主要矛盾发生了变化,这对创新创业教育提出了更高的要求。2018年2月,教育部办公厅印发《2018年教育信息化和网络安全工作要点》,提出要"探索信息技术在众创空间、跨学科学习(STEAM教育)、创客教育等教育教学新模式中的应用,逐步形成创新课程体系",发挥教育信息化对创新创业教育发展的引领作用。同年3月,教育部办公厅颁布《关于做好2018年深化创新创业教育改革示范高校建设工作的通知》,提出坚持强化关键领域、优化资源配置、凸显示范引领,将课程体系和师资队伍作为高等学校创新创业教育的重点改革对象,深入推进创新创业教育与专业教育、思想政治教育、职业道德教育紧密结合,深层次融入人才培养全过程,建设具有中国特色、世界水平的高校创新创业育新体系。该《通知》从课程设置、学分认定、实践指导和教师绩效考核等多方面对改革示范高校做出更为具体的规定。同时,为深入贯彻学习习近平总书记给"青年红色筑梦之旅"大学生重要回信精神,教育部鼓励各示范高校带头组建"青年红色筑梦之旅"大学生团队,深入贫困地区和革命老区开展创业活动,用创新创业成果服务乡村振兴战略、助力精准扶贫,全力打造覆盖全国范围、具有全局影响的大学生思想政治教育"大课堂"。

2019年3月,教育部办公厅在《关于做好深化创新创业教育改革示范高校2019年度建设工作的通知》中提出,打造"五育平台",将创新创业教育融入人才培养的全过程,建设创新创业教育优质线上课程和"专创融合"的特色示范课程,"在更高层次、更深程度、更关键环节上深入推进创新创业教育改革,全力打造创新创业教育升级版",进一步完善创新创业教育体系构建。2019年7月,为深入推进国务院《关于深化高等学校创新创业教育改革的实施意见》,教育部印发《国家级大学生创新创业训练计划管理办法》,提出"用好大学生创新创业教育的'自然科学基金'",全面推进高校创新创业教育深化改革,培养高水平的创新创业人才。2021年10月,国务院办公厅颁布《关于进一步支持大学生创新创业的指导意见》,从"提升大学生创新创业能力""优化大学生创新创业环境""加强大学生创新创业服务平台建设""落实大学生创新创业财税扶持政策和金融支持政策""促进大学生创新创业成果转化""加强大学生创新创业信息服务"等方面入手,进一步加强对大学生创新创业发展的政策扶持力度。在这一阶段,地方性政策大量涌现,不断推动创新创业教育的开展。

5.0时期的鲜明特点是体系构建。主要表现在,一是将构建新时代高校中国特色创新创业教育体系作为目标,推动教育信息化融入创新创业教育领域,更深程度推进创新创业教育体系的构建和完善。二是全面推进高校创新创业教育改革,将创新创业教育与专业教育、思想政治教育、美育、体育以及劳动教育"五育"密切结合,全力拓展高校创新创业教育新途径。在这一阶段,相关的创业政策更加具体和规范,政府部门对高校的创业教育既提出总体要求,又在改革细节上做了更为详细的规定,政策颁布和措施落实也日趋完善,高校开始进行创新创业教育的深化改革。三是政府、高校、企业协同联动更加有效,推动高校创新创业教育体系生态建设更加友好,并随政策发展不断完善和健全。四是集中全力打造创新创业教育优质课程,努力开展高质量的师资培训,着力推动中国特色创新创业教育体系的内涵建设和质量提升。这一时期,高校在政策的引导下进一步完善创新创业人才培养体系建设,政府部门的工作也更为规范和细化,企业为大学生提供的实践平台和创业平台更加多样化和有针对性,并朝着系统化和专业化方向发展。

第二节　三螺旋模型下我国高校创新创业教育政策问题分析

创新创业教育必须在"基础和应用、理论和实践之间交互作用"①。中国特色社会主义进入新时代,对高校创新创业教育提出了更高的要求,三螺旋模型视域下政府、高校和企业必须联动耦合、良性互动,以完善的政策体系促进创新创业教育高质量发展。当前我国高校创新创业教育政策在经历五个阶段的发展和演变后日趋丰富,但仍存在一些问题,主要体现在创新创业教育政策制定完善度不够、创新创业教育政策执行有偏差、创新创业教育政策评估不规范、创新创业教育政策监督有松懈四个方面,在一定程度上影响并制约着高校创新创业教育的发展。

从三螺旋模型角度出发,探求上述问题的化解之策,既要看到高校—政府—企业三方之间环环相扣的紧密联系,又要看到三方具有的相对独立性。特别要强调的是,政府政策对高校的创业教育和企业的创新发展具有鲜明的导向性,影响着高校和企业的发展。因此,在开展创新创业教育过程中,要注重发挥政府的引领作用,借助政策的指导功能,为大学生的创新创业教育提供有利的内外部环境和相对完备的配套措施。

一、创新创业教育政策制定不完善

创新创业教育政策制定具有阶段性、复杂性、整体性和前瞻性等特点。由于不同的发展阶段面临和解决的问题不同,政策制定者需要根据社会实际情况进行相应的规划和调整。一项政策从研究颁布到具体落实,必须综合考量多种因素,既需要考虑政策对现有社会经济的促进作用,又需要把握措施落实后对社会未来整体走向的影响。创新创业教育政策的制定是开展创新创业教育的首要阶段,决定着创新创业教育的发展方向和总体目标。近年来,我国关于大学生创新创业的政策在数量和质量上都不断提高,但大多数政策并未上升到法律层面。政府、高校、企业三方应发挥的作用、履行的义务等方面,政策边界还不够清晰,内容还不够规范和具体,存在一定的

---

①　吉本斯.知识生产的新模式:当代社会科学与研究的动力学[M].陈洪捷,沈文钦,等译.北京:北京大学出版社,2011:17.

偏重和失衡,缺乏长期性规划性的政策。

首先,对大学生创新创业意识和能力的培养重视不够。[①] 目前我国创业政策中对大学生的支持更多地体现为提供"税费减免、融资支持"等方面的优惠,但对其创新能力和创新意识的培育投入力度不够,存在重视短期投入忽视长远发展、重视物质给予忽视精神养成等问题。大学生内在的思维逻辑和创新能力是支撑创业活动有效进行的重要因素,对其思维意识和创新能力培养不够,学生不能从根本上了解创新创业的价值内涵,创新创业活动的原动力就会不足,客观上不利于高校长期高效地开展创新创业教育。

其次,创新创业教育政策制定缺乏内部统一性。经过几十年的探索和发展,我国创新创业教育政策的发布主体由单一以教育部为主发展到现在以国务院办公厅、财政部、劳动和社会保障部、中共中央组织部等多个部门的共同协作。多部门的协同有助于更好地整合资源推进创新创业教育快速发展,但也随之会产生不同部门之间政策文本多样化的现象。各部门依照自身功能定位和工作思路制定相应的创新创业教育政策,难免会产生一定的差异性,影响到创新创业政策的整体性、统一性。尽管部门间多次进行沟通协作,采取多部门联合发文等协作的方式共同发展创新创业教育,但在此过程中,出于部门利益考虑而不是基于创新创业教育本身为出发点的政策很难避免。政策制定的主导部门和统筹管理明晰度不够,总体性规划缺乏,内部沟通机制不健全,容易导致政策出现重叠交叉、内容不一乃至政策失效等问题,影响创新创业教育的具体落实。

二、创新创业教育政策执行有偏差

近年来,国家和社会对创新创业教育愈加重视,宏观层面上制定创新创业发展规划,发布多种不同类型、不同层级的政策文本;微观层面上开展大量的课程设置、专题培训、经验交流会议、建立创新创业教育基地等,取得较好的成效。宏观层面的政策制定之后,具体的政策执行仍然有偏差,如创新创业教育课程设置分散、体系单一、缺乏系统规划等,以及创新创业专题培训常态化不够、创新创业经验交流形式主义、创新创业教育基地建设务虚不务实等问题。

以创新创业教育课程建设为例。目前,我国高校设立的创新创业教育

---

① 廖中举,黄超,程华.基于共词分析法的中国大学生创业政策研究[J].教育发展研究,2017,37(1):79-84.

课程仍主要以传统的大班授课、教师讲授和理论学习为主,担任创新创业教育课程的教师大部分缺乏直接参与创新创业的经验,独立的创新创业课程体系尚未形成,组建创新创业教育学学科任重道远,激发和锻炼学生的创新意识和创新能力还显得比较薄弱。对比之下,美国高校的创新创业教育课程在经历几十年的演进后,已经建立相对系统的体系,课程内容主要涵盖创业能力、创业心理、创业意识和创业知识学习等方面,同时兼顾学生的身心发展情况,根据研究生和本科生的不同特点分别开设具体课程,针对学生群体差异性进行个性化培养,这些都值得借鉴。

创新创业教育师资力量的数量匮乏、质量不高,制约着高校创新创业教育的总体质量。目前,我国高校创新创业教师分为专职教师和兼职教师两大类。专职教师是从事高校创新创业教育工作的核心力量,兼职教师是从事高校创新创业教育工作的主要力量,主要由学生辅导员或从事思想政治教育工作的教师兼任。现阶段,我国高校创新创业教育的专职教师数量远不能满足课程建设发展的需要,相关课程的教师大多数来自从事管理学、经济学或思想政治教育等专业教学研究的教师队伍。他们具有相关学科的理论功底,但大部分缺乏直接参与创新创业的实践经历。调查数据显示,我国高校创新创业课程中,专职教师的比例仅占 10.8%,辅导员和行政人员的比例占 66.3%;在创业教师的队伍中,有副教授和教授职称的占 21.6%,讲师占 52.0%,助教以及未聘职称的教师占 26.3%。[①] 兼职教师数量多、比例大,成为高校创新创业教育的主要力量,在一定程度上影响着高校创新创业教育的开展效果。

大学生创新创业教育需要有实践基地作为支撑,将理论知识进一步转化为实践,完成知识成果的转换。第一,随着国家对大学生创新创业教育越来越重视,在各类各级政策的鼓励和支持下,绝大部分高校都创建了大学生创业园、科技园、产业园等创新创业实践基地,但还存在着如创业园目标地位不明确、相关配套措施不健全、缺乏科学管理机制、资金来源单一且利用率低等问题。第二,相比较具体主管高校创新创业教育政策制定的教育部而言,国务院办公厅或者其部委制定有关政策较为宏观,受众范围面向全国各类群体,高校创新创业教育只是其中的组成部分。政府仅从政策层面鼓励企业与高校进行合作,并未制定具体措施,导致政策落地性较差,实施效

---

① 陈学军,周益发,邓卫权.高校创新创业教师队伍建设现状及建设体系建构[J].职教论坛,2017(11):29-35.

果不理想。第三,校企之间沟通机制不完善、高校创新创业教育人才培养与企业实际需要不匹配因素等影响着高校创新创业教育发展的进程。虽然高校拥有丰富的科技成果和大量的高素质人才,但把知识能力转化为经济效益的有效途径还需拓展,现有阶段科技成果输出没有得到有效衔接。企业在发展过程中,在资金支持、市场敏锐度上有优势,但也存在着高素质的人才缺乏问题。政府可在制定政策时发挥导向作用,通过对创新创业教育进行宏观调控,统筹高校和企业的力量,扬长避短、发挥积极性,为创新创业教育发展搭建良好的内外部环境和充实的实践平台。

三、创新创业教育政策评估不规范

政策评估是指评估主体依据一定的评价标准,通过相关的评估程序,考察公共政策过程的各个阶段、各个环节,对政策产出和政策影响进行检测和评价,以判断政策结果实现政策目标程度的活动。建立科学系统的评估体系,对政策实施过程进行动态把握,掌握执行情况并进行客观分析,进行及时必要的调整,是政策得以有效执行的重要保障,有助于更好地达到政策实施目标。

当前,对创新创业教育政策实施效果的评估,尚没有建立起科学客观的评估体系,特别是在评估主体选择、评估标准确定、评估方法使用等方面还不够明确,政府、高校、企业三者之间未能形成统一性意见。科学评估体系的缺位,使得政策在推行过程中出现的问题无法及时明晰,反馈渠道的缺失使得问题不能得到妥善解决,影响高校创新创业教育发展目标的实现。因此,必须建立配套的科学评估体系,以方便进行动态监测,及时调整培养方案,推进高校创新创业教育的发展和落实。

国务院办公厅在2009年发布的《关于加强普通高校毕业生就业工作的通知》中提到,要加强高等学校的创业指导工作,提供政策咨询、项目开发、创业培训、创业孵化、小额贷款、开业指导、跟踪辅导的"一条龙"服务,各种项目的开展和落实需要有配套的评估体系,以提供科学的数据支持。研究认为,创新创业教育评估体系应具备系统性、动态性和综合性的特点,以便能够对创新创业政策的执行过程和实施效果展开实时监督,及时掌握落实的具体情况。在政策执行层面,科学地评价政策落实合理部分,继续督促执行部门贯彻落实,对不合理的部分及时进行规划和调整。在高校管理层面,及时评估政策实施效果,对于表现突出或进展缓慢的高校采取相应的奖惩措施,促进创新创业教育在高校全面推行。高校在大学生创新创业的培训和辅导上扮演着至关重要的角色,评估体系的缺失使高校的教学方向、教学目标、教学质量、教学内容等缺少量化考核,难以达到预期的教育效果。在企业行为层面,对政府制定创新创业教育政策影响力的评估、对高校开展创新创业教育实际效果的评估、对自身在开展创新创业教育中角色和效用的评估,要以经济效益和社会影响为导向建立评估体系,使之最大化地呈现效果。

四、创新创业教育政策监督有失位

一方面,政府出台的高校创新创业教育政策多以"通知"和"意见"的形式颁布,上升到立法层面的规定、决定等规范性要求还比较少,硬性的指标要求不够,各级部门、各个地方在具体落实上拥有较大的灵活处置权,他们会依据本部门、本地方的情况进行选择性执行、不执行或调整后执行,一定程度上会偏离政策制定者的初衷,政策的实施效果难以得到有效保证。另一方面,部分创新创业政策的推进落实需要多个部门、多个地方的沟通配合,但因部门之间权责范围不一致、地方之间工作重心有差异、强有力的监督制约机制缺乏等因素影响,使得政策在具体执行的过程中,政府部门之间、地方政府之间容易产生相互观望或彼此推诿现象,落实政策不到位,影响到正常工作的开展。科学合理的监督机制能够对政策的开展和落实情况进行理性分析,实时监控执行情况和开展程度,以及时发现并匡正政策在实施过程中出现的问题,有效推动各项措施的推行。监督机制的建立和完善不仅能够促进政策措施的落地,更有利于培养和提高大学生创新创业能力,提升就业率和就业质量。我国高校创新创业教育起步较晚,政府部门在具体推行过程中更多注重创新创业教育政策的内容制定和推行,对相应的配套监督机制未予以足够重视。监督机制的失位使得政策在推进过程中缺乏相应监管,工作效率和实施效果难以得到有效保证。

我国高校创新创业教育政策涉及不同的发布主体,多元化的制定主体一方面可以丰富高校创新创业的内容,为大学生创业提供多种优惠支持,另一方面强有力监督机制的失位,容易造成各部门在实际运作期间出现"互踢皮球"的现象,办事效率低下。系统的监督体系和明确的硬性指标的缺失,使政策在上传下达间走了不少弯路,往往产生事倍功半的效果。创新创业教育政策监督机制的不到位,易导致各级执行部门在政策执行过程中产生动力不足的现象,甚至出现侥幸心理,产生消极应对、做"表面文章"等问题。政策推行缓慢,具体措施难以进行落实,既不利于完善高校创新创业教育体系,又不利于推进我国创新创业教育的发展。

第三节 基于三螺旋模型优化高校创新创业教育政策的建议

教育行动研究与三螺旋模型有着共同的原则,即"通过寻求不同利益主体之间的合作、沟通、共同创造、平等、自愿和共识等促进产生新变化"。创新创业教育政策是一个系统性、科学性、规范性的完整体系,应该兼顾制定机制、执行力度以及后续的监督评估机制等各个方面,以促使政策在具体落实过程中各部门统一运作,共同发挥作用。在政府—高校—企业三螺旋模型中,政府制定的政策对高校的创新创业教育和企业的创新发展具有指导作用,影响高校和企业的长远发展;高校和企业是创新创业教育理论与实践的主体,其行为反过来又会对政府政策产生影响。

新时代背景下,面对高校创新创业教育存在的实际问题,找到科学可用的化解之策直接关系到创新创业教育的成败。研究认为,在完善创新创业教育政策的生成机制、提高创新创业教育政策执行力、建立创新创业教育政策评估体系、健全创新创业教育政策监督机制四个主要方面,政府、高校、企业三者之间要形成有效协同,下先手棋、出组合拳、打主动仗。

一、完善创新创业教育政策的制定机制

政策的颁布和实施为培养创新创业型人才提供宏观导向,同时也影响政府—高校—企业三方联结度的强弱。"全球创业观察"的研究结果表明,政府政策、财务支持是与创业相关度较高的九个架构中最为关键的因素。[①] 政府作为政策的制定者,需要不断完善创新创业政策制定机制,打破三方组织边界,加快推动建立政府—高校—企业互惠共赢的创新创业教育协同育人机制。

(一)完善高校创新创业教育的政策措施

创新创业教育发展的过程中,向创业者提供相应的资金支持、税收优惠、信息咨询、教育培训等政策服务是常态化的政策支持,相比较而言,权威性的法律文件更能够对高校学生的创新创业活动进行强有力的约束和

---

① 徐小洲,李志永.我国高校创业教育的制度与政策选择[J].教育发展研究,2010,30(11):12-18.

规范。

当前,在法律层面上,我国还没有针对大学生创新创业的法律文件,现有的就业法律主要是《中华人民共和国就业促进法》,但是这部法律中没有直接涉及高校学生创新创业问题的部分,相关表述比较抽象和概括,缺少具体化、细节化的规定。因此要进一步加强立法保障,将科学系统的政策体系上升到法律高度,对必要内容进行硬性规定,促使政府部门依法制定创新创业政策、高校依法加强创新创业教育、企业依法开展创新创业行为;在创业资金层面上,继续为大学生创新创业提供专项资金支持和税收减免政策,降低银行贷款门槛,减轻大学生创业的资金负担;在创业信息咨询层面上,通过颁布政策建立全国范围内的创业信息发布和服务平台,通过对创业信息的收集、整合、筛选和处理,实行全国范围内创新创业信息资源共享,使有志于创新创业的人能在第一时间掌握科学的创业信息;在教育培训层面上,继续健全高校创新创业教育体系建设,重点培养学生创新意识和创新能力,鼓励企业积极开展校企合作,为高校学生的创新创业实践搭建广泛平台;在舆论宣传层面上,政府要加强政策的舆论导向作用,引导学生树立正确的创新创业观,形成有利于大学生创业的舆论环境。从多个层面着手思考,丰富完善创新创业教育政策内容,积极组织大学生参加创新创业教育培训活动,增强创新创业意识,全面建设有利于大学生创新创业的社会环境。

(二)加强部门协作、确立"双创"统管部门

高校创新创业教育政策是一个系统性的政策体系,从制定到落实涉及多部门的工作,覆盖范围较广。因此,政府要在现有创新创业政策体系的基础上,优化完善政策措施,强化顶层设计,结合具体国情,制定出适合我国高校创新创业教育发展的政策体系,统筹处理各部门之间的关系。一方面,政策颁布主体的多样化决定了创新创业教育发展的多元化;另一方面,政策制定主导部门的不明确导致在具体实施过程中出现目标不一致、任务交叉、分工不明晰等问题。因此,要确立统管创新创业教育的主导部门,由主导部门统筹顶层设计,进行政策的整体制定和部署规划,避免短视行为,明确各部门的地位和应发挥的作用,加强政策制定的整体性和内部统一性。在统一的政策部署和安排下,其他相关部门依照自身的管辖领域和相应职责进行任务的落实。在此过程中,部门间要加强沟通交流,对于管理领域不明晰、任务易出现重叠的政策内容,主导部门要做好协调引领工作,理顺各部门的关系和职能,保证分工明确、各司其职,协同部门要按照政策内容做好工作配合,共同促进创新创业教育高效有序地开展。

(三)促进政府、高校和企业交流与合作

政府、高校、企业是创新创业教育三螺旋模型的主体,建立有效的三方联动机制是进行创新创业教育的基础和关键,只有实现螺旋主体间的联动耦合,才能实现创新创业教育的螺旋式上升。上文分析中提到,政府、高校、企业三方互为主体,有各自的发展目标,因此在运转过程中,难免会出现各自为营、壁垒加强的现象。政府政策的颁布和落实能够影响到高校的办学目标和企业的发展方式,因此可借助于政策导向作用打破三者之间的壁垒隔阂,整合各方优势资源,实现相互促进、相互融合、共同发展,形成螺旋主体之间的共赢局面。"政产学研"的互动融合和深化发展,离不开三方的共同作用,若缺乏统一导向和总体目标,很难实现三者之间的交流融合和互惠共赢。高校作为衔接理论和实践的"中转站",应积极主动寻求与政府和企业进行合作,借助政策支持体系和企业实践平台来推动高校创新创业教育的新发展。企业作为市场细胞,加强与高校和政府的合作是提高其竞争力的重要方式。在创新创业教育发展的过程中,政府可以通过出台政策和相关措施发挥高校和企业的优势,整合多方资源,统一三方在创新领域的价值目标,实现"政产学研"的结合。

二、提高创新创业教育政策执行力

三螺旋模型认为,"创业型大学"作为三螺旋模型的助推器,是未来高校发展的新方向。高校创新创业教育的出发点和落脚点在于促进人的全面发展,[①]大学生创新创业生态系统应涵盖"科学的课程架构、专业性强的师资队伍,以及政府、企业与高校建立的互动机制等内容"[②]。高校和企业作为创新创业教育政策执行的关键主体,应进一步贯彻落实相应的政策措施。

(一)高校完善创新创业教育体系和教学模式

在课程建设方面,高校要将创新创业教育与专业教育、思想政治教育等传统课程设置进行科学合理的划分和调配,提升学生创新创业意识;在课程内容方面,要注意理论知识和实践能力的掌握,开设培养学生创新创业意识教育和能力教育相结合的课程;在授课过程方面,讲解系统专业的创新创业

---

① 吕晨飞.创新创业教育三大断层与教育闭环的构建研究[J].中国青年研究,2016(2):108-114.
② 蔡莉,彭秀青,Nambisan,等.创业生态系统研究回顾与展望[J].吉林大学社会科学学报,2016,56(1):5-16.

知识,培养学生的创新思维、创新精神和创新意识,逐步促使创新精神内化为学生的思想意识,进而塑造学生的个性品质;在教学方式方面,除进行专门的创新创业教育课程培训外,可结合学校具体情况,邀请校外专家或企业家为学生举办系列专题讲座和技能培训,通过指导学生撰写创业计划书、参加创新创业比赛、组织学生模拟创业等方式,培育学生的创新思维,锻炼创新创业实践能力;在教学方法方面,教师可适当增加互动式教学、案例式教学和体验式教学的比重,与学生进行互动交流,调动学生积极性,避免传统的"教师教、学生听"的授课方式,根据学生的性格特点和跟进程度进行个性化教学;在实践能力培养方面,通过搭建创业平台促使学生接触创业实践练习,如与企业开展合作共同完成项目、参加创新创业大赛等,通过将理论运用于实际帮助学生提高创业实践能力。

同时,高校要完善创新创业的孵化条件,给予创业学生充分的支持和鼓励,帮助其项目成功孵化。高校可积极寻求与政府或企业合作,整合校内外优势资源,为学生提供硬件支持和技术指导,降低创业投入成本,为创业学生提供支持。此外,高校应实时关注学生创业项目的发展进程,定期反馈,以及时了解项目的开展情况。

(二)高校加强创新创业教育的师资队伍建设

教师是高校开展创新创业教育的重要支撑因素,师资水平的高低直接影响创新创业教育的教学效果。鉴于当前高校创新创业教师的发展现状,为更好地发展创新创业教育,向社会输送优秀创业人才,高校必须重视并加强创新创业教育的师资队伍建设。

政府部门在制定政策时,应细化高校创新创业教育教师的队伍建设目标要求,对其专业水平、专业能力以及人员分配进行规划和设定,保证教育者的专业性和科学性。高校创新创业教育的师资来源应主要依托于创业管理方向,培养创业专业化的高级人才。一方面,学校可结合自身具体情况开展培训工作,组织专、兼职教师参加创新创业教育的培训和学习,提高师资水平和业务能力。另一方面,西方国家开展创新创业教育的时间较长、教学经验比较丰富,我国高校可以选择性地借鉴和学习。政府部门可鼓励有条件的高校与国外高校进行校与校之间的合作,组织国内教师到拥有优秀创业教育经验的学校进行交流,培养教师的国际格局和国际视野,也可组织学生开展交流活动,拓展学生的理论知识,提升创新创业的实践能力。

(三)推进企业构建校企合作共赢的协同机制

企业为加快推动大学生科技成果的转化提供了广阔的实践平台。目前在创新创业教育政策的具体落实方面,较少涉及如何引导高校与企业展开合作。因此,在政策执行方面,应注重引导企业加强与高校的合作,积极构建校企协同机制,鼓励企业为创新创业教育提供实践平台和资金支持。企业要充分认识到与高校合作是一个互惠共赢的过程,对自身发展和人才筹备有着长远的战略意义,这是校企合作的前提和基础。在协同机制的构建上,一是通过政策扶持鼓励企业与高校开展长期合作,为大学生的创业教育提供实习场地,使学生能在实战中了解创业信息、创业内容,提高创业能力。而高校等科研场所为企业发展提供了智力支持,其向企业供给的高素质人才,既为企业注入新鲜活力,帮助企业建立潜在的人才储备库,又能够节约企业外聘人员的资金费用。二是高校可与企业签订协议,聘请企业内部的相关专家、优秀员工等兼任高校的创新创业教师,或组织企业专家举办系列创业讲座,以企业的工作实例培养学生的创新精神和创业意识。三是鼓励有条件的企业设立创新创业孵化基金或项目基地,对于创新创业表现出色的学生提供项目资金和基地支持。[①] 如2017年,广州立白集团举办"立淘one杯"创业大赛,为优秀的创业队伍提供了总计135万元的项目基金,并允许获奖队伍入驻立白集团总部进行项目孵化。对于企业而言,若不存在员工紧缺的情况,一般企业并不愿意为高校的创新创业教育提供实践平台。因此,需要政府出台政策引导双方开展合作,对于积极配合的企业给予一定的政策或物质激励。企业为高校的创业教育提供广泛实践平台,是高校创新创业教育的重要一环,政府在制定相关政策时要注重对企业的鼓励和引导。

三、有效进行创新创业教育政策的评估

政策评估是对政策实施的整个过程进行评估,包括政策制定阶段、政策实施阶段、政策实施效果等过程的评估。通过采用科学的评估体系,对实施效果进行客观评判,判断政策结果与政策目标之间的关联程度。科学合理的评估体系是检验创新创业教育政策落实情况的重要手段,通过评估体系的反馈信息,适时调整政策制定、执行、监督等环节,保证各项举措达到既定目标,为创新创业教育的顺利开展提供科学有力的体系保障和数据支持。

---

① 刘春湘,刘佳俊.创新创业教育政策演进与实施路径[J].大学教育科学,2017(4):94-100.

(一)建立创新创业教育政策评估专家库

政策评估体系的建立应包含评估对象、评估指标、评估流程、评估方法、评估结果分析等多种因素,需要相关领域的专家学者在反复研究的基础上进行专业性评估,以保证评估结果的科学有效。一方面,政府部门要加强评估体系的建设工作,从高校、科学研究院、政府部门或社会各界等其他机构中组织遴选出一批具有丰富理论基础和工作经验的专家学者,根据不同的评估需求划分相应的专家小组,建立创新创业教育政策评估的专家人才库,为我国高校创新创业教育的开展提供科学的评估体系支撑。根据结果的反馈情况对政策内容进行及时调整,全面推进创新创业教育的开展和落实。另一方面,在建立政策评估专家库的基础上,各地区可依据各自的发展特点和利益需求建立专家评估小组,在全国专家库的统一带领下,充分发挥地方特色,由专家评估小组定期审核、评估,及时向上级反馈发展情况。

(二)确定创新创业教育评估内容

一是对学生创新创业教育的评估。对高校创新创业教育的课程安排、培训讲座、创业比赛情况、科研转化成果、学生实践能力和创新能力等方面进行综合考量。通过数据的统计整合进行量化研究,根据实际情况动态调整创新创业教育体系,同时加强对学生创业教育薄弱环节的培训和学习。二是对教师专业化队伍建设的评估。针对教师的科研成果、专业能力、师资素质、教学业绩、学生满意度等方面进行考察,动态监督教师的专业水平和能力业绩,适时调整教师培养方案,建立反馈机制,保证创新创业教育的师资水平。确定科学有效的评估内容是推动高校开展创新创业教育的重要环节,调节和控制着创新创业教育的发展。

(三)加强创新创业教育政策评估宣传

保障政策评估的有效性,既需要政府部门主导工作,又需要社会各界尤其是利益相关者的广泛参与。从政府文件、报纸杂志、各类媒体、线上宣传平台等对创新创业教育政策进行宣传,促进社会大众对创新创业教育逐渐形成系统性认识,加快高校创新创业教育工作的执行与落实。我国高校开展创新创业教育起步较晚,发展历程较短,因此政府部门要加大创新创业教育政策的宣传力度,营造良好的社会氛围,使政府相关部门、高校和社会大众全面领会创新创业教育的内涵、发展重点和时代意义,了解政策颁布的具体内容,了解创新创业教育政策评估的指标体系和考核标准,为政策评估体系的建立和完善不断注入强有力的社会力量。

四、健全创新创业教育政策监督机制

强有力的监督制约机制的缺失,容易导致政策在执行过程中出现内容与执行不匹配,偏离预期政策目标的问题。高校创新创业教育政策的制定和执行涉及多个主体部门,覆盖范围较广,为确保开展效果,必须健全创新创业教育政策的监督制约机制,鼓励并引导各部门间积极合作,加快创新创业政策的落实。在创新创业教育过程中促使政策制定者和执行者不断自省、查漏补缺,以期能够达到预期的实施效果。从政策角度建立健全监督机制,是保证创新创业教育有效开展的重要环节。

(一)确立创新创业教育政策的监督部门

各项措施落实需要有对应的政府部门实时监测,建立政策监督机制,将相关责任落实到具体部门,监控跟踪政策落实的效果和进度。通过建立监督机制,实时关注各地创新创业教育的开展和落实情况,监督各部门的工作进程和现状,督促下级执行部门根据政策要求,积极展开高校创新创业教育工作,按时推进各项工作有序开展,推动创新创业教育的快速发展。

(二)完善创新创业教育政策的监督系统

高校创新创业教育政策不仅要接受政府部门的监督考察,还应接受社会大众的广泛监督。构建互联网监督平台,鼓励高校师生、企业职工、地方媒体、社会大众等参与其中,形成科学高效的网络监督体系,及时收集、汇总、分析不同群体对开展高校创新创业教育的意见建议,回应合理关切,有助于构建完善的创新创业教育政策体系。

(三)制定科学合理的政策监督考核标准

科学合理的政策监督考核标准,能够优化和加强监督体系所发挥的作用。政策监督部门可根据创新创业教育的总体目标和任务要求,制定不同层面的考核指标,并出台配套的监管执行办法,对各级政府的政策落实情况、高校创新创业教育的开展进度以及企业的校企合作成果进行监察和考核,定期检查、整理并上报有关部门,及时掌握创新创业教育在各地的落实情况,将监督工作进一步系统化、专业化,形成动态监督的管理机制。

(四)建立配套的政策实施奖励惩戒机制

通过政策实施评估,对落实创新创业教育政策力度强、成果显著的政府部门、高校或企业进行奖励,对不符合标准、创业教育进展缓慢、消极怠工等影响工作进程的政府部门、高校或企业给予相应的惩戒。建立相应的奖惩措施,对创新创业教育政策实施进行质量监督和绩效考核,能在很大程度上规范政府、高校、企业的行为,有助于深化高校创新创业教育教学改革,加强大学生创新创业能力训练,造就创新创业生力军,培养适应创新型国家建设需要的高水平创新创业人才。

第五章　三螺旋模型下我国大学生创新创业政策实施效果评价

伴随科技进步、知识经济兴起和全球化进程的加快,创新在经济社会发展中扮演了前所未有的重要角色。增强创新能力,有利于我国在新一轮全球科技竞争中获得战略主动地位,抢占科技创新高地,提升国家综合创新实力。随着高校毕业人数增多,就业市场日趋饱和、用人结构逐步失衡,就业矛盾日益突出,大学生面临严峻的就业困境。以创业带动就业,培养创新型人才,落实创新驱动发展战略,实现创新驱动发展,在增加就业岗位、促进毕业生就业和社会和谐的同时,也有助于提升民族创新能力和水平。

党的十九大报告提出:"创新是引领发展的第一动力,是建设现代化经济体系的战略支撑。"政府通过制定一系列政策和建立健全规章制度构建创新创业体系,深化产教融合,促进教育链、人才链与产业链、创新链有机衔接,吹响了加快建设创新型国家的号角。在国家层面,《关于强化实施创新驱动发展战略进一步推进大众创业万众创新深入发展的意见》(2017)和《国务院关于推动创新创业高质量发展打造"双创"升级版的意见》(2018)均指出,推进"大众创业、万众创新"是深入实施创新驱动发展战略的重要支撑,是深入推进供给侧结构性改革的重要途径。在省域层面,《河南省人民政府关于大力推进大众创业万众创新的实施意见》(2016)提到,努力在全省掀起"大众创业、万众创新"热潮,让创新引领发展、以创业带动就业,拉开了河南省创新创业的序幕。《河南省人民政府关于强化实施创新驱动发展战略进一步推进大众创业万众创新深入发展的实施意见》(2018)提出,从加速科技成果转移转化、拓展创新创业融资渠道、促进实体经济转型发展、完善人才流动激励机制、创新政府管理方式等六个方面进一步推进大众创业万众创新深入发展,从政策层面保障了河南省创新创业进程。"人才是创新的根基""创新驱动实质上是人才驱动",大学生作为科技创新的中坚力量和创新人才的核心部分,理应肩负起创新创业主力军和先锋队的历史重任。为此,教育部印发的《国家级大学生创新创业训练计划管理办法》(2019)提出,要全面推进高校创新创业教育深化改革,培养高水平创新创业人才。教育部印发的《关于深化教育教学改革,全面提高人才培养质量的意见》(2019)指出,要深化创新创业教育改革。随着一系列大学生创新创业政策的出台,创新创业理念逐步深入社会、企业和高校,大学生创新创业群体愈发壮大,但目前我国大学生创新创业政策实施效果并不理想。就大学生创新创业现状和现有政策研究来看,在政策制定方面,因创新创业服务政策尚不完善,创新创业政策缺乏法理依据,尚未建立起规范、统一的大学生创新创业政策体系;在政策执行方面,存在宣传力度不够,教育体系不健全、实践环境不宽松、文化氛围不浓厚等问题,导致政策难以真正落地,无法为大学生自主创新创业活动提供足够的支持。本章以在校大学生为对象,基于三螺旋模型对大学生创新创业政策的实施效果、存在的问题及优化路径等开展调研。

  在创新创业领域,政府、企业和高校三个主体趋同及交叉现象愈发明显,三者正日益形成资源共享、合作共赢、风险共担的创新网络。① 三螺旋模型通常指政府、企业和高校间形成的相互扶持的互动关系。在三螺旋模型中,三个创新主体相互作用,彼此重叠、交叉,能有效推进学科和领域间合作,带动高等教育与科技、经济、文化相结合,提升社会创新能力。培养创新创业人才,能使政府、企业和高校三方拧成一股绳,将各自优势发挥到最大,螺旋推动创新创业的发展,②推进、保障创新创业政策的实施。区别于传统的模式,三螺旋模型提倡政府、企业和高校之间呈现出一种非线性的创新范式。在这种创新范式下,政府、企业以及高校根据自身所处创新环境和创新阶段的不同,及时调整并开放组织边界,以实现创新水平的突破性发展。三螺旋模型中的政府、企业、高校三个主体在调整自身功能以及延伸自身组织边界的过程中,相互渗透,最终形成一个新的螺旋式功能耦合系统。

  埃茨科维兹和雷德斯多夫提出的"一体三翼三空间"的三螺旋模型,还可以细分为:以宏观政策为主轴的政府引领模式,以市场供需为主轴的企业引领模式,以新知识为主轴的高校推动模式。就目前而言,我国政府通过出台相应措施以鼓励、保障创新创业活动,促进企业、高校之间的交流合作,并借由政策制定和制度的建立健全,保障高校和企业的合作获得合法性,所以现阶段我国三螺旋创新模式侧重于以宏观政策为主轴的政府引领模式。政

---

① 李宇,张雁鸣.网络资源、创业导向与在孵企业绩效研究:基于大连国家级创业孵化基地的实证分析[J].中国软科学,2012(8):98-110.
② 周倩,鞠法胜,庞振超.三螺旋模型理论发展和大学创新创业教育应用的适切性[J].教育与教学研究,2019,33(11):69-84.

府的政策取向一定程度上会影响甚至决定创新创业活动开展的质量和效果。在知识经济时代,高校逐渐从"象牙塔"转向经济社会发展的"轴心地位"。高校无论是在经济发展、科技进步还是创新创业中都扮演着愈来愈重要的角色。因此,基于三螺旋的创新创业教育模式是以高校为主轴的推动模式(见图5-1),尽管高校的创新创业教育、创新型人才培养也愈加需要政府和企业参与其间。创新创业教育作为高校人才培养模式的新探索,需要政府、企业和高校三方联动、打好组合拳。① 因而基于政府、企业和高校良性互动的三螺旋模型,探究我国大学生创新创业政策实施效果就显得尤为必要。

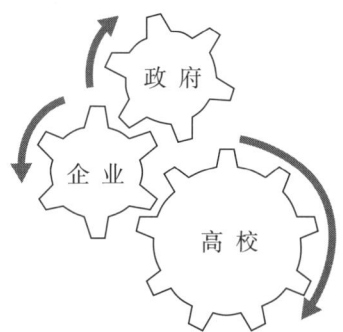

图5-1 以高校为驱动的创新创业教育模式

第一节 基于三螺旋模型的创新创业教育生态系统理论

我国的创业教育源于1989年11月27日到12月2日联合国教科文组织在北京召开的关于21世纪教育国际研讨会。② 会议的专题报告提到,企业教育理念强调教育必须培养学生发展事业的精神和能力。后来,企业教育被翻译为创业教育,这是第一次提出"创业教育"的概念。随后几年,关于创业教育的理论研究很少,在高校里开展创业教育的实践探索也不多,更不用说创新教育了。近年来,我国创新创业教育快速起步并取得一定成绩,然

---

① 周倩,鞠法胜.创新创业教育需要协同联动[N].河南日报,2020-04-08(7).
② 国家教委国家教育发展研究中心,中国教科文组织全委会秘书处.未来教育面临的困惑与挑战,面向21世纪教育国际研讨会论文集[M].北京:人民教育出版社,1991:5.

而,创新创业教育并没有呈现出体系化特征,并未形成完善的创新创业生态系统。① 通过对美国创新创业教育模式的分析可以看出,美国创新创业教育系统已趋于完善,呈现出可持续的发展态势。创新创业教育生态系统最早就是由美国学者提出,国内学者经过对国外理论的深入理解和研究之后,2015年张倩、邬丽群等人较早提出了适合我国国情的创新创业教育生态系统理论。

一、理论产生背景

麻省理工学院创业生态系统最早由凯瑟琳·邓恩(Katharine Dunn)在2005年发表的《创业生态系统》(The Entrepreneurship Ecosystem)中提出。邓恩认为,MIT的创业教育和培训,形成了数十个项目组织和中心,一同在校园内培育创新创业精神的"创业生态系统"。埃茨科维兹也提到,MIT模式是将基础研究与教学、产业结合在一起,它取代了哈佛模式,已成为学术界的新榜样。MIT创业教育的职能是,支持创业方面的学术课程,开展外部拓展活动以及支持教师开展创业方面的研究。MIT创业教育生态系统的成功取决于以下六点:精准的大学定位;全方位课程设置;专业化师资队伍;完善的组织保障;多维支撑平台;浓郁的创业氛围。

二、国内学者的理论研究

1. 创新创业教育生态系统内涵与特征研究

将生态思维引入创新创业教育研究是近年来新视点。学者们对创新创业教育生态的内涵、特征、运行机制等方面进行了较多探索。陈少雄认为,创业教育生态系统是在一定时间和空间范围内,开展创业教育的主体(高校)与周围的生态环境因子(政府、企业、社会、家庭等)之间由于不断进行物质循环、信息传递和资源互补而形成的统一整体。② 徐小洲提出,创新创业型人才是创业教育生态系统中的核心物种,学校、家庭、政府、企业、其他社会机构等群落占据相应的生态位。③ 徐志怀提出创新创业教育生态系统就

---

① 郑刚,郭艳婷.世界一流大学如何打造创业教育生态系统:斯坦福大学的经验与启示[J].比较教育研究,2014,36(9):25-31.

② 陈少雄.大学创业教育生态系统培育策略研究:基于广东省高校的调查分析[J].教育发展研究,2014,34(11):64-69.

③ 徐小洲,王旭燕.GALCHS视野下的创业教育生态发展观[J].华东师范大学学报(教育科学版),2016,34(2):16-21.

是要构建支持学生创新创业的软硬件环境,发挥高校的主体主导功能,以培养创新型人才为目标的一体化教育。① 陈静认为创业教育生态具有开放性、非线性、实践性等特征。② 刘海滨认为,高校创业教育生态系统是以培养创新创业人才为目标,由高校、政府、企业等多元主体,以及项目、资源、政策等多要素构成的育人系统,具有开放性、复杂性和动态平衡性等特征。③

2. 创新创业教育生态系统的要素与理论构建

张倩、邬丽群认为,高校创新创业教育生态系统包括八个方面的内容:更新先进创业理念、明确创业教育原则、提高创新创业技能、优化培养运行模式、丰富课程体系结构、完善实践教学体系、创新本科生导师制、提升生态系统服务。④ 王长恒认为创新创业教育研究应与各方面的支持进行系统整合,构建一个全方位的立体创新创业教育生态培育体系。⑤ 马小辉提出创业教育生态转型受内部创业教育顶层设计、组织体系等生态因子,以及外部政策资金扶持体系和保障体系等生态因子的相互作用、协同发展。⑥ 田贤鹏提出基于教育生态理论视域下,创新创业教育共同体的构建策略,从政府、企业等多元主体的内在生态关系改善着手,从而实现创新创业教育的生态式推进。⑦ 林航、邓安兵提出了我国创业教育生态系统引入的可行思路,并指出生态系统引入我国高校可能诱发的风险。⑧ 陈静从微观、中观、宏观三个层次入手,对高校创业教育生态系统在操作实践、组织管理、战略调控等不同功能层次的结构要素逐个进行分析。⑨ 黄兆信、王志强对高校创业教育生

---

① 徐志怀.高校构建大学生创新创业教育生态模式的机理及运行方式[J].教育评论,2016(6):83-86.

②⑨ 陈静.构建高校创业教育生态系统的若干思考[J].思想理论教育,2017(6):87-92.

③ 刘海滨.高校创业教育生态系统构建策略研究[J].中国高教研究,2018(2):12-17.

④ 张倩,邬丽群.基于协同培养的高校创新创业教育生态系统的构建[J].民族高等教育研究,2015,3(4):30-35.

⑤ 王长恒.高校创新创业教育生态培育体系构建研究[J].继续教育研究,2012(2):124-126.

⑥ 马小辉.创业型大学的创业教育目标、特性及实践路径[J].中国高教研究,2013(7):96-100.

⑦ 田贤鹏.教育生态理论视域下创新创业教育共同体构建[J].教育发展研究,2016,36(7):66-72.

⑧ 林航,邓安兵.中国高校创业教育生态系统引入及风险分析[J].创新与创业教育,2016,7(4):4-9.

态系统中的"关键主体、支持群体、关键要素"进行了说明。① 杨晓慧对我国的创业教育的独特路径、文化和境遇及创业教育生态系统建设方面存在的特殊问题进行阐释,提出要切实体现中国特色,着力构建中国特色创业教育生态系统建设的理论体系。②

3. 对国外创新创业教育生态系统的研究

近年来,学者们对国外高校创新创业教育生态系统的成功经验进行了较为深入的研究。尤其是 MIT 等一批美国高校在创新创业教育生态系统建设方面成效显著,所以对这些学校的研究较多。张昊民、张艳、马君探讨了MIT 的"创业教育生态系统",重点从高校定位、课程体系、师资队伍、校内组织、社会支撑及文化氛围方面归纳了其创业教育成功的要素。③ 何郁冰、周子琰以斯坦福大学、慕尼黑工业大学、南洋理工大学为例进行案例研究,试图揭示创业教育生态系统的内部运行机制。④ 许涛、严骊从创新创业教育学位和课程等六个方面,论述了麻省理工学院创新创业教育生态系统模型及其六个构成要素:创新创业教育学位与课程、创新创业教育组织与管理、学生创新创业俱乐部、全球化创新创业教育、创新创业竞赛和奖项、创新创业法律服务。⑤ 范琳对英国高校创业教育生态系统的发展建设、内外部因子等方面进行了介绍。⑥ 陈诗慧、张连绪分别以斯坦福大学、慕尼黑大学和东京大学为例,对美国、德国和日本的创业教育生态系统进行了比较研究。⑦

张昊民基于 MIT 创业教育生态系统理论,根据我国创新创业现实情况,在《高校创业教育研究——全球视角与本土实践》(中国人民大学出版社,2012 年版)中提出,从着眼顶层设计,掌控系统全局;三方协调,实现系统运

---

① 黄兆信,王志强.高校创业教育生态系统构建路径研究[J].教育研究,2017,38(4):37-42.

② 杨晓慧.高校创业教育生态系统建设的国际比较和中国特色[J].中国高教研究,2018(1):48-52.

③ 张昊民,张艳,马君.麻省理工学院创业教育生态系统成功要素及其启示[J].创新与创业教育,2012,3(2):56-60.

④ 何郁冰,周子琰.慕尼黑工业大学创业教育生态系统建设及启示[J].科学学与科学技术管理,2015,36(10):41-49.

⑤ 许涛,严骊.国际高等教育领域创新创业教育的生态系统模型和要素研究[J].远程教育杂志,2017,35(4):15-29.

⑥ 范琳.英国高校创业教育生态系统建设及启示[J].教育与职业,2017(12):41-46.

⑦ 陈诗慧,张连绪.发达国家高校创业教育生态系统建设经验及启示:基于美国、德国、日本的创业教育生态系统建设经验比较[J].教育探索,2018(1):113-119.

作;定位系统角色,突出高校主体;改变传统观念,孕育创新创业氛围等方面改进高校创新创业教育。他认为目前我国的创新创业现状存在着政府、高校和社会间的沟通障碍,政府忙于制定大学生创新创业优惠政策,高校在实施创新创业教育过程中埋头苦干,但是缺乏有效沟通,从而导致在具体政策落地实施过程中困难重重。因此,要想建立起良性运作的创新创业生态系统,就要坚持三方联动,而政府要在了解高校和社会的实际需求的基础上,发挥极为重要的引导和辅助作用。

创新创业教育生态系统理论最早由西方学者提出,如 MIT 创业教育生态系统(The Entrepreneurship Ecosystem)包括:高校定位,课程体系,师资队伍,校内组织(官方、学生组织),社会支撑,文化氛围等六个要素。[①] 我国学者经过本土化过程,提出了相应的创新创业教育生态系统要素。综合国内外学者有关创业教育生态系统的理论可以发现,该理论既将政府、高校、企业三方囊括在内,又各自有所展开,并且都突出了政府立足顶层设计,引导全局的地位和重要性。

三、基于三螺旋模型的创新创业教育生态系统理论要素

本章以张昊民提出的"一体两翼"创业教育生态系统为基础,梳理主要观点,总结并综合借鉴国内外学者有关基于三螺旋模型的创新创业教育生态系统的研究,立足我国国情,优化"一体两翼"三螺旋创新创业教育生态系统,发挥以高校为主体的,政府、企业为"两翼"的能动性,共同促进高校创新创业教育事业发展。

(一)高校多措并举

高校作为大学生创新创业教育的具体实施者,占据着创新创业教育的核心地位。伴随经济社会发展,高校职能也在转变,科学研究、知识创新等社会功能愈发凸显。高校可以通过打造专业化师资队伍、开发适合高校的创新创业教育课程、完善创业创新教育制度、搭建有利于大学生创新创业的实践平台、营造浓郁的校园创新创业文化氛围等措施来培养创新创业人才,为社会输送满足岗位需求的、具备竞争力的英才。

(二)政府统筹全局

政府通过引导、推动全局,使"一体两翼"的创新创业教育生态系统良性

---

① 埃兹科维茨.麻省理工学院与创业科学的兴起[M].王孙禺,等译.北京:清华大学出版社.2007:5.

运行。政府应站在战略高度上,结合社会经济发展需求,在政策制定上给予大学生群体足够扶持,不断优化大学生自主创业环境,营造良好的创新创业文化氛围,建立起完善的政府创新创业支持体系,并提供强有力的法律法规保护,以确保大学生创新创业活动在政府引导下有效开展。

(三)企业技术支撑

企业作为大学生创新创业的助力器,同时也是大学生创新创业活动开展的舞台。要充分发挥其在大学生创新创业活动中的助推作用,企业和社会就要为大学生创新创业活动提供咨询服务、资金支持、实践平台,协助高校进行科研成果转化,形成鼓励创新、崇尚个性、追求个人自由独立的社会氛围。

基于三螺旋模型的创新创业教育生态系统不仅为本研究提供了政府、高校、企业三方分工合作的理论支撑,也为实证部分的问卷制定提供了依据。根据上述三类创新创业教育生态系统要素组成,结合社会发展实际,本研究将问卷量表部分的题目分为创新创业政策支持、创新创业课程体系、创新创业师资队伍、创新创业校内组织、创新创业实践环节及创新创业文化氛围六个维度。

第二节 大学生创新创业政策研究的类型、问题以及评价

一、创新创业政策类型

国内外学者主要从宏观和微观两个层面对创新创业政策进行分类。宏观层面,史蒂文森(Stevenson)、路德斯乔姆(Lundstrom)将创新创业政策划分为4类,包含中小企业延伸政策、新企业创立政策、细分创新创业政策和全面创新创业政策。李政、邓丰对美国、加拿大、爱尔兰、西班牙等国家创新创业政策进行梳理后,将各国现行创新创业政策分为中小企业延伸政策、"利基"(niche)创新创业政策、新企业创建政策和整体创新创业政策四种类型,其中"利基"创新创业政策是针对一些特殊群体的创新创业促进政策。[①] 周劲波、陈丽超两位学者依据2008年9月人力资源和社会保障部等部门出台的《关于促进以创业带动就业工作的指导意见》,把我国创新创业政策大致归为三

---

① 李政,邓丰.面向创业型经济的创业政策模式与结构研究[J].外国经济与管理,2006(6):26-33.

类,分别是改善创新创业环境型(市场准入、行政管理、金融扶持),提高创新创业能力型(教育培训、孵化园建设),减少创新创业风险型(创业服务、创业环境、创业文化)。①

二是微观层面,索里亚诺(Domingo Ribeiro-Soriano)、马丁(Miguel-Angel Galindo-Martin)对大学生创新创业政策进行了分类,认为大学生创新创业政策应该包含金融政策、财税政策、法律服务政策、教育培训政策、专利技术政策等。② 国内学者观点主要有,张蕾将我国大学生创新创业优惠政策分为四类,分别是资金支持、新企业注册登记、人事档案管理、创业教育与培训。③ 刘军对大学生创新创业政策进行了细致划分,主要包括创新创业教育、金融资金支持、市场准入、税收减免、创新创业服务、创新创业文化建设等方面,具体可分为创新创业教育政策、商务支持政策(市场准入、税费减免、行政性收费)、创新创业融资政策、创新创业环境政策。④ 还有学者以国内一些省份为例,研究大学生创新创业政策类型,其中姬振旗、赵福江在其他学者类别划分基础上,明确了河北省大学生创新创业政策还包括社会扶持政策这一类别。⑤

二、创新创业政策问题

学者们对创新创业政策问题的研究主要分为两类:一是大学生创新创业政策体系方面。许蓉艳通过对浙江省大学生创新创业政策体系进行探究,发现存在以下问题:地方政府和部门不积极服务于大学生创新创业,政策宣传不够,政策未得到很好落实,缺乏有针对性和系统性的创新创业配套政策,创新创业政策对实际创业活动支持有限,创新创业融资渠道单一等。⑥ 王永铨在对福建省大学生创新创业政策认知情况实证调研的基础上,发现大学生对政策需求应然和福建省现有政策体系实然间仍存在差距。他将福建省创新创业

---

① 周劲波,陈丽超.我国创业政策类型及作用机制研究[J].经济体制改革,2011(1):41-44.
② 彭圆,洪林.双创教育的外部支撑体系:七个发达国家的经验[J].教育学术月刊,2019(11):26-32.
③ 张蕾.我国大学生创业政策分析[J].中国大学生就业,2009(4):17-18.
④ 刘军.我国创业政策体系构建的理论探讨[J].山东社会科学,2015(5):155-159.
⑤ 姬振旗,赵福江.河北省高校毕业生创业政策体系研究[J].河北学刊,2012,32(1):214-218.
⑥ 许蓉艳.浙江省扶持大学生创业的政策研究[D].上海:上海交通大学.2010.

政策体系存在的问题总结为:管理部门机构冗杂、工作难以协调,缺乏相应场地和平台支持,融资政策体系不完善,教育政策不完备,文化匮乏。①

二是大学生创新创业政策实施方面。亨利、希尔、英奇等对美国大学生创新创业政策实施情况调查后发现,大学生在创新创业政策实施过程中存在宣传力度不足、相关配套政策不完善等问题,且由于区域之间经济发展不均衡,一些地区存在政策扶持力度不够等问题。② 张可提出我国大学生创新创业政策在教育政策、金融政策及政府执行力方面还有诸多不足,主要原因是政策宣传不到位、创新创业政策体系不完善、创新创业环境不够宽松。③ 李娅认为大学生创新创业政策问题有:第一,政策内容本身覆盖面不大、税收激励强度不大、资金支持体系不健全,环境不利于融资等;第二,主要在创新创业政策的实施当中有所体现,创新创业政策实施中存在宣传力度不够、辐射范围小、教育体系不完善且缺少配套政策、服务体系不健全及财税金融支持力度小等。④ 洪坚通过对浙江省大学生创新创业政策实施现状实证调查,了解到大学生创新创业政策在浙江省的实施过程中存在宣传不到位、创新创业培育和扶持政策缺少衔接和系统性等问题。⑤

三、创新创业政策评价

学者对创新创业政策评价的研究主要分为两个方面。一是关于创新创业政策评价标准的研究。薛浩、陈桂香认为,要建立科学、合理、公正的评价标准,并在此基础上建立起一套成体系的、相互独立又有彼此联系、可操作性强和具备导向性的评价指标体系。只有这样,才能对大学生创业政策进行科学、可靠的评价。因此,他们提出大学生创业政策评价须按照可比性、全面性、综合性和综观性的原则,评价标准应包括效率性、效益性、公平性、回应性、执行力。⑥ 刘兰剑和温晓兰比较了创新创业绩效现状、创新创业政

---

① 王永铨.福建省大学生创业政策体系研究[D].泉州:华侨大学.2015.
② COLETTE H,FRANCES H,CLAIRE L. Enterprenuership education and training:can enterprenuership be taught[J]. Education and Training,2005(47):158-169.
③ 张可.大学生创业政策实施现状及对策研究[D].石家庄:河北师范大学.2013.
④ 李娅.完善我国促进大学生创业政策的建议[J].科技创新导报,2010(36):150.
⑤ 洪坚.浙江省大学生创新创业支持系统的调查与思考[J].浙江社会科学,2013(5):140-143.
⑥ 薛浩,陈桂香.大学生创业扶持政策评价体系构建研究[J].国家教育行政学院学报,2016(3):14-19.

策推行是否有效、创新创业活跃的区域性情况、创新创业企业存续时间、就业带动情况几个指标,并将其作为评价标准。①

二是评价指标体系及模型方面的研究。薛浩、陈桂香等运用文献调查法、专家评价法、层次分析法,构建了由3个一级指标、6个二级指标、32个测评点组成的大学生创新创业政策评价体系。一级指标(A层)为某区域大学生创新创业政策的绩效。②刘兰剑、温晓兰根据若干二级指标和测评点,设计了大学生创新创业政策评价体系,并据此来评判各个区域大学生创新创业政策的实施效果。③汤明等根据在校大学生、政府管理人员和大学创新创业人员的问卷调查数据,遵循公共政策绩效评估的思路,采用层次分析法,创立了由大学生创新创业竞争力、创新创业成效和创新创业服务3个层面、16项核心指标所构成的评价体系,以评估现有政策对大学生创新创业的扶持力度和绩效。④

第三节 我国大学生创新创业政策文本分析

一、政策文件的选取

以"大学生创新创业""创新创业""大学生就业""创业带动就业"为关键词,在中国政府网、中国"大众创业、万众创新"政策汇集发布解读平台、国务院、各部委官网、大学生自主创业宣传手册及河南省政府网等平台进行搜索,收集自2014年至2020年以来,国务院、各部委及河南省政府颁布的相关法律法规、意见、通知、规划等共196份。在进一步对政策文本梳理和筛选后,剔除部分与大学生创新创业相关度较低的文件,保留147份。之所以选择2014这一时间节点,是因为李克强总理在2014年夏季达沃斯会议上提出

---

① 刘兰剑,温晓兰.大学生创业政策评价体系研究[J].厦门理工学院学报,2011,19(1):71-75,85.
② 薛浩,陈桂香.大学生创业扶持政策评价体系构建研究[J].国家教育行政学院学报,2016(3):14-19.
③ 刘兰剑,温晓兰.大学生创业政策评价体系研究[J].厦门理工学院学报,2011,19(1):71-75.
④ 汤明,王万山,刘平.政策如何促进大学生创业:大学生自主创业扶持政策绩效评价体系研究[J].教育学术月刊,2017(11):56-61.

了"大众创业""草根创业",随后在2015年政府工作报告中,再次提出"大众创业、万众创新",同年发布《国务院关于大力推进大众创业万众创新若干政策措施的意见》更是预示"双创"时代的来临,一系列有关创新创业的政策陆续发布,大学生创新创业相关支持政策不断完善。

二、创新创业政策概况

(一)政策文件数量变化及进展

将政策文本发布数量按发布年度进行汇整后,可以看出在国家政策的指导和引领下,部门配套文件发布密集,呈现出逐渐增多并最终趋向平稳的态势。2014—2015年是"创新创业"井喷的两年,国内逐渐形成了火热的创新创业氛围,有关"创新创业"的政策文件也在这两年集中发布。

从国务院颁发的文件来看,2014年到2015年发布数量逐年增多,2016年到2018年虽较之以往数量大幅减少,但总体趋于平稳。2015年国务院颁发了12份有关"创新创业"的文件,涉及创业、就业、金融、财税等内容。2018年,李克强总理在《政府工作报告》中首次提出要在未来几年打造升级版的"双创",要释放多年来继续的创新创业红利,在"更广领域、更大范围、更高层次、更深程度上"使得创新创业蔚然成风;2019年的《政府工作报告》提出制定支持"双创"深入发展的政策措施;2020年《政府工作报告》提出深入推进"大众创业、万众创新",发展创业投资和股权投资,增加创业担保贷款,深化新一轮全面创新改革试验,新建一批双创示范基地。2021年3月5日,李克强总理在《政府工作报告》中指出,要确保"十四五"开好局起好步,拓宽市场化就业渠道,促进创业带动就业。运用市场化机制激励企业创新,强化企业创新主体地位,鼓励领军企业组建创新联合体,拓展产学研用融合通道,健全科技成果产权激励机制,完善创业投资监管体制和发展政策,纵深推进大众创业万众创新。

从各职能部门颁发的文件来看,整体趋势与国务院层面类似,2014年到2015年两年时间集中发布大量文件。各职能部门在国务院政策指引下,积极配合出台相关配套文件,有针对性地将大学生创新创业的政策进一步细化。

(二)政策文件发布部门构成

根据数量统计结果可以看出,除教育部外,财政部、工业和信息化部、科技部、国家税务总局是大学生创新创业政策的重要权威部门,其中财政部发文最多,为20个,占总数的23.81%。人力资源和社会保障部、教育部、国家发展改革委员会、工商总局发文所占比重也达到了总数的4%以上,数量分别是7份、6份、4份、4份。除此之外,中国银监会、商务部、中国人民银行、中国保监会、农业部、文化部、国土资源部也发布了符合本部门职能范围的细化政策。可见,各职能部门积极响应国家政策的号召,明确自身职责和行政权限,制定相应的有关大学生创新创业的政策,且多部门之间还会积极协作,联合发布促进大学生创新创业的相关政策。

(三)政策类型梳理

结合上述国内外学者对大学生创新创业政策的不同分类,并对收集的2014—2020年大学生创新创业政策进行整理和总结,这里将"双创"以来我国发布的有关大学生创新创业政策文本做出如下分类。

1. 大学生创新创业教育政策

这类政策主要由教育部门颁布,内容包含创新创业师资队伍、创新创业课程体系、创新创业实践指导等。主要目的是促进大学生就业创业,为大学生创新创业教育的开展提供政策依据。

有关大学生创新创业教育的政策中提到鼓励有条件的高校、社会组织、市场化教育机构等结合自身优势、利用多种资源,开发和开展符合大学生需求的创业培训项目,"要研发创业教育教材、创新培养模式、加强创新创业师资队伍专业化,建立师资库,加强创业教师的专业化培训,定期考核,设立退出机制""对进行大学生创新创业培训的机构等进行资格审核,建立动态评价机制,并对参与培训的大学生给予一定的补贴""加大在培养方式、课程体系等方面的改革力度"。这些政策的出台为大学生创新创业教育改革提供了方向指引和政策支持,有助于我国大学生创新创业教育进一步发展和完善。

2. 大学生创新创业财税政策

这类政策主要由财政部、国家税务总局单独或联合发布,为小微企业以及初创企业提供相应的财政补贴和税收减免。

针对小微企业,财政部、国家税务总局等部门为其提供一定程度上的财政补贴和税收减免等优惠,"对小微企业免征借款合同印花税""居民企业技术转让的年度所得额低于500万元,免征企业所得税;超过500万元的部分,企业所得税征收额减半""对小微企业的担保业务要加大财税支持力度""无法律依据的涉及企业的收费项目,要及时清理取消;要进一步降低涉企收费标准,减少相关收费项目"。大学生创办企业多为小微企业,针对小微企业的税收减免和财政优惠政策可以在一定程度上减轻大学生创业负担,扫清一部分障碍。

3. 大学生创新创业金融政策

这类政策主要由中国银监会、科技部等部门单一发布或联合发布,为大学生创新创业实践提供多种金融支持,主张金融方式创新,为中小微企业提供金融服务。

有关大学生创新创业金融政策中提出,"要加强与农业银行、建设银行等金融机构的深入合作,建立中小企业与金融机构之间的信息交流机制,推动建立和创新银企对接、政银合作等融资服务形式",为深化工信部与交行、建行、农行的合作而签署的《中小微企业金融服务战略合作协议》,提出要将合作深化到银行的分支机构层面,鼓励地方政府与地方银行分支机构进行政银合作模式的创新,建立中小企业发展基金,引导创投、风投为初创期、创业中期的中小企业提供多种模式的金融支持。大学生在创办企业初期和中期对资金的需求很强,极易遇到融资难题,对其进行强有力的金融支持有利于降低融资门槛,提高大学生创新创业成功率。

4. 大学生创新创业服务政策

这类政策主要由教育部、科技部发布,为大学生创新创业提供制度支持,提供实践场所、咨询服务等。

有关大学生创新创业服务的政策主要包括:"高校要为学生提供休复学、创业实践学分转换、转入创业行业相关专业等宽松合理的制度支持""聘请各行业优秀人士作为创业导师,为学生提供专业指导、创业实践机会,就业创业指导机构为学生提供创业咨询服务等""高校要建设好国家大学科技园、产业园、创业园区等创新创业场地,明确创新创业实践场所的相关规定和资格认定等,规定了创新创业场地的服务内容和职责范围,以及相关的入驻优惠",为大学生创新创业提供场地支持、法律咨询服务等。为大学生创业提供多种多样的服务不仅可以增进学生对创新创业政策、制度的了解,也可以为他们的创业过程提供指导,保证创新创业活动顺利开展。

三、政策文件存在的问题

"双创"时代以来,我国政府颁布了大量创新创业政策文件。随着创新创业事业不断发展,以及"双创"新时代的到来,对创新创业事业的发展目标及改革方向提出了新要求,政策的制定标准也要随之改变。通过对已有政策进行梳理,发现其中存在的问题,可以为日后政策制定和执行提供参考和借鉴。

（一）创新创业配套政策不够细化

从大学生创新创业政策的发布数量变化来看,2014年至2015年发布数量递增,自2016年开始数量减少并且逐步趋稳,可见我国大学生创新创业事业发展进入了新阶段,此时国务院、部委层面的宏观政策发布数量也随之减少,需要在打造"双创升级版"的新时代要求下,对创新创业各方面发展和改革方向做出一定调整。

对比国务院、各部委、省市政策发布数量可以发现,各部委在对国务院政策的细化方面做得较好,而省市层面则有所欠缺。配套政策出台数量有限,对国务院及各部委颁布的创新创业政策细化不到位。这就需要省市在制定配套政策时,切实结合地方经济发展现状与发展方向,制定符合实际需求的、具有地方特色的配套政策,从而保证地方政府机构、高校、地方企业可以有效地推进创新创业事业发展。

（二）缺少创新创业法律法规保障

在对已有创新创业政策进行梳理后发现,从发布政策的权威部门构成来看,财政部、工信部、国家税务总局等占据发文最多的前几位。各部委或以单独发布的形式或以联合发布的形式,出台了诸多针对大学生群体的创新创业政策,这些政策在一定程度上为大学生自主创业提供支持。

通过对政策文件进行整理可知,我国大学生创新创业政策缺乏相关法律法规保障。目前并没有创新创业相关的法律法规出台,政策支持没有强有力的法律保障,在执行过程中可能会遇到障碍、出现偏差,从而导致政策实施效果难以达到设定的政策目标。

为保证大学生创新创业政策的实施效果达到预定目标,就需要在政策制定和执行环节严格把关。在制定政策时,要注意配套政策的补充和完善;在政策执行过程中,要有强有力的法律法规作为依据和支撑,为政策的有效实施和平稳落地提供保障。

第四节 大学生创新创业政策实施效果的问卷调查

一、研究设计与实施

（一）研究内容

本研究主要调查在校大学生对于创新创业政策的认知,获取创新创业扶持政策信息的渠道,创新创业过程中存在的障碍等。研究围绕四方面展开:一是大学生创新创业政策实施效果及其分维度是否存在学校类型差异,具体如何;二是大学生创新创业政策实施效果及其分维度是否存在性别差异,具体如何;三是大学生创新创业政策实施效果及其分维度是否存在年级差异,具体如何;四是大学生创新创业政策实施效果及其分维度是否存在学科类别差异,具体如何。然后根据上述四方面进行深入探究,把握大学生创新创业政策实施现状,明确我国大学生创新创业政策实施效果,以期为政策实施的优化提供参考建议。

(二)研究样本

本研究以在校大学生为调查对象,采用分层抽样的方法在河南省选取了20所高校,充分考虑了学校类型、学生年级、学生性别、学科类别等方面差异,从不同角度了解、诠释创新创业政策的实施效果,为编写《大学生创新创业状况的问卷》奠定基础。2018年,本研究共发放问卷5 335份,回收有效问卷4 535份,回收率为85%。调查样本基本特征见表5-1。

表5-1 调查样本基本特征

变量名称	变量类别	数量	百分比/%	变量名称	变量类别	数量	百分比/%
学校类型	一流大学建设高校	1	5	学生性别	男	1 786	39.4
	一流学科建设高校	1	5		女	2 749	60.6
	一般本科院校	8	40	学科类别	人文类	867	19.1
	高职高专院校	10	50		社科类	960	21.2
学生年级	大一	1 299	28.6		理学类	613	13.5
	大二	1 536	33.9		工学类	1 499	33.1
	大三	1 196	26.4		医学类	596	13.1
	大四	504	11.1				

(三)问卷编制

本调查收集实证数据,获取相关信息。问卷依据创业教育生态系统理论的系统要素组成,借鉴国内外学者的研究,结合我国国情、省情,并参考以往研究内容,将问卷部分的题目分为六个维度,即创新创业政策宣传效果、创新创业学校制度支持、创新创业课程建设、创新创业校内组织、创新创业实践环节及创新创业文化氛围,并进行问卷的编制。

问卷的编制过程中,与多位教师、专家进行交流、讨论,并查阅相关文献资料,进行了多次的修改、补充和完善。问卷共进行两次试测,第一次试测选取了 Z 大学文、理、工、医、人文社科五大学科门类共 50 名在校大学生,通过发放纸质问卷的方式进行调查,并根据试测反馈,对问卷内容进行了相应修改。

第二次试测,选取了 Z 大学、HNKJ 学院、ZZCJ 学院的在校大学生进行测试,共发放电子问卷 248 份,回收 248 份。根据第二次试测反馈,并加设两道测谎题后,确立了最终问卷。

正式问卷包括两部分。一部分是背景资料,主要包括学校类型、性别、年级、专业等;第二部分为创新创业状况,根据里克特五级量表,选项包括非常不符合、不符合、一般、符合、非常符合。将河南省内高校按照一流大学建设高校、一流学科建设高校、一般本科院校及高职高专院校进行分类汇总,采用分层抽样的方法选取河南省 20 所高校作为样本校发放问卷,发放对象为在校本科生,不同学校性质、年级、学科的学生均有覆盖。

(四)研究工具

本研究采用《大学生创新创业状况的问卷》调查、收集、整理和分析大学生创新创业数据,问卷基于三螺旋模型创新创业教育生态系统理论和创新创业生态六要素(高校定位、课程体系、师资队伍、校内组织、社会支撑、文化氛围)编制,以得出我国大学生创新创业政策的实施效果。因为大学生创新创业政策在实施过程中已融入课程学习、社会实践、校园文化等不同环节中,所以在借鉴前人研究的基础上,结合我国实际,将大学生创新创业政策实施效果分为:政策宣传效果、学校制度支持、课程建设、校内组织、实践环节及文化氛围。大学生创新创业政策虽由政府制定,但政策实施效果如何,能多大程度上为学生所喜闻乐见,既是政策制定者——政府的考量,又是政策推行者——大学所要注意的。学校专业设置和课程建设、实践环节多与社会分工与职业发展有关,而社会分工与职业发展又与市场变化、企业需求息息相关,所以六个维度的育人主体虽是大学,但其间亦离不开政府政策制定和企业对人才需求的导向,所以对创新创业政策实施效果分类的六个维度中也暗含了三螺旋创新逻辑。经过修改、补充、完善和试测后,最终确定正式问卷包括两部分,一部分是背景资料,主要包括学生的学校类型、性别、年级和学科等;第二部分为创新创业政策实施效果的量表,采用里克特五点量表计分法(选项从"非常不符合"到"非常符合"分别记 1 到 5 分,全部采用正向计分),共计 41 题。

通过对量表题目进行项目分析,发现总共39项(剔除两道测谎题后)具有良好的区分性,不需要删除题项。经检验,信度系数值为0.835,大于0.8,且问卷各维度信度系数值均大于0.7,说明研究数据信度较高,可进一步分析。KMO(检验统计量)值为0.973,大于0.8,满足因子分析的前提条件,即数据可用于因子分析研究。通过Bartlett球形度检验(P<0.05),说明研究数据适合因子分析。

二、大学生创新创业状况

(一)全国大学生创新创业状况

对我国大学生创新创业状况的分析主要通过麦可思发布的《就业蓝皮书》中的数据(见表5-2)以及全球创业观察2018/2019中国报告的内容来了解。

表5-2 全国大学生自主创业比例统计

毕业年份/年	毕业生人数/万	自主创业比例/%
2008	559	1.0
2009	611	1.2
2010	631	1.5
2011	660	1.6
2012	680	2.0
2013	699	2.3
2014	727	2.9
2015	749	3.0
2016	765	3.0
2017	795	2.9
2018	820	5.7
2019	834	5.4
2020	874	5.0

注:以上数据来自《就业蓝皮书:中国大学生就业报告》(2009—2020)。

通过表5-2数据可以看出,自2008年至2020年,我国大学生毕业人数呈逐年上升的态势,我国大学生自主创业比例也呈现出不断攀升的增长态势。2020年,我国的大学生创新创业比例是10年前的5倍,可见大学生创业人数持续增加,创业群体不断壮大。

全球创业观察2018/2019中国报告中主要从我国创业活动结构特征、创业活动质量、创业环境几个方面回顾并总结了我国创业状况的变迁。在创业者结构方面,25~34岁的青年是创业活跃群体;在变化趋势方面,主要表现为低学历创业者比例逐年下降,创业失败的比例逐年下降。可以看出,我国创业活动质量在不断提高。突出表现为,中国创业群体中的高成长企业比例,高达两成左右。中国创业环境的综合评价在G20经济体中排名第6。与此相比,目前政府项目、商务环境、研发转移和教育与培训是表现较弱的方面。

总的来说,我国大学生创新创业状况主要特征为:创业人数逐年上升,且大学生群体是创业主力军;高学历创业者的创业动机主要为机会型创业;我国的创业质量有所提升,但仍与发达国家存在明显的差距;创业环境方面在政策执行、教育培训、技术研发转移方面仍有改进空间。

(二)河南省大学生创新创业状况

关于河南省大学生创新创业状况,与我国总体情况大致一致,但由于河南省自身经济发展特点等因素影响,在一些方面略有不同。2020年,河南省普通高校毕业生有63.82万人,较之2019年共增加4.48万人。2018年全省大学生自主创业人数13 458人,其中毕业生自主创业有4 919人,在校生自主创业有8 539人,人数较2017年有所增长。下面主要从2018年高校创新创业课程开设情况、学生创业经历的比例、考虑借助周边实践平台创业的比例几个方面去进一步了解具体情况。

1. 创新创业课程开设情况

由图5-2的数据可知,大学生中有57.93%的人上过学校开设的创新创业课程,仍有42.07%的大学生没有上过。

总的来说,目前河南省高校创新创业教育相关课程的开设与开展情况不甚乐观,这可能与创新创业教育被引入我国的时间较短,发展较为缓慢有一定关系。

2. 大学生创新创业经历

由图5-3的数据可知,大学生中有创新创业经历的数量相对较少,仅占10.74%,而89.26%的大学生没有创新创业经历。

河南省高校创新创业教育发展仍处于初级阶段,且主要是进行理论讲解,大学生参与实践的机会较少。创新创业氛围不浓厚,以及创新创业政策宣传不到位，或是学校对于创新创业的支持力度不足等都会使得大学生参与创新创业实践的积极性下降。

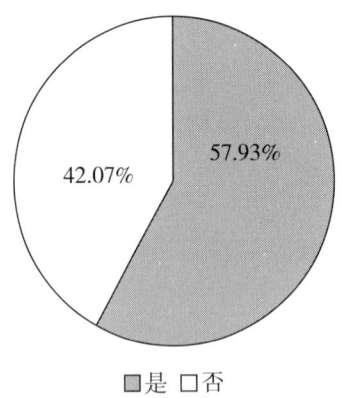

图5-2 大学生上过学校开设的创新创业课程比例

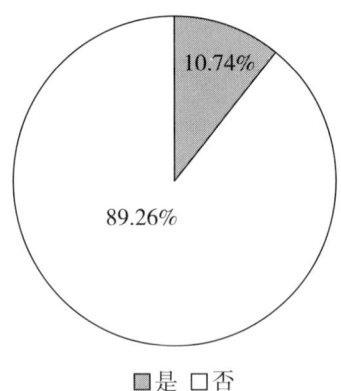

图5-3 大学生创新创业经历比例

3. 借助学校周边场所创新创业比例

由图5-4的数据可知，有36.03%的大学生有过借助学校周边创业园和产业园进行创新创业的想法，但是并不知道具体如何实践；有19.67%的大学生则不了解学校周边创业园和产业园的情况，且从未考虑借助其进行创新创业；20.93%的大学生表示听说过这一情况，但对借助其进行创新创业并不感兴趣；16.23%的大学生表示听说过这一情况，也比较感兴趣；有5.77%的大学生不仅考虑过这一情况，且已经收集过相关信息。综上，超过半数大学生对学校周边创业园和产业园有一定了解，并有借助其开展创新创业活动的兴趣。

可见大学生的创新创业热情是比较高的，但是由于对进驻创业园和产业园的流程不了解，大部分还仅停留在感兴趣的阶段。

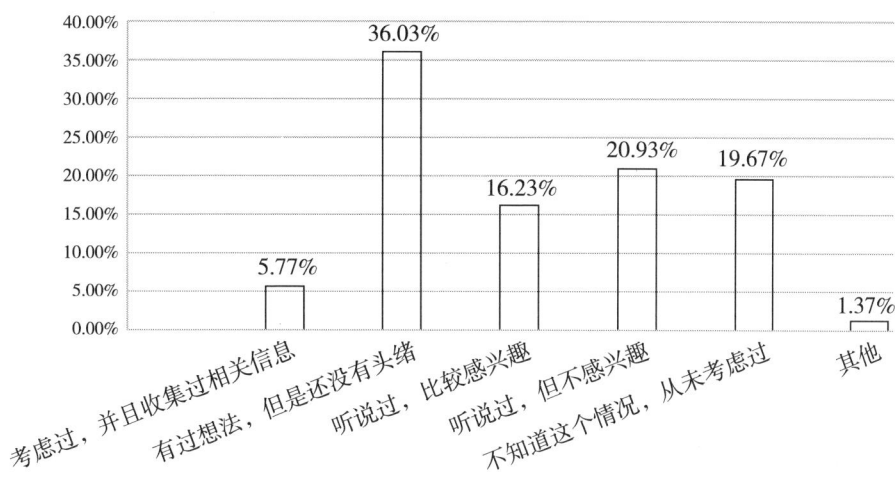

图 5-4　大学生毕业后考虑借助学校周边产业园进行创新创业情况

综上所述,河南省大学生创新创业状况的特点主要是:自主创业人数逐年增长但增势较缓,高校在创业教育尤其是课程开设方面执行不到位,学生创业意愿较高但付诸实践的比例较小。这可能与河南省经济社会发展较经济发达省份仍存在差距有关。

三、大学生创新创业状况调查结果

(一)学校类型间的比较

由表 5-3 可以看出,不同类型高校的政策宣传效果、学校制度支持、课程建设、校内组织、实践环节、文化氛围六个维度上均存在显著性差异。通过对比发现,就政策宣传效果而言,"双一流"建设高校不如一般本科院校和高职高专院校;就学校制度支持而言,"双一流"建设高校、高职高专院校的支持度低于一般本科院校,高职高专院校的学校制度支持最低;在课程建设方面,"双一流"建设高校不如一般本科院校和高职高专院校;在校内组织方面,一般本科院校表现最为亮眼;在实践环节,一般本科院校、高职高专院校学生对实践了解程度优于"双一流"建设高校的学生,高职高专院校学生表现最好;就文化氛围而言,一般本科院校、高职高专院校比"双一流"建设高校浓郁。"双一流"建设高校在大学生创新创业状况的六个维度上均值得分低于一般本科院校及高职高专院校,可见一般本科院校、高职高专院校的创新创业活动开展相对较好,"双一流"建设高校的创新创业活动仍有提升空间。

表 5-3　大学生创新创业状况各维度学校类型间的比较

维度	学校类型	人数(n)	平均值±标准差（M±SD）	F 值	P 值	事后比较（LSD 法）
政策宣传效果	①一流大学建设高校	1 273	2.58±0.74	83.932	0.000	①<③
	②一流学科建设高校	710	2.59±0.74			②<③
	③一般本科院校	1 905	2.90±0.69			①<④
	④高职高专院校	647	2.97±0.77			②<④
学校制度支持	①一流大学建设高校	1 273	3.28±0.75	12.820	0.000	①<③
	②一流学科建设高校	710	3.28±0.76			②<③
	③一般本科院校	1 905	3.40±0.79			④<③
	④高职高专院校	647	3.20±0.86			
课程建设	①一流大学建设高校	1 273	3.06±0.65	37.360	0.000	①<③
	②一流学科建设高校	710	3.13±0.66			①<④
	③一般本科院校	1 905	3.23±0.65			②<③
	④高职高专院校	647	3.27±0.71			②<④
校内组织	①一流大学建设高校	1 273	3.32±0.58	4.843	0.002	①<③
	②一流学科建设高校	710	3.35±0.57			②<③
	③一般本科院校	1 905	3.40±0.59			④<③
	④高职高专院校	647	3.33±0.67			
实践环节	①一流大学建设高校	1 273	2.65±0.75	36.402	0.000	①<③
	②一流学科建设高校	710	2.67±0.73			①<④
	③一般本科院校	1 905	2.86±0.70			②<③
	④高职高专院校	647	2.93±0.75			②<④
文化氛围	①一流大学建设高校	1 273	2.77±0.54	49.837	0.000	①<③
	②一流学科建设高校	710	2.84±0.51			①<④
	③一般本科院校	1 905	2.95±0.53			②<③
	④高职高专院校	647	3.04±0.55			②<④

(二)学生性别间的比较

总的来说,女大学生对创新创业政策信息的了解程度、学校制度支持、创新创业实践环节的信息获取、创新创业文化氛围的感知度均低于男大学生,但在校内组织维度中表现较好。

由表5-4可以看出,男、女生在政策宣传效果、学校制度支持、校内组织、实践环节、文化氛围五个维度上有显著性差异。通过平均值的对比可以发现,男生在政策宣传效果、学校制度支持、实践环节、文化氛围四个维度上平均值高于女生;在校内组织维度上,女生平均值高于男生;在课程建设维度上,男女生之间并表现出没有显著性差异。

表5-4 大学生创新创业状况各维度在性别上的差异情况

维度	性别	人数(n)	平均值±标准差（M±SD）	F值	P值
政策宣传效果	①男	1 786	2.84±0.78	24.371	0.000
	②女	2 749	2.73±0.72		
学校制度支持	①男	1 786	3.36±0.83	8.292	0.004
	②女	2 749	3.29±0.76		
校内组织	①男	1 786	3.33±0.63	5.625	0.018
	②女	2 749	3.38±0.58		
实践环节	①男	1 786	2.85±0.76	21.929	0.000
	②女	2 749	2.74±0.72		
文化氛围	①男	1 786	2.96±0.55	46.768	0.000
	②女	2 749	2.85±0.52		

(三)学生年级间的比较

由表5-5可以看出,不同年级的学生在政策宣传效果、学校制度支持、课程建设、校内组织、实践环节、文化氛围六个维度上存在着极其显著的差异,通过事后检验可以发现,低年级学生在学校制度支持、课程建设、校内组织、文化氛围四个维度平均值均高于高年级学生;而高年级学生可能由于有一部分已经开始实习或开始尝试创业,所以在政策宣传效果、实践环节维度上平均值高于低年级学生。

表 5-5 大学生创新创业状况各维度在年级上的差异情况

维度	年级	人数(n)	平均值±标准差（M±SD）	F 值	P 值	事后检验
政策宣传效果	①大一	1 299	2.68±0.72	9.641	0.000	①<②
	②大二	1 536	2.82±0.78			①<③
	③大三	1 196	2.80±0.69			①<④
	④大四	504	2.81±0.82			
学校制度支持	①大一	1 299	3.45±0.76	21.287	0.000	②<①
	②大二	1 536	3.31±0.79			③<①
	③大三	1 196	3.20±0.79			③<②
	④大四	504	3.27±0.82			④<①
课程建设	①大一	1 299	3.34±0.66	29.674	0.000	②<①
	②大二	1 536	3.19±0.66			③<①
	③大三	1 196	3.10±0.63			④<①
	④大四	504	3.14±0.73			②<③
校内组织	①大一	1 299	3.52±0.57	49.613	0.000	②<①
	②大二	1 536	3.34±0.60			③<①
	③大三	1 196	3.24±0.57			④<①
	④大四	504	3.31±0.63			③<②
实践环节	①大一	1 299	2.67±0.73	17.211	0.000	①<②
	②大二	1 536	2.86±0.74			①<③
	③大三	1 196	2.79±0.83			①<④
	④大四	504	2.78±0.74			
文化氛围	①大一	1 299	2.92±0.55	9.774	0.000	③<①
	②大二	1 536	2.93±0.52			④<①
	③大三	1 196	2.85±0.52			③<②
	④大四	504	2.82±0.60			④<②

（四）学科类别间的比较

由表 5-6 可以看出，不同学科学生在政策宣传效果、学校制度支持、课程建设、校内组织、实践环节、文化氛围六个维度上存在极其显著的差异（$P=0.000<0.01$）。经过事后检验发现，总的来说，人文社科类专业学生在各维度上平均值都低于理工类专业学生。

表5-6 大学生创新创业状况各维度在学科上的差异情况

维度	专业	人数(n)	平均值±标准差（M±SD）	F值	P值	事后检验
政策宣传效果	①人文类	867	2.72±0.71	2.814	0.000	①<② ①<③ ②<④
	②社科类	960	2.78±0.70			
	③理学类	613	2.75±0.79			
	④工学类	1 499	2.82±0.75			
	⑤医学类	596	2.75±0.83			
学校制度支持	①人文类	867	3.20±0.74	9.330	0.000	①<② ①<③ ②<③ ②<①ʔ
	②社科类	960	3.27±0.77			
	③理学类	613	3.33±0.82			
	④工学类	1 499	3.40±0.80			
	⑤医学类	596	3.31±0.82			
课程建设	①人文类	867	3.10±0.63	6.987	0.000	①<② ①<③ ①<④ ②<③
	②社科类	960	3.21±0.64			
	③理学类	613	3.23±0.67			
	④工学类	1 499	3.23±0.66			
	⑤医学类	596	3.25±0.74			
校内组织	①人文类	867	3.26±0.56	7.962	0.000	①<② ①<③ ①<④ ①<③
	②社科类	960	3.36±0.58			
	③理学类	613	3.41±0.62			
	④工学类	1 499	3.38±0.60			
	⑤医学类	596	3.41±0.65			
实践环节	①人文类	867	2.74±0.70	2.825	0.000	①<② ①<③ ①<④
	②社科类	960	2.78±0.71			
	③理学类	613	2.82±0.75			
	④工学类	1 499	2.82±0.72			
	⑤医学类	596	2.72±0.84			
文化氛围	①人文类	867	2.82±0.53	6.614	0.000	①<③ ①<④ ②<③ ②<④
	②社科类	960	2.89±0.52			
	③理学类	613	2.91±0.54			
	④工学类	1 499	2.94±0.52			
	⑤医学类	596	2.88±0.61			

第五节　大学生创新创业政策实施存在问题及原因

一、大学生创新创业政策实施效果存在显著的校际差异

高职高专、一般本科院校创新创业开展情况优于"双一流"建设高校。根据调查数据发现,一流大学建设高校及一流学科建设高校在大学生创新创业状况的六个维度上均值得分均低于一般本科院校及高职高专院校,可见一般本科院校、高职高专院校的创新创业活动开展情况较好,"双一流"建设高校的创新创业开展情况仍有提升的空间。面对高等教育向普及化阶段迈进,同时学龄人口数量总体下行、局部上升的不均衡态势,需要高等教育类型更加多元、质量更加提高、布局更加优化。《教育部关于"十三五"时期高等学校设置工作的意见》(2017)中明确指出,"探索构建高等教育分类体系。以人才培养定位为基础,我国高等教育总体上可分为研究型、应用型和职业技能型三大类型"。不同高校依据办学层次、服务面向、人才培养目标、学科专业建设和办学特色的差异而各有特色。就高职高专而言,学生的知识、能力、素质结构和培养方案以适应社会需要为目标,以培养技术应用能力为主线,强调理论教学和实践训练并重,偏向于职业技能型人才培养;在推进地方普通本科高校向应用型转变,培养应用型人才的政策导向下,一般本科院校的人才培养开始从强调学生学术能力转向重视实用型和复合型技能,《教育部　国家发展改革委　财政部关于引导部分地方普通本科高校向应用型转变的指导意见》(2015)中提出,深化人才培养方案和课程体系改革,加强实验实训实习基地建设,创新应用型技术技能型人才培养模式,建立紧密对接产业链、创新链的专业体系,建立行业企业合作发展平台等任务转变,推动了地方高校的创新创业发展和向应用型方向转变;纵观世界排名靠前的一流大学,无一不是以培育研究生等高层次人才为工作重心开展科学研究的研究型大学,因此"双一流"建设高校的职能正潜移默化向学术型、研究型的发展定位与人才培养目标倾斜。

总的来说,"双一流"建设高校创新创业政策实施情况不如一般本科、高职高专院校,存在的问题相对突出,整体上存在创新创业政策宣传不到位、学校制度支持力度不够、课程设置不完善、欠缺创新创业实践环节、文化氛围不浓郁等问题。

二、大学生创新创业政策实施效果存在性别差异

女生在政策宣传效果、学校制度支持、实践环节、文化氛围四个维度上得分均低于男生。不同性别对创新创业政策的诉求和适应性存在不同程度的反应。近年来,女生在高校中所占比例一直呈上升趋势,究其原因,曾有学者指出依赖记忆的应试教育考试有利于自制力更强、更善于记忆的女生竞争,这可以解释为什么样本中女生所占比例较高,也同样可以诠释校内组织中女生参与积极这一现象。社会责任的匮乏会限制创新创业意识的形成和增长,中国传统文化中强调"男主外,女主内"的男女性别刻板印象,致使受过高等教育的女生普遍存在一种倾向:在成长中内化了女性"贤妻良母"的性别角色,仅仅学会认同自身的性别角色并努力塑造自身的角色,把成为一个"贤妻良母"作为社会赋予自身的使命。[①] 这种社会、家庭、学校交织的性别教育理念,强化了女生对家庭职能和责任认可的同时,其强大的性别刻板印象制约了女生创新能力的发展,我国传统文化中长期存在的"男优女劣"内隐性别刻板印象,其外在表征为男生自信、女生自卑的取向,而这又与传统观念中存在的"男尊女卑"遥相呼应,性别的刻板印象自然会在文化氛围上制约女生投身创新创业的环境中。性别的刻板印象会产生许多负面影响,如女生对自身性别的自卑、对自我能力的低估、自信感缺乏,在行为上表现为退缩、不敢进取等。女生在创新创业中缺乏文化氛围支持,因而女生会潜意识里不去关注创新创业的政策条例,学校在创新创业制度支持和实践环节中也没有专门鼓励女生参与。这诠释了为什么女生在政策宣传效果、学校制度支持、实践环节、文化氛围维度上得分均低于男生。

总的来说,女大学生对创新创业政策信息的了解程度、对创新创业实践环节的信息获取、对创新创业文化氛围的感知都低于男大学生。目前社会并没有形成鼓励女大学生创新创业的文化氛围,女大学生对创新创业积极性低于男大学生,故而对创新创业相关信息关注也较少。因此,在创新创业政策实施过程中,要加强对女生的关注,并且要关注男女之间的差异性,制定具体方案。

三、大学生创新创业政策实施效果存在年级差异

低年级学生在学校制度支持、课程建设、校内组织和文化氛围上表现较

---

① 田贤鹏.高校创新创业教育政策实施满意度调查研究:基于在校学生的立场[J].高教探索,2016(12):111-117.

好,而高年级学生在政策宣传效果、实践环节表现较好。不同年级学生对创新创业需求有所差异,所以学校应该在创新创业政策上针对年级差异而有所侧重与倾斜,针对学生在各个年级的不同需求,开设相应课程。诸如,低年级应以培育创新创业意识为主,开设创新创业课程,让学生接触到理论知识,这也是低年级课程建设较好的原因所在。调查显示,低年级学生在校内组织中表现较好,这主要因为低年级学生学业负担较轻,有充足时间参与课外活动,而高年级学生面临毕业和就业等实际问题,不得不逐渐从校内组织中脱身;况且伴随国家创新创业政策的不断完善和细化,校级层面支持学生创新创业力度加大,学校不断出台新措施以支持学生创新创业活动,也利用校内组织等载体着力营造学校内部创新创业文化氛围,因此低年级学生在学校制度支持和文化氛围上表现不凡。相对于低年级而言,高年级学生学习经历更长,也即将面临毕业的问题,高年级要注重开设不同程度的实践课程,让学生在学以致用的同时,不断改变、创新自身思维方式和思考逻辑,寻求自身创新点和创业思路。为支持大学生创业,国家和各级政府出台了涉及融资、开业、税收、创业培训与指导等优惠措施。为吸引人才,全国各地纷纷出台"人才引进计划",在购房补助、住房补贴、创业补助、落户政策等各方面都给予扶持,学校和院系也不断给毕业生提供最新政策信息,所以高年级学生在政策宣传效果维度上表现较好。一般高年级学生在培养计划上都经历过实践考核实习等环节,所以高年级学生在实践环节表现也相对较好。

总的来说,低年级大学生的创新创业意识较好,对创新创业文化氛围的感知较强,对创新创业课程的评价也较高,愿意花费更多的时间投入创新创业中来;高年级的学生则由于有一部分已经开始实习或尝试创业,对创新创业政策以及创新创业实践方面的信息了解程度高于低年级学生,还有一部分同学选择考研,在高强度的升学压力下,他们无暇关注就业创业信息。高校在开展创新创业教育时,要针对不同年级学生制定适合其发展需要的创新创业教育培养目标,要培养理论与实践知识兼具的创新创业人才。在大一、大二阶段可以实行多数理论课加少量社会实践课的授课形式,到了大三、大四阶段,则要保证深化理论学习的基础上,注重实践环节的课程培养,为高年级学生提供多种多样的实践平台,以及丰富多样的创新创业实践机会。

四、大学生创新创业政策实施效果存在学科差异

人文社科类学生在大学生创新创业政策实施各方面满意度低于理工医科学生。不同学科具有不同的属性特征,因而在教育政策制定、实施过程中

应充分考虑学科属性差异。但就目前创新创业教育政策的实施效果而言,各高校在课程制定、培养方式、考核环节、教学管理和实践指导中缺乏学科差异性考量,通常创新创业"一刀切""一份文件管全校",因此出现了政策实施效果的差异。调查结果显示,人文社科类学生在大学生创新创业政策实施效果各种维度均低于理工医科类学生,对这一问题的诠释,可以从两方面入手:一方面,创新创业教育是一项由政府外力推动的、自上而下的教育政策,[1]而非自下而上基于学生差异要求的,换言之是高校被指派的"任务",而不是内发提升教育教学质量的表现,因此高校在贯彻、落实创新创业政策时会以政府考核指标和满意度为标杆和指挥棒,而非学生的满意度和发展质量。况且高校在创新创业教育实施过程中总会主观或客观地表现出学科倾向性,更依赖于理工医科的科技进步与创新。人文社科类学生满意度低,理工医科学生高,说明当下创新创业政策更适用于自然学科而非人文社科,在政策上没有充分照顾到人文社科类学生的差异化需求。另一方面,不同学科学生面临的就业环境也有所差异,就业心理自然不同,对高校创新创业教育也有着各自的心理预期,但整体看来,人文社科类学生的就业价值取向更加多元、就业心理更为复杂、就业环境相对恶劣,所以对高校创新创业教育也有着更高的心理预期,但面对创新创业政策偏向自然科学的社会现实,人文社科类学生对政策的高预期与低走向这一矛盾产生心理落差,所以自然满意度偏低。

总的来说,人文社科类专业在各维度上均值大部分都低于理工类专业,由于学科的差异,人文社科类专业的学生在进行创新创业时,所能选择的行业限制较多,能够获得的资金支持较少,接受的创新创业教育与本专业融合程度不够等问题,都会导致人文社科类专业的学生对创新创业的关注度低于理工科的学生。

第六节 提升大学生创新创业政策实施效果的对策

三螺旋模型强调政府、高校、企业三方有机联动,螺旋递进促进创新创业教育事业发展,推动社会经济进步。大学生创新创业政策的切实落实与

---

[1] 严毛新.政府推动型创业教育:中国大学生创业教育的历程及成因[J].中国高教研究,2011(3):45.

实施涉及多方面,需要多方共同努力来实现。政府、高校、企业作为政策实施的主要参与方,要相互协同、多方联动,共同促进大学生创新创业政策更好地实施,高质量提升创新创业人才培养质量,推进我国高校创新创业事业在新时代迈上新台阶。这里基于三螺旋模型的创新创业教育生态系统理论,从政府、高校、企业三个维度提出有针对性的对策。

一、政府发挥引力作用

创新创业教育是需要将学校类别、学生性别、年级和专业等差异性因素考虑在内的个性化教育。当前高校创新创业教育更多的是响应政府号召自上而下推进的,办学自主权落实不到位减弱了高校主动办学的原动力,使创新创业教育在脱离地区和学校发展实际的同时,趋同化愈发明显。政府要推动和保障创新创业教育全局发展,就必然要在政策上予以高校更大的办学自主权,让高校可以结合办学层次、人才培育、学校特色和地区发展独立自主地开展创新创业教育。在探索、构筑高等教育分类体系的基础上,不断发展、完善我国高等教育类型布局,保障"双一流"建设高校创新创业活动,推进高校创新创业驱动力由行政外力向内生驱动力转变。行政力量虽能有效推动创新创业的短期发展,但对长期高效可持续发展而言,内生驱动力必不可少。

三螺旋模型明确了政府要发挥"引力"的作用,领导和推动创新创业事业的全面发展。首先,加强政策宣传力度,多渠道、多手段开展政策宣传工作,增加大学生对创新创业政策的知晓、理解;其次,制定相关法律法规,为大学生创新创业政策有效实施保驾护航;再次,建立规范的创新创业政策信息反馈机制和监督机制;最后,带动全社会形成鼓励创新、勇于挑战、敢于尝试的风气,优化大学生自主进行创新创业的环境,营造浓郁的创新创业文化氛围。

(一)创新政策宣传手段

研究表明,在学校类型维度上,高职高专在大学生创新创业政策的了解程度方面平均值得分(M=2.96)高于本科院校(M=2.71),因此,要重视本科院校的大学生创新创业政策宣传工作。虽然本科院校教育目标主要定位为培养理论知识学习,但本科院校作为科研成果转化的重要机构之一,做好本科院校的大学生创新创业政策宣传工作,不仅对于推动产学研成果转化、高科技创新有重要意义,也符合部分有条件的本科院校向应用型高校转型的政策导向。在互联网及智能手机发展的大潮下,新媒体传播方式不断革新,大学生创新创业政策的宣传手段和渠道也要顺应潮流,寻求符合新大学生群体需求的宣传方式,可利用微信公众号及官方微博账号定期推送有关大学生创新创业政策的普及内容,录制"大学生创新创业政策大讲堂"等视频课,作为创新创业课程线上教学的一部分,或在每期官方微信、微博推文中,以声画并茂的形式向大学生传达政策思想及创新创业最新资讯。丰富政府创新创业官方网站的内容,做好网站内容、网页设计等的及时更新,由各级政府部门和学校组织向学生普及官网信息。

(二)制定相关法律法规

在相关政策基础上促进和推动大学生创新创业相关法律法规制定,有助于我国构建创新创业法律保障体系,从而为大学生创新创业政策有效实施以及创新创业活动稳定开展提供法律依据和保障。组织理论学派认为,政策执行的有效性能否得到保证的关键,在于执行机构是否具备政策执行的主客观条件,即主观上要有对政策充分理解和认知,对政策的执行具有积极性;客观上则需要拥有足够的资源,具备足够的执行能力。[1] 在具备了上述条件之后,政策执行的有效性在理论维度才能得到保障。但不论是经济还是行政手段,只有以法为依据,才能发挥更大的效力。因此,要在现行法律中补充和完善大学生创新创业相关法律条文,使大学生创新创业优惠政策的实施有法可依。法律本身具有的确定性和稳定性能够保证创新创业事业稳步上升,为实现良好运作的创新创业生态系统创造必要条件。

(三)建立反馈监督机制

政策规划的原则之一是信息原则。信息是政策规划的基础材料,没有了及时、全面、准确、具体的信息作为支撑,对信息进行收集、加工、整理和进一步运用转化,那么政策规划就如无本之木,不具有成效性。因此,要建立起相应的创新创业政策信息反馈机制,在制定初期要收集信息,了解创新创业具体需求,做到"对症下药",从而使政策能够最大限度上满足政策对象的需求。创业供给与需求理论也强调,只有当创新创业活动和创新创业政策处于一种均衡状态时,才是一种比较理想的状态,资源也能够实现合理、有效的配置。政府颁布创新创业政策的目的就是不断满足创新创业活动的需求,以达到供给与需求之间的平衡状态,达到最有效的资源配置。可以在各级政府及高校组建创业信息反馈与监督小组,建立多级联动、政校合作的沟

---

[1] 谢明.公共政策导论[M].4版.北京:中国人民大学出版社.2015:144-195.

通机制;通过官网、微信等平台及时向外界反馈汇总的创业信息,并对不合规定的行为,在官方渠道进行定期发布,使得信息畅通,监督有效。

(四)营造"双创"文化氛围

环境对人的思想和行为具有潜移默化且深远的影响,一个良好的创新创业文化氛围不仅可以提高大学生创新创业的积极性,也会对创新创业的成功率有一定影响。政府要充分发挥"引路人"的作用,联合高校和社会,共同鼓励创造、引导人们树立创新思维,培养勇于接受挑战、敢于适应"不稳定"环境、正视失败、不畏艰难的品质,重视创新创业文化的建立,优化创新创业的环境。可以由政府牵头,定期邀请各个行业内知名企业家、创业成功人士到一些高校进行主题为"创业成就梦想""青春敢拼搏"等巡回演讲会,并在校园内定期开展创新创业校园文化节,邀请知名学者专家定期举行积极心理学、挫折教育相关讲座,鼓励学生树立拼搏奋进、不畏艰难的优秀品质。

二、高校发挥主力作用

基于三螺旋模型的创新创业教育生态系统理论中,相较于其他两个主体,高校应具有主力作用,因为高校作为大学生创新创业政策的具体执行者之一,同时也是创新创业教育的实施者、主体,在创新创业政策的实施过程中起着至关重要的作用。高校应结合社会经济发展的需要,充分发挥其在创新创业教育中的能动性。

(一)建立完备的创新创业人才培养体系

当前高校创新创业教育仍处于"一锅烩"的初级阶段,趋同化的教育模式已难以适应高校差异化的办学定位和学生创新创业教育的个性化需求。要不断完善高校创新创业人才培养模式,就必然要从注重趋同化的普适性教育转向有差异性的特色教育,促进创新创业教育的精准实施。

第一,高校要建立起专业的创新创业师资队伍,保证师资队伍构成的专业程度和合理性,并对创新创业教师进行定期培训和适时的继续教育,建立一套科学的创新创业师资队伍考核评价体系,建立合理的进入和退出机制。

第二,高校要根据自身人才培养目标的不同,制定适合本校创新创业人才培养目标的创新创业课程体系,创新授课方式、丰富课程内容、保证理论知识传授与实践训练并重。制定合理的休复学制度,创新创业学分转换制度等,为创新创业的学生提供制度保障。学校要主动适应经济社会发展新需求,依照生源结构、办学资源、办学环境差异,遵循学校办学传统、特色优势、发展目标和地区发展需要,客观分析学校在国家和地方高等教育体系中扮演的角色,做好办学定位,不盲目跟风;要根据学校类型差异制定不同创新创业政策推动学校创新创业进程。"双一流"建设高校也要制定符合学校发展实际的创新创业措施。

第三,实行差异化教育。一要体现在男女性别中。正如调查所示,政策实施效果存在性别上的差异。要有效提升创新创业政策的实施效果,就必然对性别差异性及其背后的运作逻辑进行正确解读,根据男女差异,积极鼓励、支持、保障女生参与创新创业活动,予以制度、资金、教学等多方支持,建立基于性别的差异化实践环节等。二要体现在学生年级和市场的差异化需求。高校在内容上应以学生和市场的双向双重需求为导向,根据学生年级特点实行差异化教育,统筹学生创新创业发展大局,将创新创业教育和有关政策合理、系统地分配、落实到学生的教育教学中,融入学生的课程设置和整体教学之中,融入学生的实践当中。三要体现在学科类别差异之中。面对人文社科类学生创新创业教育边缘化现象,要根据学科类别实行差异化特色教育,制定面向人文社科类学生的创新创业政策,鼓励跨专业创新创业活动。学校可以通过着力培育人文社科类创新创业师资,创新人文社科类学生管理等方式,推动人文社科类学生创新创业。

第四,积极组织各类创新创业大赛,开展创新创业讲座,引导学生组建创新创业社团。除了对在创新创业大赛中取得优异成绩的学生予以奖励之外,也要对创新创业社团的优秀参与者给予奖励,鼓励他们参与社团活动,与其他学生进行思想火花和创新意识的碰撞与交流。

第五,对大学生进行系统化的创新创业教育,还应在校园里营造良好的创新创业文化氛围。高校作为国家的思想高地,可以通过教育活动,将创新创业思想传播出去,使校内创新创业文化能够辐射到社会,从而在全社会形成良好的创新创业文化氛围,达到反哺创新创业政策完善和实施、提高实践活动开展的效果。

(二)建立健全的创新创业校内组织

高校就业创业指导中心等官方组织应明确以学生为中心的工作原则,从资金投入、制度保障、服务支持等方面,为大学生创新创业活动提供全方位、全过程的关注和支持,全面收集学生创新创业中遇到的问题、存在的需求,并及时进行反馈。同时建立考核评价机制,让学生能够对官方组织提供的服务做出评价。学校根据学生反馈,不断调整官方的组织工作,以更好、更细致的管理服务于大学生创新创业活动。高校应鼓励学生参与各类创新创业社团,为创新创业社团日常活动提供一定的资金支持,保证社团活动能够顺利开展,因为创新创业社团是大学生创新意识培养、创新创业思想交流的"第二课堂"。高校要利用好社团在课余时间对大学生创新思维培养的促进作用,以及社团内部"以老带新"的传统,使大学生的创新创业意识在非官方渠道也能得到传递。

(三)挖掘创新创业场所的教育功能

仅依靠课堂教学和社团交流去实现创新创业教育目标是不现实的,高校应充分挖掘和整合创业孵化器的教育功能,为大学生创新创业实训课程、创新创业实践活动提供场所,让学生能够走出教室,走进具体的创新创业场地中,实地考察创新创业实践平台的运行机制,熟知创新创业场所入驻流程、具体优惠政策如何申请等。这有利于增进大学生对创新创业优惠政策申请程序、初创企业设立流程等实践环节的了解。因此,高校和创新创业场地负责人应定期组织大学生走进创新创业孵化器、大学科技园等场地进行实地考察式教学活动,由企业家、科技园、产业园相关负责人、大学生创业者为他们具体介绍和讲解相关知识,分享创新创业的宝贵经验。

三、企业发挥助力作用

企业是一线创新创业的实践者、信息和技术的掌握者,能够为创新创业活动提供助力,是创新创业政策实施过程中必不可少的一环。从各国创新创业发展历程来看,缺少了企业的助力,高校的创新创业活动难以取得重大进展。这是因为,创新创业活动和思维只有在企业中付诸实施才有意义,市场是检验创新创业的试金石。要推进创新创业政策的落实,企业要与政府、高校联合,推动三方联动机制有效建立。2020年1月,教育部办公厅印发了《产学合作协同育人项目管理办法》,鼓励企业提供师资、软硬件条件、投资基金等,支持高校加强创新创业教育课程体系、实践训练体系、创客空间、项目孵化转化平台等建设,深化创新创业教育改革,支持高校学生进行创新创业实践,这为企业助力创新创业教育提供了政策依据。

(一)进行精准引导

企业可以针对不同高校类型在创新创业中进行精准引导,对高职高专学生进行职业技能型帮扶,为学生创新创业实践环节提供实操项目,使所学专业技能和企业岗位完美衔接,让学生在接触一线中得以锻炼;对一般本科院校要根据区域发展,提供应用型帮扶;对"双一流"建设高校,为基础科学领域的创新活动提供资金项目等支持,为应用性研究提供创业、转化等支持。企业根据学校实际建立创业孵化园地、工作室等,提供资金支持、技术指导、管理帮扶,选派企业卓越技术人员、管理人员担任校外导师,为大学生创新创业提供产品运营、企业管理、技术开发等多方指导,传递一线信息和经验。基于学科差异,企业可以为人文社科类学生提供参与创新创业机会。通过建立企业产业园等形式,为学生提供跨专业、跨学科交流的空间和场地。根据学生年级差异,适时适度指导低年级学生参与实践环节,为高年级学生提供进入市场一线的机会,捕捉市场信息,锻炼高年级学生进入创新创业领域的能力,一方面培养大学生凝聚资源、防范风险、人际交往和创办创新创业实体企业的能力;另一方面提高学生运用专业知识水平解决实际问题的能力,提升学生专业知识技能,增加学生创业知识,培育创新创业意识和精神。

(二)构建"双创"融资体系

各省市应鼓励当地企业创新融资形式,建立多种形式的创新创业基金,可以参考天使基金等,建立适合本省市社会经济发展需求的基金,适当降低融资申请门槛,既能为本地户籍毕业生回流做出贡献,也有利于缓解就业压力。同时,一个宽松、合理、科学、可操作性强的融资体系能在一定程度上提高高校学生的创业率以及创业成功率,这对于地方经济发展具有促进作用。但是为了保证融资效果,要相应地建立起资金投入、使用的评价和监督机制,以此来考评企业是否符合下一阶段资金使用的条件。

(三)营造良好合作环境

企业要积极主动与高校展开合作,除了让优秀的创业者、企业家等专业人士加入创新创业教育师资队伍之外,还要努力举办创新创业活动,鼓励多学科交叉创新,与高校一同促进专业教育与创新创业实践融合,帮助高校将科研成果及时转化为生产力,进行适当的市场化动作,促进产学研用的深入发展。

企业要在行业内营造男女平等、同工同酬的文化氛围,扭转行业刻板印象,可优先派驻女性员工入驻学校担任教师,为女生投身创新创业营造良好舆论环境和平台支持。同时,企业要积极与政府、高校协同作战,充分发挥社会各项资源的潜力,助力创新创业发展,为大学生创新创业政策更好实施提供优越环境支持。

第六章 三螺旋模型下我国高校创业课程有效性调查与分析

对于高等教育,多数人心目中的图景是通过四年的教育使受教育者的知识、能力、态度、价值观、社会心理、道德理性等得以发展。[①] 作为一种态度、能力或者行为,创业自然被包含在大学教育的结果内,人们希望通过大学教育提升受教育者的创业意愿、创业能力,并促使创业行为发生。这种理念也是高等学校开展创新创业教育的重要依据。但是,创业教育真的有效吗?也就是说,创业教育能否真正提升学习者的创业意愿、创业能力,或促使创业行为发生,三者发生一项即认为创业教育有效。创业课程是开展创业教育的基础,也是最基本的教育模式。本章对于我国高校创业课程有效性进行调查分析,这里的"有效性"主要是指创业课程能否提升学生的创业意愿。调查结果针对这一问题所开展的一系列实证研究所得结论并不完全一致。

第一节 高校创业教育和课程研究

通过适当的创业课程可以提升参与者的创业倾向需求与可行性,使其具备创业精神、能力,帮助其开创新事业,促使其创业、经营成功等。国内外的一些研究也证实了这一点,即创业教育能够改善受教育者的创业态度、能力或行为。卢克·皮达维(Luke Pittaway)和贾森·库博(Jason Cope)研究了1980年至2004年发表的61篇创业教育高被引实证论文,发现创业教育能

---

① 特伦兹尼.只见树木,不见森林:什么在影响美国大学生的学习[J].鲍威,黄月,译.北京大学教育评论,2018,16(1):72-84.

够积极影响受教育者的创业意图和创业倾向。[1] 朱利安·兰格(Julian Lange)等通过对3 775名毕业生进行的追踪调查,对比了选修过创业课程的学生和未选修过创业课程的学生在创业意愿、创业行为上的差异,结果发现无论是毕业当年还是毕业10年以上,较之未选修的学生,选修过两门或更多门创业课程的学生均有较高的创业意愿,以及有更高的比例成为实际创业者。[2] 玛丽娜·索雷斯维克(Marina Solesvik)对321名乌克兰大学生的调查数据进行了分层多元回归分析,发现与未接受创业教育的学生相比,接受过创业教育的学生创业动机显著较高,并且更有可能成为实际的创业者。[3] 阿里·德亨普尔(Ali Dehghanpour)利用全球创业观察数据库(GEM)中的601个伊朗学生样本,采用二项逻辑回归评估了创业教育和培训(EET)对创业意愿的影响,结论发现修习过一项创业课程的学生,其创业意愿是未参加课程学生的1.3倍。[4] 张秀娥等利用8省区大学生调查数据,基于计划行为理论构建了结构方程模型,研究结果表明创业教育对学生的创业意愿产生了积极影响。[5] 李琴等基于5所大学的微观数据进行了有序逻辑回归,结果显示创业教育对于大学生的创业意愿以及行为均有显著影响。[6] 向辉等以全国25个高校5 784个有效问卷为样本,通过结构方程模型和方差分析发现,创业教育既能直接影响创业意向,也能通过创业态度间接影响创业意向,且作用显著。[7]

但是另有一些研究发现,创业教育可能是无效的。裴泰军(Bae,Tae

---

[1] PITTAWAY L, COPE J. Entrepreneurship education: a systematic review of the evidence[J]. International small business journal, 2007, 25(5): 479-510.

[2] LANGE J, JAWAHAR A S, MARRAM E, et al. Does an entrepreneurship education have lasting value?: a study of careers of 4,000 alumni [J]. Journal of business entrepreneurship, 2011, 31(6): 210-224.

[3] SOLESVIK, MARINA Z. Entrepreneurial motivations and intentions: investigating the role of education major[J]. Education and Training, 2013, 55(3): 253-271.

[4] DEHGHANPOUR F A. The process of impact of entrepreneurship education and training on entrepreneurship perception and intention[J]. Education and Training, 2013, 55(8): 868-885.

[5] 张秀娥,徐雪娇,林晶.创业教育对创业意愿的作用机制研究[J].科学学研究,2018,36(9):1650-1658.

[6] 李琴,齐文娥,杨学儒,等.创业教育对大学生在校创业行为及毕业后创业意愿的影响[J].复旦教育论坛,2018,16(4):65-72.

[7] 向辉,雷家骕.大学生创业教育对其创业意向的影响研究[J].清华大学教育研究,2014,35(2):120-124.

Jun)等分析了2005—2012年发表的73篇研究创业教育与创业意愿关系的实证文献,发现创业教育与创业意愿之间的相关性较弱,创业教育采用的方式、创业教育时间的长短对创业意愿的影响均不显著,学生性别、父母创业经历等对创业意愿的影响也不显著。① 詹姆斯·费舍尔(James Fisher)和詹姆斯·科赫(James Koch)通过对234名经理人的问卷调查和访谈发现,创业者独特的人格特质,例如自信、富有活力、乐观、外向、高风险承受力、目光长远等,更多受基因决定,后天教育很难改变这些特质,所以他们认为创业者是天生的,无法后天教育。② 卡拉·马奎斯(Carla Marques)等利用结构方程模型对202名学生的调查数据进行路径分析发现,是否上过创业课程与学生是否想要成为创业者的意愿相互独立,创业教育并未显著作用于创业意愿。③ 王心焕等对37所本科院校和15所高职院校10 128名学生的调查数据进行了分层回归分析,发现是否上过创业课程、是否参加过创业竞赛及获奖等创业教育经历对高职学生创业意愿的影响均不显著。④

无法准确识别创业教育对结果变量的因果效应是已有研究结论相互排斥的原因之一。现有研究的通常做法是,以是否接受创业教育为分组变量,比较有创业教育经历和没有此经历学生在结果变量上的差异。但是,学生接受创业教育的意愿并不是随机分配的,它至少会受到个体特征、先前经验、学科专业、院校支持、家庭支持等因素的影响。也就是说参加创业教育(干预组)和未参加创业教育(对照组)的两组学生在诸多特征变量上存有差异,而且这些差异也会影响学生的创业态度、能力或行为。⑤ 所以,如果简单地以创业教育分组后的学生表现差异来衡量创业教育带来的处理效应,将会产生较严重的内生性问题。更进一步地说,即便将这些混淆变量作为"控

---

① BAE T J, QIAN S, MIAO C, et al. The relationship between entrepreneurship education and entrepreneurial intentions: a meta-analytic review[J]. Entrepreneurship: theory and practice,2014,38(2):217-254.

② FISHER J L, KOCH J V. Born, not made: the entrepreneurial personality[M]. Santa Barbara, California: Greenwood Publishing Group, 2008:1-6.

③ MARQUES C S, et al. Entrepreneurship education: how psychological, demographic and behavioural factors predict the entrepreneurial intention[J]. Education and Training, 2012, 54(8/9):657-672.

④ 王心焕,薄赋徭,雷家骕.创业教育对大学生创业意向的影响研究:兼对本科生与高职生的比较[J].清华大学教育研究,2016,37(5):116-124.

⑤ 张秀娥,张坤.创业教育对创业意愿作用机制研究回顾与展望[J].外国经济与管理,2016,38(4):104-112.

制变量"纳入回归模型,仍将面临三种估计风险:第一,它假定混淆变量对学生创业表现的影响与创业教育对学生创业表现影响之间是线性关系,两种影响是累加的,但这种假定缺乏科学依据。① 第二,偏回归系数代表的是一种"平均"效果,它无法区分两个问题:一是一个任意选取的样本,如果一开始没接受创业教育会有怎样的创业表现;二是一个任意选取的未接受创业教育的学生如果接受创业教育会有怎样的创业表现。第三,混淆变量会与我们关心的"是否接受创业教育"存在相关性,引发共线性问题。一般情况下,严格随机试验是得出因果关系的理想方法。② 但由于严格随机试验具有反事实不可观测,经济成本、时间成本较高等问题,倾向值匹配方法(Propensity Scored Matching,简称 PSM)得到了关注和应用。③ 倾向值匹配通过控制倾向值来遏制选择性误差对研究结论的影响,从而保证研究结论具有因果效应,同时它还通过一种半参数性方法避免了回归模型的三种风险。④

作为创业教育的重要载体,创业课程是高等院校实施创业教育最常见的形式,也是教育部对高等院校推进创新创业教育改革的硬性要求。2014年6月,教育部颁布《2014年国家鼓励高校毕业生就业创业新政策》,高校创业教育再次受到广泛关注。在该文件中提到:"各高校要广泛开展创新创业教育,将创业教育课程纳入学分管理,有关部门要研发适合高校毕业生特点的创业培训课程,根据需求开展创业培训,提高高校毕业生创业意识和创业能力。"课程是学校教育实施的载体,创业教育的实施同样离不开课程。对创业课程的有效性进行评估,一定程度上可以帮助我们洞悉创业教育的有效性,把握创业教育效果的好坏。有鉴于此,本研究使用倾向值匹配方法控制研究样本的内生性问题,基于中部某省 20 所高校 4 535 份大学生创新创业调查数据,通过评估修习创业课程对学生创业意愿的平均处理效应,以准确地估计创业课程的有效性,在此基础上,本研究还希望更准确地评估修习哪类创业课程更有利于提升学生的创业意愿,从而为创新创业教育研究提供资料参考,为推进高等学校创新创业教育改革提供实践证据。

---

① MORGAN S L. Counterfactuals, causal effect heterogeneity, and the catholic school effect on learning[J]. Sociology of education,2001,74(4):341-374.
② 胡安宁.社会科学因果推断的理论基础[M].北京:社会科学文献出版社,2015:4.
③ 王舒鸿,崔欣,姚守宇.统计相关还是真实因果?:基于"因果推断"的新兴研究范式[J].金融与经济,2018(8):21-30.
④ 胡安宁.倾向值匹配与因果推论:方法论述评[J].社会学研究,2012,27(1):221-242.

第二节　大学生创业意愿估算方法

一、倾向值匹配法的基本框架

倾向值匹配法是在反事实框架下,依据被研究个体虚拟的条件或概率进行替换的分析方法。[①] 其基本逻辑是,设置一个反事实组(对照组),使其样本尽可能与干预组样本在可观测协变量上分布趋同。倾向值得分指被研究个体在给定可观测协变量条件下受到某种处理的概率,依据此得分,研究者将干预组个体与得分相同或相似的对照组个体进行匹配,以达到类似随机试验的设计。根据匹配后两组样本在结果变量上的平均差异,获得被研究个体在接受某种干预后的平均处理效应。

假定有干预变量 D_i(创业课程)将本研究中的样本分为两组:上过创业课程的干预组($D_i=1$)和未上过创业课程的对照组($D_i=0$)。对于学生 i,其潜在结果变量创业意愿被定义为 $Y_i(D_i)$,则上过创业课程者平均处理效应(ATT)为:

$$\widehat{ATT} = \frac{1}{N_1} \sum_{i:D_i=1} (y_{1i} - \hat{y}_{0i}) \tag{1}$$

式(1)中 N_1 为干预组样本数,$\sum_{i:D_i=1}$ 表示仅对干预组个体进行加总,y_{1i} 表示干预组学生可观测到的创业意愿,$\hat{y}_{0i}$ 表示干预组学生未参加创业课程时的潜在创业意愿,这即为现实中无法观测到的"反事实创业意愿"。

同理,可为对照组的每个学生在干预组中寻找合适匹配,未上过创业课程者平均处理效应(ATU)为:

$$\widehat{ATU} = \frac{1}{N_0} \sum_{i:D_i=0} (\hat{y}_{1i} - y_{0i}) \tag{2}$$

式(2)中 N_0 为对照组样本数,$\sum_{i:D_i=0}$ 表示仅对对照组个体进行加总,y_{0i} 表示对照组学生可观测到的创业意愿,$\hat{y}_{1i}$ 表示对照组学生如果参加创业课程时的潜在创业意愿,该数值亦为无法观测到的"反事实创业意愿"。

[①] ROSENBAUM P R, RUBIN D B. Constructing a control group using multivariate matched sampling methods that incorporate the propensity score[J]. The American statistician, 1985, 39(1):33-38.

全体样本的平均处理效应(ATU)为：

$$\widehat{ATE} = \frac{1}{N} \sum_{i=1}^{N} (\hat{y}_{1i} - \hat{y}_{0i}) \tag{3}$$

式(3)中 N 为样本容量；如果 $D_i = 1$ 则 $\hat{y}_{1i} = y_{1i}$；如果 $D_i = 0$ 则 $\hat{y}_{0i} = y_{0i}$。

倾向值得分匹配方法还需满足两个重要的前提假设：①条件独立假设。假定有一组可观测协变量 X，它们既影响学生个体是否修习创业课程，也影响学生个体的创业意愿，却不会受到学生修习创业课程的影响。在控制 X 后，"修习创业课程"在学生中的分配是随机的，这样便可保证干预组和对照组学生的创业意愿差异是由"修习创业课程"带来的。②共同支撑假设。这要求具有某些可观测协变量特征的学生同时具有成为"修习创业课程"和"未修习创业课程"的正向概率，即干预组和对照组样本的倾向值得分必须有重叠部分。

二、倾向值匹配法的步骤

使用倾向值匹配方法主要分为三步[①]：一是预测倾向值。这一步是利用可观测协变量 X 使用概率单位回归(probit 模型)或逻辑回归(logistic 模型)来预测个体修习创业课程的概率。二是利用倾向值进行匹配。常用的匹配方法有，寻找倾向值最邻近的 K 个不同组个体的"K 临近匹配"，限制倾向值得分绝对距离的"半径匹配"，根据核函数计算匹配权重的"核匹配"、使用局部线性回归来估计匹配权重的"局部线性回归匹配"。各项匹配方法的详细规则相关文献已有详细解释，[②]这里不作展开。三是基于匹配样本进行因果系数估计。利用匹配后样本，主要观测干预组平均处理效应(ATT)便可估计修习创业课程对大学生创业意愿的影响。

第三节 高校创业课程有效性调查

一、数据来源

本研究使用数据取自河南省高等教育教学改革研究与实践重点项目支

[①] 胡安宁.倾向值匹配与因果推论：方法论述评[J].社会学研究,2012,27(1)：221-242.

[②] 陈强.高级计量经济学及 Stata 应用[M].北京：高等教育出版社,2010:544.

持的"2018年大学生创新创业调查"。该调查涉及大学生个人基本信息、创业教育参与状况、创业意愿、家庭对创业的支持、所在院校对创业的支持等信息。历经两轮预调查和反馈修改,确立了最终问卷。2018年11月,在教育行政部门的支持下,尽可能让参与院校按人文、社科、理、工、医5个学科类别各140名学生(约4个行政班级)的方式进行调查。研究共计对20所抽样高校的14 000名学生进行了调查,调查返回问卷13 923份,经3个条件(两道测谎题前后不一致,答题时间100秒以下,连续10个题目选项一致)的筛选,在剔除失真样本后,本研究最终获得有效样本4 535份。其中,男生1 786人,女生2 749人;一流大学建设高校1 273人,一流学科建设高校710人,一般本科院校1 905人,高职高专院校647人;大一学生1 299人,大二1 536人,大三1 196人,大四504人;人文类学生867人,社科类960人,理学类613人,工学类1 499人,医学类596人。在被调查的对象中,1 908名学生从未修习过创业课程,2 627名学生修习过不同类型(知识类、实践操作类)的创业课程。

二、指标与变量选择

(一)因变量

意愿是解释个体行为最有效的预测变量。对于创业者来讲,创业意愿是创业行为发生的必要条件,只有具备强烈创业意愿的个体才可能产生实际的创业行为。简言之,创业意愿对大学生创业行为发生作用影响重大,创业意愿应是评价创业教育有效性的核心指标。由此,本研究选取创业意愿作为结果因变量。具体而言,本研究使用调查中的两个问题,即"我有创业的意愿"和"我愿意休学创业"衡量大学生的创业意愿,两个问题均为从1到5的主观感受题,数字越高表明创业意愿越强。此变量被作为连续变量处理。

(二)干预变量

本研究的干预变量为"修习创业课程"。本研究关注的两个主要问题是:第一,修习创业课程是否能提升大学生的创业意愿;第二,修习何种创业课程对学生创业意愿的提升更大。因而,本研究的干预措施共分为3类:第一,是否修习创业课程,修习=1,未修习=0,此为干预1;第二,修习了创业知识类课程=1,未修习=0,此为干预2;第三,修习了实践操作类创业课程=1,未修习=0,此为干预3。

(三) 协变量

受 PSM 方法条件独立假设限定，协变量的选取应满足既影响学生修习创业课程概率，又影响学生创业意愿，且不会受到修习创业课程影响的前定变量。本研究选取的协变量包括三类：一是个体背景特征，包括性别（男、女）、年级（大一至大四）、学科（人文类、社科类、理学类、工学类、医学类）、所在院校类型（一流大学建设高校、一流学科建设高校、一般本科、高职院校），分别以女性、大一、人文类、高职院校作为参照组。二是家庭对创业的支持，此变量为选项从 1 到 5 的主观感受题，数值越高表示家庭对创业的支持越强。三是学校对创业的支持，包括提供创业资金支持、合理制定创业休学/复学政策、邀请企业家进课堂、定期举办创业讲座、提供创业咨询服务、组织创业大赛、设立多样的创业社团、提供创业实践机会，此 8 个变量均为 1 到 5 的主观感受题，数值越高表示学校对创业的支持越强。

在本研究中，协变量选取的逻辑为，创业是一种具有较高资源消耗和较高风险的实践活动，一定的物质、心理、政策支持是促使学生修习创业课程、产生创业意愿的重要保障，获得较多家庭和学校支持的学生，更可能修习创业课程，也更可能产生较高的创业意愿。而个体特征变量作为个体智力、能力等的表征，通常被社会科学研究作为协变量，本研究亦照此传统。

第四节 高校创业课程有效性结果分析

一、学生修习创业课程的倾向值估计

根据倾向值匹配的基本逻辑和步骤，这里首先估计大学生是否修习过创业课程的概率。表 6-1 第（1）列中，预测是否修习创业课程的 logistics 模型所使用的解释变量与倾向值匹配使用的协变量相同。从模型拟合效果看，LR chi^2 = 697.7，$P>chi^2$ = 0.000，Pseudo R^2 = 0.113，模型通过了 LR 检验，代表着进入模型的变量对学生是否修习创业课程具有 11.3% 的解释力。由此，可得学生修习创业课程的预测概率（倾向值），并据此对干预组和对照组进行匹配。估计结果显示，首先，性别、年级、学科、所在院校类型会显著影响学生是否修习创业课程。具体来看，男生修习创业课程的概率高于女生；较之大一学生，大二、大三、大四的学生有更高的概率修习创业课程，且年级越高上过创业课程的概率越大；相较于人文学科，社科类、工学类、医学

类学生修习创业课程的概率显著较高,而同为基础学科的理学学生修习创业课程的概率与人文学科学生无显著差异;较之高职高专学生,就读于一流大学建设高校、一流学科建设高校的学生修习创业课程的概率显著较低,这与高职高专院校更侧重于应用类、实践类专业技术人才培养的定位有一定关系。其次,家庭对学生创业支持的提高会显著增加学生修习创业课程的概率,家庭对创业的支持程度每提高1个单位(1个单位为20%),学生修习创业课程的概率会增加9.9%。(在计算连续变量对修习创业课程的影响时,需要进行转换,其中e为自然对数的底数,B_i为连续变量的估计系数。以家庭支持创业的估计系数0.095为例,即=0.099)再次,学校通过定期举办创业讲座、为学生提供创业实践机会等支持措施,能显著提高学生修习创业课程的概率。

表6-1 倾向值匹配前后各协变量差异对照

变量	Logit 回归	匹配状态	上课		上知识类课		上实践操作类课	
			偏差/%	$P>\|t\|$	偏差/%	$P>\|t\|$	偏差/%	$P>\|t\|$
	(1)	(2)	(3)	(4)	(5)	(6)	(7)	(8)
是否上过创业课程								
性别——男	0.196**	U	14.4	0.000	11.7	0.005	18.4	0.004
	(2.51)	M	3.2	0.251	-6.8	0.108	-4.0	0.651
年级——大二	1.055***	U	16.8	0.000	13.0	0.002	-15.7	0.018
	(11.85)	M	1.8	0.557	15.4	0.002	2.8	0.731
年级——大三	1.380***	U	26.2	0.000	19.7	0.000	32.3	0.000
	(14.09)	M	-15.8	0.000	-13.6	0.012	-1.1	0.910
年级——大四	1.438***	U	11.7	0.000	17.5	0.000	22.8	0.000
	(11.63)	M	1.9	0.523	-6.3	0.265	-3.9	0.691
学科——社科	0.247**	U	-6.1	0.028	2.1	0.615	-5.7	0.390
	(2.3)	M	-2.9	0.335	-1.0	0.836	-4.1	0.632
学科——理学	0.081	U	-10.0	0.001	-7.1	0.098	-11.9	0.079
	(0.66)	M	1.7	0.514	6.6	0.155	-5.1	0.536
学科——工学	0.432***	U	19.0	0.000	14.3	0.001	21.5	0.001
	(4.06)	M	-2.1	0.463	-4.8	0.349	1.0	0.912

续表6-1

变量	Logit回归 (1)	匹配状态 (2)	上课 偏差% (3)	上课 P>|t| (4)	上知识类课 偏差/% (5)	上知识类课 P>|t| (6)	上实践操作类课 偏差/% (7)	上实践操作类课 P>|t| (8)
学科——医学	0.437*** (3.29)	U	10.4	0.000	8.4	0.073	-0.9	0.894
		M	-0.3	0.912	-1.6	0.705	4.4	0.600
院校——一流大学建设高校	-1.337*** (-11.2)	U	-31.3	0.000	-37.9	0.000	-39.4	0.000
		M	2.1	0.412	0.9	0.838	-0.6	0.935
院校——一流学科建设高校	-1.393*** (-10.65)	U	-33.3	0.000	-31.6	0.000	-46.7	0.000
		M	0.3	0.910	-0.3	0.953	1.1	0.862
院校——四年制本科	-0.086 (-0.73)	U	38.4	0.000	39.4	0.000	54.0	0.000
		M	-2.6	0.211	-6.9	0.185	-2.1	0.811
家庭支持	0.095** (2.11)	U	17.8	0.000	12.1	0.004	38.2	0.000
		M	-1.6	0.558	3.0	0.541	4.9	0.576
提供创业资金支持	0.006 (0.15)	U	9.0	0.003	-1.0	0.811	16.6	0.008
		M	3.0	0.274	7.4	0.140	1.5	0.859
制定创业休(复)学政策	0.016 (0.35)	U	8.7	0.004	0.8	0.853	21.0	0.002
		M	1.4	0.560	2.8	0.566	9.1	0.275
邀请企业家教学	0.081 (1.32)	U	8.5	0.005	-3.0	0.473	23.3	0.000
		M	2.9	0.291	2.4	0.632	8.1	0.355
定期举办创业讲座	0.277*** (3.89)	U	15.6	0.000	7.1	0.095	29.7	0.000
		M	2.9	0.292	1.7	0.736	7.3	0.397
提供创业咨询服务	0.089 (1.26)	U	14.2	0.000	5.3	0.217	26.8	0.000
		M	1.1	0.631	7.3	0.143	5.0	0.571
组织创业大赛	-0.018 (-0.28)	U	6.6	0.016	-4.2	0.329	0.8	0.907
		M	0.5	0.860	6.8	0.172	12.5	0.148
设立创业社团	-0.112 (-1.56)	U	6.7	0.013	9.1	0.065	4.9	0.460
		M	2.1	0.477	-6.6	0.125	12.0	0.162
提供创业实践机会	0.166*** (3.02)	U	15.3	0.000	8.4	0.050	15.3	0.018
		M	1.2	0.647	0.8	0.864	12.3	0.156
Pseudo R^2	0.113	U	0.113		0.138		0.162	
		M	0.011		0.014		0.008	

续表6-1

变量	Logit 回归	匹配状态	上课 偏差%	上课 P>|t|	上知识类课 偏差/%	上知识类课 P>|t|	上实践操作类课 偏差/%	上实践操作类课 P>|t|
	(1)	(2)	(3)	(4)	(5)	(6)	(7)	(8)
LR chi^2	697.7	U	697.4		454.26		264.91	
		M	7.82		20.45		6.18	
$P>chi^2$	0.000	U	0.000		0.000		0.000	
		M	0.406		0.163		0.999	

注：①第(1)列括号内数值为 Z 值；② * * * $P<0.01$，* * $P<0.05$，* $P<0.1$；③U 为倾向值得分配对前的样本，M 为倾向值得分配对后的样本。

二、匹配效果分析

在获得倾向值得分后，使用临近匹配、半径匹配、核匹配、局部线性回归匹配对干预组和对照组学生进行匹配。匹配完成之后，需检验匹配结果是否满足条件独立假设和共同支撑假设。限于篇幅，这里仅展示临近匹配法（$K=1$）的平衡性检验结果。具体来讲，本书以修习创业课程、修习创业知识类课程、修习实践操作类课程为干预变量进行匹配，并采用 T 检验对匹配前后各协变量在干预组和对照组上是否存在显著组间差异进行检验，结果如表6-1第(3)至(8)列所示，匹配之前各协变量在干预组和对照组上均存在或部分存在显著差异，采用临近匹配后，19个协变量（共20个）在干预组和对照组上的标准偏差均值10%以内，且 T 检验结果都不拒绝干预组与对照组无系统差异的假设，表明两组学生的特征差异得到了有效控制，各协变量平衡效果较好。从倾向值模型检验效果来看，三组样本匹配后的 Pseudo R^2 大幅度下降（分别为0.011、0.014、0.008），但其联合显著性检验的 P 值却明显上升，变得不再显著。如此说明，匹配后的协变量和倾向得分在干预组和控制组之间的分布上具有一致性，满足了条件独立假设。

图6-1显示，倾向值匹配后干预组和对照组的倾向值得分在0.106到0.903之间都有共同取值（多集中于0.4—0.6），并且匹配后两组样本的倾向值分布形态、峰度、偏度基本相同。如是说明，两组样本的倾向值重叠部分广泛，且重叠部分的分布高度相似，满足共同支撑假设。

三、修习创业课程对创业意愿的处理效应

表6-2呈现的是不同匹配方法下修习创业课程对（休学）创业意愿影响

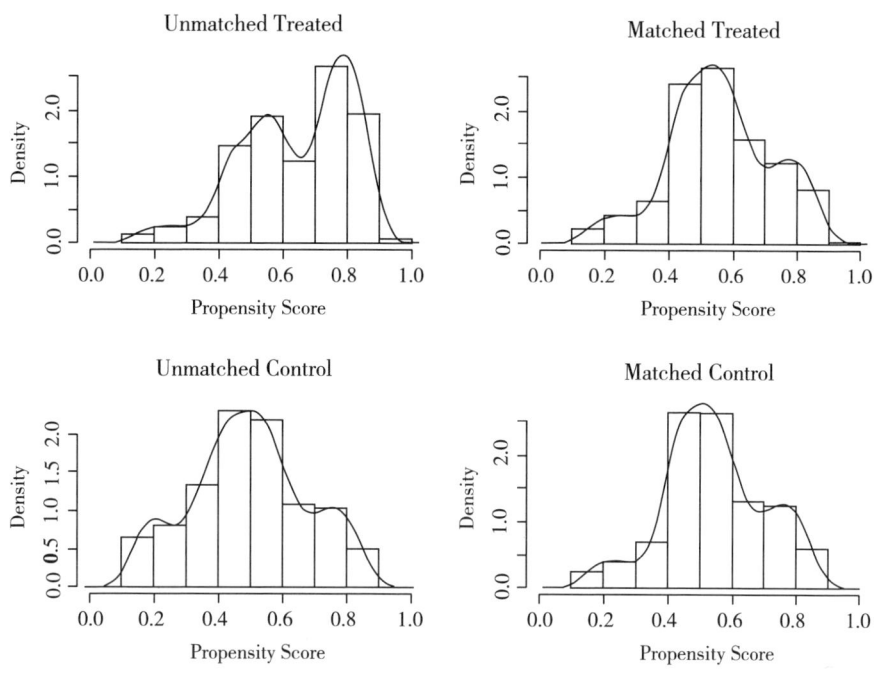

图6-1 匹配样本与未匹配样本倾向值得分密度分布

的平均处理效应。以临近匹配方法为例,在干预组和对照组特征变量相匹配情况下,修习创业课程的学生其创业意愿比未修习该课程的学生高0.013,表明修习创业课程能为学生带来0.26%的创业意愿增长;而在(休学)创业意愿上,干预组与其"反事实"组相差0.093,表明修习创业课程能为学生带来1.86%的(休学)创业意愿增长。

整体来看,无论是对创业意愿还是对(休学)创业意愿的影响,6种匹配方法下修习创业课程所获得的平均处理效应(ATT)均为正值,但估计系数大多在0.05以下(增长率在1%以下),而且除临近匹配法($K=1$)获得的估计系数通过了显著性检验外,其他5种匹配方法获得的估计系数均未呈现统计显著意义。这意味着:第一,修习创业课程对创业意愿具有正向影响,但这种影响的平均处理效应不具有统计显著意义;第二,绝大多数处理效应的估计系数在0.05以下,并且比较来看,4种匹配方法获得的创业课程对创业意愿影响的ATT系数均高于其对(休学)创业意愿影响的系数,如此表明,创业课程对创业意愿的影响是有限的,其对"强"创业意愿的影响更是有限。

此外,本研究还将传统估计结果(简单地以上课与未上课作为分组依据)和 PSM 估计结果进行了对比。计算结果显示,匹配前上课组与未上课组学生的创业意愿均值差为 0.089,增长率为 1.78%(0.089×20%),且差异显著($t=3.649$,$P<0.001$);匹配前两组学生的(休学)创业意愿均值差为 0.138,增长率为 2.76%(0.138×20%),同样差异显著($t=5.359$,$P<0.001$)。传统估计结果均明显高于 6 种匹配方法估计出的平均处理效应(ATT)。这意味着,传统估计方法难以有效控制学生的正向样本选择偏差,估计结果较为"粗放",简单使用分组估计将出现较为严重的选择性偏差,造成结论失真。

表6-2 不同匹配方法下修习创业课程对(休学)创业意愿影响的平均处理效应

匹配方法	对创业意愿影响的处理效应				对(休学)创业意愿影响的处理效应			
	ATT	增长率	标准误	$\|t\|$	ATT	增长率	标准误	$\|t\|$
邻近匹配($K=1$)	0.013	0.26%	0.026	0.48	0.093***	1.86%	0.027	3.38
邻近匹配($K=4$)	0.030	0.6%	0.036	0.82	0.027	0.54%	0.037	0.73
半径匹配(caliper=0.01)	0.021	0.42%	0.032	0.67	0.033	0.66%	0.033	1.01
半径匹配(caliper=0.05)	0.036	0.72%	0.031	1.21	0.017	0.34%	0.031	0.55
核匹配(bwidth=0.06)	0.035	0.7%	0.031	1.16	0.018	0.36%	0.031	0.56
局部线性回归匹配(bwidth=0.8)	0.043	0.86%	0.052	0.84	0.033	0.66%	0.054	0.61

注:$1.64<|t|<1.96$ 在 10% 的水平上显著*;$1.96<|t|<2.576$ 在 5% 的水平上显著**;$|t|>2.576$ 在 1% 的水平上显著***。

四、修习各类创业课程对创业意愿的处理效应

为回答本研究关注的第二个问题——修习哪类创业课程对创业意愿的影响更大?本研究分别以修习创业知识类课程、修习实践操作类课程作为干预变量,据此估计修习不同类型创业课程对创业意愿影响的平均处理效应。估计结果见表6-3。

在不同匹配方法下,以修习不同类型课程为干预变量估计的平均处理效应呈现了稳健性结论:第一,修习同类型课程,使用不同匹配方法获得的处理效应结论一致。无论是对创业意愿还是对(休学)创业意愿的影响,使

用4种匹配方法估计出的修习创业知识类、实践操作类课程的ATT均为正值,这验证了修习创业课程对创业意愿具有正向作用的结论;而且,除临近匹配法外,其他3种匹配方法获得的估计系数均未通过显著性检验,进一步说明修习创业课程对两种创业意愿带来的影响是有限的。这一结论既呈现较高的内部一致性,又同上文结论一致。第二,在同一匹配方法下,以修习不同类型课程为干预变量获得的处理效应也具有一致表现。在对创业意愿的影响上,4种匹配方法获得的估计系数均呈现实践操作类课程大于创业知识类课程,并且除最近邻匹配外,其余3种匹配方法得出的干预变量估计系数均不显著;在对(休学)创业意愿的影响上,半径匹配、核匹配、局部线性回归匹配方法估计的ATT均呈现实践操作类课程大于知识类课程,且干预变量的估计系数均不显著。这说明,就提升大学生创业意愿[包括(休学)创业意愿]来讲,修习实践操作类课程更有效。

简单均值比较结果(表6-3第3列)显示,在对创业意愿的作用上,修习实践操作类课程大于知识类课程,在对休学创业意愿的影响上,知识类课程大于实践操作类课程;并且在同一类型干预变量下获得的估计系数均大于PSM得出的估计系数,6个系数中有5个通过了显著性检验。这说明,第一,传统估计方法下,不同干预变量对两种创业意愿影响的估计结果并不一致,估计结果的稳定性较弱,传统估计方法可能是有偏差的;第二,传统估计可能过高地估计了处理效应,所得结论值得商榷。

表6-3 各类创业课程对大学生创业意愿影响的处理效应

	处理方案	匹配前上课组与未上课组均值差	参数	最邻近匹配($K=1$)	半径匹配(0.05)	核匹配(0.06)	局部线性回归匹配(0.8)
对创业意愿影响的ATT	干预2 知识类课程	0.05 (1.526)	ATT	0.039	0.015	0.015	0.033
			标准误	0.041	0.04	0.04	0.063
			$|t|$	0.97	0.37	0.39	0.52
	干预3 实践操作类课程	0.22*** (4.053)	ATT	0.103*	0.052	0.053	0.080
			标准误	0.074	0.062	0.063	0.09
			$|t|$	1.39	0.85	0.85	0.89

续表6-3

	处理方案	匹配前上课组与未上课组均值差	参数	最邻近匹配（K=1）	半径匹配（0.05）	核匹配（0.06）	局部线性回归匹配（0.8）
对（休学）创业意愿影响的ATT	干预2 知识类课程	0.17*** (4.507)	ATT	0.1**	0.024	0.023	0.023
			标准误	0.043	0.042	0.043	0.067
			$\lvert t \rvert$	2.3	0.55	0.54	0.34
	干预3 实践操作类课程	0.14** (2.492)	ATT	0.11*	0.071	0.053	0.043
			标准误	0.074	0.062	0.063	0.915
			$\lvert t \rvert$	1.5	0.92	0.72	0.47

注：① $1.64 < \lvert t \rvert < 1.96$ 在10%的水平上显著*；$1.96 < \lvert t \rvert < 2.576$ 在5%的水平上显著**；$\lvert t \rvert > 2.576$ 在1%的水平上显著***。② 表中第三列括号中数值为匹配前上课组与未上课组独立样本T检验的T值，*$P<0.1$，**$P<0.05$，***$P<0.01$。

第五节 高校创业课程改革的路径

基于"2018大学生创新创业调查"数据分析，利用倾向值匹配，本研究探讨了两个问题，一是修习创业课程能否提升大学生创业意愿，二是修习何种创业课程对创业意愿的提升更大，主要结论如下。

第一，与传统的简单分组估计相比，倾向值匹配方法的估计结果相对较小，说明传统估计方法存在较为严重的内生性问题，会使得研究样本存在正向选择性偏差，估计结果是有偏差的。无论是对创业意愿还是对休学创业意愿的影响，无论是使用干预变量1，还是干预2、干预3，使用多种匹配方法获得的估计结果是一致的，说明倾向值匹配估计结果具有较强稳健性，能够克服传统估计存在的样本正向自选择偏差，本研究使用倾向值匹配法对修习创业课程进行因果效应推断是可行的。

第二，创业课程对大学生创业意愿的影响具有正向影响，但并不显著。倾向值匹配估计结果显示，在对两种创业意愿的影响上，使用不同干预手段和不同匹配方法获得的平均处理效应均为正值，但此数值大多不具有统计显著性。这意味着，其一，创业课程是有效的，修习创业课程对大学生创业意愿提升具有正向作用。至少来说，修习创业课程能够让学生更加了解创业的基本程序、政策、途径等知识，这一定程度上能够提升大学生的创业自我效能感,从而提升其创业意愿。① 其二,创业课程的作用是有限的,创业课程并未显著提升大学生创业意愿,反映出国家、高校投入大量资金进行创业课程建设的结果效度并不如构想的那么乐观。这种结果的出现可能是因为,除教育因素之外,创业意愿的生成还与个体受到的经济支持、市场条件、个体风险偏好等因素有关。② 所以,在未来,政策制定主体还需要从资金、政策、市场环境等更多方面给予大学生创业支持。

第三,实践操作类课程对创业意愿的影响大于创业知识类课程,但不显著。倾向值估计结果显示,4种匹配方法获得的平均处理效应均为实践操作类课程大于知识类课程,除最邻近匹配方法外,其余3种匹配方法得出的估计系数均不显著。这说明,虽然较之创业知识类课程,实践操作类课程对提升创业意愿更为有效,但其影响效度仍是有限的。这一结果至少与目前创业实践类课程实施方式、创业课程师资类型等的不合理有关。本次调查结果显示,在271个修习过创业实践类课程的学生中,142人是以参加创新创业竞赛及相关活动的形式履行此经历的,通过校企合作切实参与创业活动的学生仅为76人;同样,在271个有效样本中,213人表示创业课程配备的教师类型主要为就业指导中心人员或参加过创新创业培训的非专职教师。为此,高校管理者可从调整实践课程实施方式和任课教师类型等方面予以改进。

上述研究结论为今后政府调整大学生创业配套政策、高校改革创业课程模式等提供了实证依据,我们据此提出如下建议。

一、国家要增强创业配套措施,为大学生创业营造良好的市场环境

21世纪是一个知识经济时代,知识经济社会的发展改变了传统的就业模式,也为大学生创业提供了良好的机遇。因此,加强创业教育已经成为世界教育发展的一个重要趋势。创业教育对于提升国家创新能力、解决大学生就业等问题具有重要意义。但创业是一项高风险的资本消耗型活动。对于多数人而言,创业是由经济基础决定的"上层建筑",没有一定的资本支持,大多数人是不愿意创业的。当下,我国大学生中农村生源学生仍占多数,多数学生的家庭条件较差,毕业后的第一选择多为直接就业或继续深

---

① 宁德鹏,葛宝山.创业教育对创业行为的影响机理研究[J].中国高等教育,2017(10):55-57.

② 吴立爽.创业环境对大学生创业意愿的影响研究:以在杭高校2114名大学生为例[J].高等工程教育研究,2019(1):184-189.

造,创业意愿并不强烈。笔者参与的一项针对全国 83 所高校本科生的调查显示:54.8% 的大学生为农村户籍,父亲职业为农业劳动者、农民工、无业或失业的学生占 36%,另有 19.9% 的学生其父亲职业为产业工人或企业普通员工,父亲职业层次较低的学生合计占 55.9%。母亲职业为农业劳动者、农民工、无业或失业的学生占 40.6%,93.2% 的学生自我感知家庭经济状况不高于当地平均水平。85.2% 的学生毕业后发展意向为直接就业或升学,有较强创业意愿的学生仅为 10.8%。①

再就经济形势来看,我国现阶段的初创企业愈发指向技术密集型、资金密集型。而且,在雇员基本工资上涨、场地租赁费用提升、生产运营成本提升的背景下,初创企业设立门槛也明显提升。② 这意味着,在中小企业生存困难,大学生缺乏经济资本、社会资本支持的现实背景下,仅仅依靠高校开展创业教育以谋求大学生创业意愿的大幅度提升是不切实际的。这也是本研究发现的创业课程作用有限的重要原因之一。

因此,为有效提升大学生创业意愿,国家可以从两方面实施干预。其一,国家和政府通过制定相关的法律政策和标准,继续保持宏观经济快速健康发展,同时大力监管市场运行秩序,以降低企业交易成本,营造整体良好的创业大氛围。例如,美国高校创业教育的快速发展离不开政策的支持与保障,在美国,与创业教育相关的法律有《职业教育法》《平等就业法》《青年就业与示范教育计划法》《就业培训合作法》《从学校到工作机会法》《劳工保障法》等。这些法律法规从国家角度对创业教育的发展做出了明确规范,通过立法引导创业教育目标的贯彻执行,充分调动各州积极性,为创业教育实践提供了有力保障。除了与创业教育相关的法案,美国白宫与国会也在不同时期通过并实施了一系列保障创业的科技法案,例如《专利法》《拜杜法案》《史蒂文森—威德勒技术创新法》和《技术转移商业化法》等。2004 年,为了完善全国高校创业课程的开发,美国创业教育协会专门制定并颁布了《创业教育国家内容标准》(The National Content Standards for Entrepreneurship Education)。该标准包括创业技能、预备技能和企业职能三个类别,共分为 15 项技能领域,并提出了相应的标准,为创业教育的发展指明了方向。在标准的指导下,学校可以结合本校的实际情况,根据自己的特色和优势,有选

---

① 沈红,张青根.我国大学生的能力水平与高等教育增值:基于"2016 全国本科生能力测评"的分析[J].高等教育研究,2017,38(11):70-78.
② 凤凰财经.中国中小企业困局:死亡率 98% [EB/OL].(2018-8-14)[2019-06-20].http://finance.ifeng.com/a/20180814/16448118_0.shtml.

择、有重点地开展创业教育。

其二,要增强创业配套措施,在税收、费用、贷款、债务、房租等方面给予大学生创业者充足的支持,便利化企业注册、税务报备、社保开户等政务环节,同时使用教育系统、媒体系统进行广泛宣传,使更多学生了解创业支持相关政策。同样以美国为例,美国政府为大学生创业者提供了一系列的便利政策,如简便的公司申请程序、健全的信用制度、充足的资金支持和广泛的社会援助等,这些都极大地增加了大学生选择创业的可能性。为了进一步鼓励高校学生积极创业,美国政府从 2011 年开始连续四年发布公告,声明创业精神永远是国家发展的核心力量,并宣布每年的 11 月份为"全国创业月",呼吁全体美国人以适当的项目和活动纪念这个月份,为全社会营造了鼓励创业、支持创业的良好氛围。

二、高校要依托真实情境开设创业课程,聘请一线创业者参与指导

创业教育之根本应在于培养企业家精神。但是,单纯依靠理论知识来培育企业家精神是远远不够的,必须依赖于大量的创业实践。[①] 理论上讲,创业实践类课程能让大学生更直观、深入、全面地接触创业活动,进而有效提升创业意愿。但是,本研究的稳健性估计结果并未支持这一判断。这与高校目前创业实践类课程多以创业竞赛等模拟创业形式开展、授课教师多为缺少一线创业经历的教职工有关。真实情境在大学生能力发展中的作用已被广泛认知。这也是近年来兴起的"社区服务学习"范式的重要理论依据。学习者在真实情境中参与各种活动和项目,通过合作学习、团队学习等途径,能够有效提升自身的团队合作能力、问题解决能力、创造性思维等高阶能力。真实创业是一项需要面对各种突发问题,调动个体和团队智能解决复杂问题的实践性活动。脱离真实情境,只通过模拟或仿真形式的实践训练可能难以达到理想效果,甚至会给学生带来感知偏差,将创业当成"游戏"。

因此,高校要依托真实情境开设创业实践课程,为学生提供各式各样的创业体验,增加真实创业情境中的创业学习和团队学习模式。具体地讲,高校可以从以下三个方面着手开展创业教育。第一,建立完善的创业课程体系,课程涵盖本科、研究生以及博士阶段,内容涉及创业意识、创业知识、创业能力素质和创业实务操作等方面,教学方式可采用课堂教授、虚拟实验、

---

① 施永川.大学创业教育应为与何为[J].高等工程教育研究,2013(3):81-85.

演讲和竞赛等多种形式,也可以通过校企合作、大学生科技园、大学生创业园等途径,将学生输送到创业第一线,让他们更深入地了解创业活动,这样才能使学生在实践中掌握创业知识与方法,进而提升创业意愿。第二,注重学生的个体差异,采用课程群开发策略。每个学生的成长经历、知识背景和生活环境都不一样,他们对创业课程的内容需求也有差异。学校应充分认识到因材施教的重要性,结合自身办学的优势资源和特色,将创业课程与其他学科紧密结合在一起,充分调动各个学科的优势资源,围绕特定主题开发出内容侧重各不相同的课程供学生选修,为学生提供更多的自主选择权,同时要时刻追踪经济形势动态调整创业课程内容和课程设置,使学生能够更加灵活地应对不断变化的市场需求。第三,在遴选任课教师时,应尽可能聘请创业成功的一线创业人员以短期讲学或创业讨论的方式参与课程,不断为高校创业课程的师资队伍注入新鲜血液。因为,教师作为创业教育的主要承担者,自然会成为学生创业榜样的首要选择,并产生潜移默化的影响。[①] 聘请成功创业的企业家担任导师,不但能为学生提供一手的创业信息、知识和资源,将最前沿的理论与技术带进大学课堂,而且能通过课堂互动、课下互动,让学生更深入地了解企业家生活、认识企业家精神,增强学生对创业活动的领悟与感知,鼓励和激发学生的创业热情,帮助学生在课程学习过程中理解创业知识,掌握创业技能,最终投身于创业。

当前,我国高校创业教育正在经历着从单一课程开发向课程群建设发展的趋向。在发展之初,创业教育的载体主要以单一的课程教学为主,创业课程也多作为高校的公共课程或选修课程。但随着创业教育的逐渐兴起,单一的创业课程已经不能满足高校开展创业教育的需要。今后,开展跨学科的创业教育将成为一种主要趋势。这一点,可以借鉴美国高校的创业课程设置。美国高校创业课程类型分为创业意识类、创业知识类、创业能力素质类和创业实务操作类,基本上涵盖了创业精神、意识培养以及创业所需技能的方方面面,课程内容涉及法律、新兴企业融资、商业计划书、成长性企业管理、社会创业、创业营销、企业成长战略等几十门课程。除了单独开设的课程外,美国高校还非常注重将创业教育理念渗透到课程内容的选择和组织中,这一点主要体现在基础课和综合课上。在基础课方面,注重拓宽基础知识,提供理论与实践内容的交叉融合,打破专业界限,加强针对所有学生的创业通识教育;在综合课方面,开设跨学科的创业课程,帮助学生打造综

---

① 李硕豪,富阳丽,陶威.创业是可教的吗?[J].中国高教研究,2017(2):9-13.

合性的知识结构,实现创新视野和创业知识、创业能力的有效结合。创业课程数量和质量的快速提升直接推动了美国高校创业教育的巨大发展,也对我国高校创业课程的开发和完善提供了一定的参考价值。但是,创业教育不是一蹴而就的,高校创业教育的发展还需要社会各界的广泛支持。我们也应清晰地认识到,当前创业教育的功能正在从传统的功利性教育目标逐渐过渡到非功利性教育目标。高校开展创业教育的理念已经不再仅仅局限于"创业就是创建新企业"的狭隘认识,而更倾向于教给学生一种思考、组织、领导、管理和行动的方法。的确,创业教育的根本目的在于"育人",而不是"育项目"。学生修习了创业课程并不一定非要创建一个新的企业才算学有所成,在日常的行为中学生表现得更加有活力、有执行力和有激情也是课程"有效性"的一种表现。

第七章 三螺旋模型下我国高校创新创业人才培养实证研究

近年来,高校毕业人数逐渐增多,市场需求日趋饱和,用人结构失衡日益突出,持续增加着毕业生的就业压力。在此背景下,积极鼓励和引导大学生创新创业,培养创新创业人才,以创新创业促进就业,成为解决大学生就业问题和优化高校人才培养模式的重要途径。2015年,国务院办公厅发布了《关于深化高等学校创新创业教育改革的实施意见》,指导高校改进创新创业型人才培养方法,提高创新创业课程标准,增强教师培训、服务指导等,为大学生创新创业提供机遇与保障。2017年,教育部发布了《关于做好2018年全国普通高校就业创业工作的通知》,提出高校应把学生的创新创业精神与能力作为人才培养的重点,深化高校创新创业教育改革,落实创新创业优惠政策,提升创新创业服务保障能力。2019年,中共中央办公厅和国务院办公厅颁布《加快教育现代化实施方案(2018—2022)》,进一步提出要实施创新创业改革"燎原计划"、高校毕业生就业创业计划等,推进大学生创新创业实践能力与产学研结合。《中国教育现代化2035》指出,要"着力培养学习者适应未来发展的职业素养和创新创业能力""进一步完善高等学校创新创业教育课程体系""充分利用大学科技园、产业创业园和工程技术(研究)中心等平台,为师生创新创业提供支持与服务"。

鉴于国家政策的高度重视与持续推动,高校在积极回应的同时,也在不断推进和加强创新创业人才培养。本章以三螺旋模型为理论基础,通过较为翔实的实证研究,全面了解高校创新创业人才培养现状及其存在的问题,深入剖析影响其发展的阻碍因素,并结合三螺旋模型提出高校创新创业人才培养的有效路径,进而推动高校创新创业人才培养改革与完善,促进高校创新创业人才培养在质与量上实现快速发展。

第一节　高校创新创业人才培养调查问卷设计

一、问卷编制

本研究主要依据三螺旋模型及创业教育生态系统理论来编制调研问卷。三螺旋模型即前文中已阐释的强调政府、企业和高校三方相互作用与密切合作，同时又保持各自的独立性，三者形成适宜自身的分工合作机制和创新生态环境，以点带面推动社会发展的创新模式。该模型在区别政府、高校和企业三个领域和各自目标的基础上，强调三者间的合作关系，重申了三方的共同利益和共同目标在于创造社会价值。相较于传统线性创新模式，三螺旋模型能更精准地抓住知识资本化过程中不同阶段、不同主体的多元互惠关系，更好地解释和描述创新体系中的新变化与新结构。MIT创业教育生态系统(The Entrepreneurship Ecosystem)是由凯瑟琳·邓恩(Katharine Dunn)于2005年在《创业生态系统》中提出的。第五章已提到，该理论将创业教育生态系统的核心归纳为六个要素：高校定位、课程体系、师资队伍、校内组织(官方、学生组织)、社会支撑、文化氛围。[1] 同时，国内学者张昊民、马君借鉴MIT创业教育生态系统，并结合我国国情，提出"一体两翼"式的创业教育生态系统，即以高校为主体，以政府为"引力"侧翼，在政策制定与资金支持上提供服务；以企业为"助力"侧翼，为学生提供创业实践平台。[2] 以上创业教育生态系统理论的观点与三螺旋模型相辅相成，为问卷划分研究维度提供了理论参考。

问卷内容主要包括两部分：第一部分是基本资料，包括性别、年级、专业、是否学习过创新创业课程等变量；第二部分是问卷选择，依据国内外学者对三螺旋模型与创业教育生态系统的理论研究，并结合实际情况，将问卷部分的题目从政府、企业和高校等三个层面设计为六个维度，分别为政策宣传效果、学校制度支持度、课程建设、校内组织、实践环节及文化氛围。

通过对问卷部分39道题目进行项目分析，发现问卷部分的项目均具有

---

[1] 埃兹科维茨.麻省理工学院与创业科学的兴起[M].王孙禺，袁本涛，等译.北京：清华大学出版社，2007：46.

[2] 张昊民，马君.高校创业教育研究：全球视角与本土实践[M].北京：中国人民大学出版社，2012：268.

良好的区分性,说明本研究的问卷设计较为合理,无须删除题项。经信度检验,信度系数值为 0.801,大于 0.8,且各维度信度系数值也都大于 0.7,说明问卷的信度较高,可用于进一步分析。经效度检验,KMO 值为 0.965,大于 0.8,即数据满足因子分析的前提条件,可用于因子分析研究。通过 Bartlett 球形度检验得知 P 值为 0.000,小于 0.05,进一步说明研究数据适合进行因子分析。

二、样本选取

本研究的调查对象为 Z 大学在校本科生。选取 Z 大学原因有二:第一,该校为我国"双一流"建设高校,且该校学科门类齐全,学术环境较为自由,是一所蓬勃发展中的综合类高校,较为契合本研究的客观需求;第二,在创新创业实践方面,Z 大学不仅专门设置了大学生就业创业服务中心,同时 Z 大学也积极贯彻政府创新创业相关政策,并据此制定了该校创新创业工作制度,推进 Z 大学创新创业网络课程建设、组织 Z 大学教师参与创新创业相关培训,组织开展创新创业大赛,创建校内创新创业基地,并与校外创新创业基地合作等。2018 年,在抽样过程中,研究的调查对象涉及该校本科阶段的各个年级,且覆盖人文类、社科类、理学类、工学类、医学类五大学科门类。调研完成后,本研究共回收问卷 2 097 份。经过严格的数据筛查,保留有效问卷 1 720 份,问卷有效率为 82.0%。

三、调查对象

数据经描述性统计后发现,参与调查的本科生共 1 720 人,其中男生 602 人,占 35%,女生 1 118 人,占 65%。由于 Z 大学的男生基数总体少于女生,因此该样本数量及比例与实际情况基本吻合。从年级来看,大一学生 619 人,占 35.99%;大二学生 496 人,占 28.84%;大三学生 372 人,占 21.63%;大四学生 233 人,占 13.55%。参加调查的高年级学生人数相对较少,是因为大多数学生外出实习,调查难度较大,但整体数据相对均衡,并不影响后期的分析结果。从专业类别来看,各学科所占比例较均衡:人文类占 19.48%,社科类占 23.95%,理学类 15.81%,工学类占 24.07%,医学类占 16.69%。调查初期选取了 12 个专业,后期为方便统计,将专业按照学科结构进行合并,人文类包括文学、哲学、历史学、艺术学,社科类包括经济学、教育学、法学、管理学,工学类包括工学和农学。从是否学习过学校开设的创新创业课程来看,仅有 36.4% 的学生学习过创新创业类课程,63.6% 的学生还未接触过相关课程培训。此外,仅有 11.2% 的学生拥有创新创业经历,大部分(88.8%)学生缺乏创新创业经历,这在一定程度上是由于我国引入创新创业教育较晚而导致。具体见表7-1。

表7-1　调查对象基本情况描述统计表($n=1\,720$)

分类	选项	样本数/人	占比/%
性别	男	602	35
	女	1 118	65
年级	大一	619	35.99
	大二	496	28.84
	大三	372	21.63
	大四	233	13.55
专业类别	人文类	335	19.48
	社科类	412	23.95
	理学类	272	15.81
	工学类	414	24.07
	医学类	287	16.69
是否学习过学校开设的创新创业相关课程	是	626	36.4
	否	1 094	63.6
是否有创新创业经历	是	192	11.2
	否	1 528	88.8

第二节　高校创新创业人才培养现状调查结果

一、全国大学生创业现状

2021年4月24日,中国人民大学发布《中国大学生创业报告2020》。报告显示,通过大样本的数据调查发现,相较于往年数据,中国大学生的创业意愿持续攀升,2020年在校大学生表现出创业意愿的比重为历年新高。大学生的创业意愿除受到个体家庭因素的影响外,政府和社会对创业的支持、高校的创业理论教育和实践活动均对在校大学生的创业意愿、创业动机及创业企业绩效有显著的积极影响。而大学生自主创业者的品质特征较个人统计特征对创业绩效的影响更为明显,创新性、先动性与风险承担性的品质特征对创业者的创业绩效呈正向影响。同时发布的《中国大学生社会创业意向与创业行为调查报告》显示,我国大学生有较好的社会创业特质,如同情心、亲社会动机等个性特征明显;在校大学生对社会创业持积极心态,高达49.86%的在校大学生有较强烈的社会创业意愿。尽管我国社会创业大学生所创办的社会企业规模小,但可持续性强,估值高,存在较高的人力资本溢价。在高校社会创业教育方面,大学生对高校社会创业课程、社会创业实践活动的满意度较高;高校的社会创业教育对大学生的社会创业意愿及社会企业绩效有较为显著的积极影响。两份报告的数据、发现和观点,将和下面的调查数据进行综合分析,提出改进我国高校创新创业人才培养的建议。①

二、样本高校创新创业人才培养现状

Z大学从2015年开始将大学生自主创业比例纳入就业方向。Z大学毕业生就业质量报告显示:2015年,Z大学毕业生人数为18 095人,自主创业比例为1.3%;2016年,毕业生人数为18 900人,创业比例为1%;2017年,毕业生数量为15 970人,创业比例为1.28%;2018年,毕业生人数为17 529人,自主创业比例为0.74%。通过以上数据发现,虽然大学生自主创业的比例有所变化,但基于每年毕业生数量不同,创业的人数基本恒定在每年200人左右。与全国大学生创业比例对比后发现,Z大学毕业生自主创业比例低于全国平均水平,且差距较大,由此可以说明Z大学创新创业工作开展较慢,大学生创新创业的积极性不强。2018年,以此为背景,在实证调查的基础上,本研究从大学生创新创业经历、大学生创新创业意愿、大学生休学创业意愿、大学生创新创业课程这四个维度对在校大学生创新创业现状进行详细的分析。

(一)大学生创新创业经历

调查发现,仅有11.20%的学生有过创新创业的经历,有创新创业经历的大学生数量相对较少。(见图7-1)造成该结果的原因:首先,由于本研究对象的主体为在校本科生,其对创新创业定位暂时不清晰。我国近几年才

---

① 邹硕.中国人民大学发布《中国大学生创业报告2020》[EB/OL].(2021-04-26)[2021-12-26].https://cn.chinadaily.com.cn/a/202104/26/WS6086605fa3101e7ce974c12c.html.

开始大力倡导创新创业人才培养,鼓励高校开展创新创业教育,且开展初期主要侧重理论讲解,学生能够真正参与或开展创新创业实践的机会较少。其次,创新创业氛围不够浓厚,创新创业政策宣传不到位,或者学校对创新创业的支持力度不足等原因都会使学生参与创新创业的实践积极性下降。

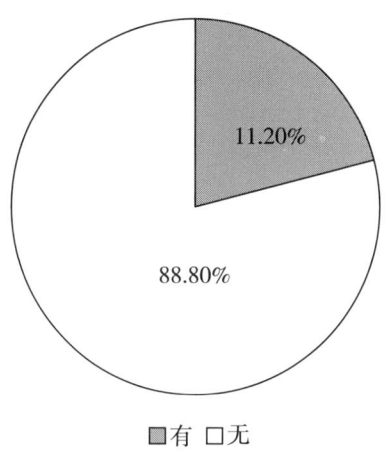

图7-1 大学生创新创业经历比例

(二)大学生创新创业意愿

调查发现,20.23%的学生没有创新创业意愿;21.78%的学生有创新创业意愿,两者间的差距较小,大部分学生仍持中立态度。这可能是因为我国创新创业教育引入时间较短,高校创新创业人才培养工作推进较慢,导致大部分学生的创新创业意识还未形成。同时,在校大学生受资金、经验、平台等条件的制约,也导致其创新创业意愿会有所下降。因此,要提高大学生对于创新创业的积极性,不仅要不断增强大学生的创新创业意识,更要不断完善大学生创新创业的环境,并在此基础上鼓励大学生积极开展创新创业实践,增加社会经验,实现李克强总理提出的更高、更深层次的创新创业的目标,从更好地推进高校创新创业人才培养工作。(见图7-2)

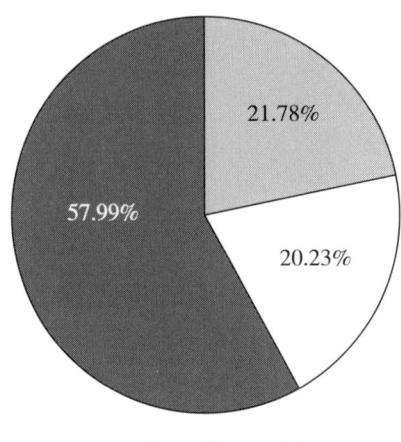

图 7-2　大学生创新创业意愿比例

(三)大学生休学创业意愿

调查发现,大部分学生对休学创业并没有太高热情。在针对学生是否愿意休学创业的调查中:0.99%的学生选择非常符合;1.22%的学生选择符合;38.43%的学生选择一般;33.78%的学生选择不符合;25.58%的学生选择非常不符合。(见图 7-3)由此可见,大学生对休学创业持基本否定态度。同时,对比大学生创新创业意愿可以看出,大学生对创新创业还仅停留在"想"的阶段,大部分学生对付诸实践仍然缺乏勇气。因此,鼓励大学生真正开展创新创业实践,首先要在源头上改变其观念。这不仅需要政府制定大学生创新创业相关帮扶政策,还需要企业为大学生提供良好的实践平台,更重要的是学校在制度上对学生进行支持,三方合力共同营造积极的创新创业文化氛围,以此激励大学生开展创新创业实践。

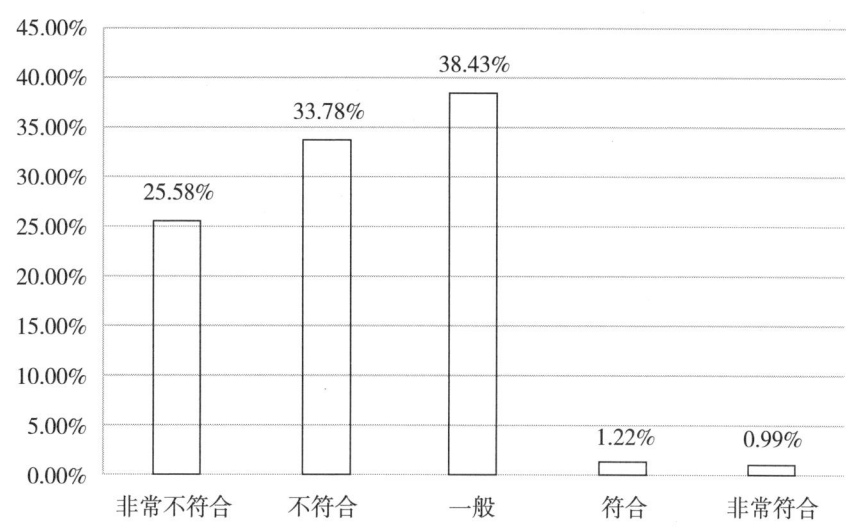

图 7-3 大学生休学创业意愿比例

（四）大学生学习创新创业课程

调查发现，仅有 36.40% 的学生参与过创新创业课程；63.60% 的学生未学习过相关课程内容，创新创业课程的参与度较低。（见图 7-4）这可能是由于 Z 大学在 2019 年之前创新创业课程一直被作为一门选修课，2019 年之后才将其纳入必修课范畴。本研究调研时还未设置为必修课，所以学习过该类课程的学生数量较为有限。

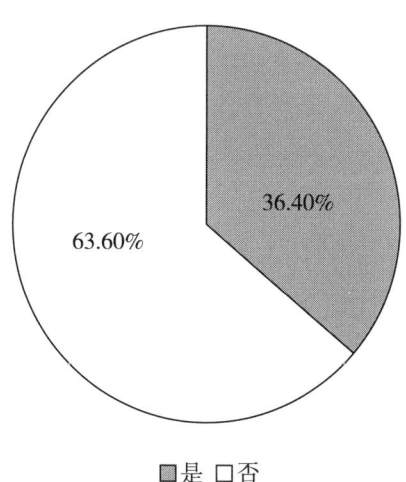

图 7-4 大学生学习创新创业课程比例

本研究进一步针对学习过创新创业课程的学生进行调查,了解目前高校创新创业课程开设类型。通过分析发现,目前开设的创新创业课程中,创新创业意识类课程占 36.90%,知识类课程占 26.10%,能力素质类课程占 28.40%,实操类课程占 8.60%。(见图7-5)整体来看,课程类侧重于创新创业意识与理论知识培养,对实践方面的课程内容涉及相对较少,这对创新创业人才培养十分不利。大学生创新创业意识与理论的培养固然重要,但仍需加强大学生实操能力,只有理论与实践的结合才能更好地培养大学生创新创业能力。

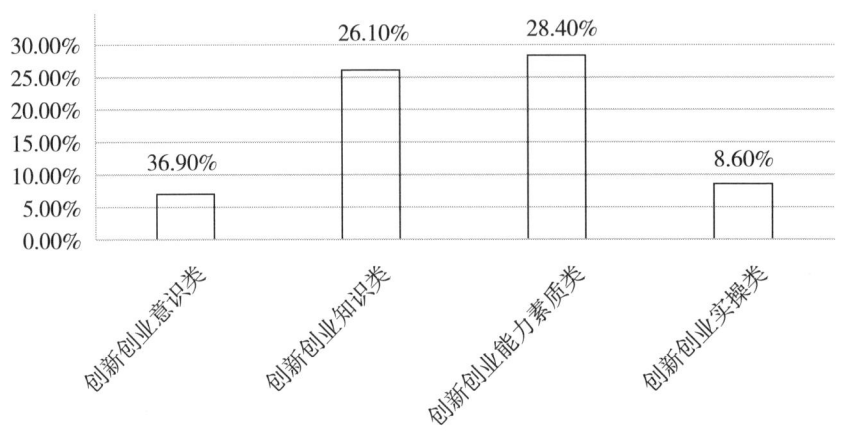

图7-5 高校创新创业课程类型

三、高校创新创业人才培养差异分析

(一)基于性别的差异分析

调查发现,政策宣传效果、校内组织、实践环节、文化氛围这四个维度在性别上存在显著差异。通过均值对比可以发现,在政策宣传效果、实践环节、文化氛围维度上,男生均值高于女生。(见表7-2)

表7-2 大学生创新创业维度在性别上的差异情况

维度	性别	人数(n)	平均值±标准差(M±SD)	F值	P值
政策宣传效果	男	602	2.61±0.79	4.634	0.031
	女	1 118	2.53±0.73		
校内组织	男	602	3.00±0.55	13.512	0.000
	女	1 118	3.10±0.53		
实践环节	男	602	2.71±0.75	4.023	0.045
	女	1 118	2.63±0.75		
文化氛围	男	602	2.82±0.59	5.647	0.018
	女	1 118	2.76±0.52		

由此可知,男生较女生更关注创新创业方面政策信息,且对大学生创业园的入驻情况、大学科技园的实践平台等信息了解颇为显著;此外,男生更容易受创新创业文化氛围影响,在文化熏陶下男生创新创业意愿高于女生。在校内组织维度,女生得分均值会明显高于男生,说明女生对参与创新创业讲座、创新创业社团等积极性高于男生。

(二)基于年级的差异分析

调查发现,政策宣传效果、学校制度支持、课程建设、校内组织、文化氛围这五个维度在不同年级学生存在显著性差异。通过事后检验发现,在政策宣传效果维度方面,大三年级学生对政策的了解程度显著高于大一年级。这可能是由于大一新生刚刚入校,对创新创业政策关注度不高,而大三学生受创新创业教育的普及度及就业压力影响,会更加关注这方面信息。在学校制度支持维度方面,大一年级学生对学校创新创业制度的了解程度显著高于大二年级学生。大一年级学生对创新创业制度了解程度高可能是由于学校对创新创业教育认识度提高,在制度制定方面落实较好,而大二学生处于学业繁忙阶段,对创新创业了解较少,进而导致对学校创新创业制度认知不足。在课程建设维度方面,大一年级学生通过课程学习,其创新创业的信心与热情显著高于大二年级与大四年级学生,这可能是由于学校针对不同年级开设创新创业课程内容、形式、课时等不同而导致的。在校内组织维度方面,大一年级学生参与校内组织活动的积极性显著高于其他年级,而这可能是因大一年级学生学业或就业压力均相对较小导致。在文化氛围维度方面,创新创业文化氛围对大一、大二、大三年级学生的影响会显著高于大四年级。说明大一、大二、大三年级的学生更易受创新创业文化氛围影响,在创新创业文化氛围熏陶下,其对创新创业的意愿、休学创业方面等呈现出的积极性高于大四年级学生。(见表7-3)

表7-3 大学生创新创业维度在年级上的差异情况($n=1\,720$)

维度	年级	人数(n)	平均值±标准差（M±SD）	F值	P值	事后检验
政策宣传效果	①大一	619	2.49±0.79	4.104	0.007	①<③
	②大二	496	2.59±0.74			
	③大三	372	2.65±0.68			
	④大四	233	2.54±0.77			
学校制度支持	①大一	619	3.34±0.68	3.304	0.020	②<①
	②大二	496	3.23±0.65			
	③大三	372	3.26±0.57			
	④大四	233	3.26±0.71			
课程建设	①大一	619	2.71±0.58	4.313	0.005	②<① ④<①
	②大二	496	2.63±0.49			
	③大三	372	2.64±0.52			
	④大四	233	2.58±0.56			
校内组织	①大一	619	3.15±0.57	10.136	0.000	②<① ③<① ④<①
	②大二	496	3.03±0.49			
	③大三	372	3.04±0.51			
	④大四	233	2.95±0.55			
文化氛围	①大一	619	2.82±0.57	10.355	0.000	④<① ④<② ④<③
	②大二	496	2.82±0.48			
	③大三	372	2.77±0.52			
	④大四	233	2.60±0.61			

(三)基于专业的差异分析

调查发现,政策宣传效果、学校制度支持、课程建设、校内组织、实践环节这五个维度在不同专业学生存在显著性差异。通过对数据的事后检验发现,在政策宣传效果维度上,社科类和工学类学生对政策了解程度显著高于医学类,这可能是由于专业性质差异导致的,社科类与工学类学生较医学类学生而言,其创新创业的针对性较强,需更加关注这方面信息。在学校制度支持维度上,医学类学生对学校创新创业制度的了解程度显著高于人文类、社科类、理学类、工学类学生,造成这种状况的原因可能是由于医学类学生创新创业的针对性、目标性、实用性等方面的优势明显高于其他专业学生,而学校也更可能向医学类学生创新创业倾斜资源。在课程建设维度上,工学类学生通过课程学习,其创新创业的信心与热情显著高于人文类学生,这可能由于工学类创新创业课程与专业课程融合较好,授课内容更符合学生需求。在校内组织维度上,医学类学生参与校内组织活动的积极性显著高于人文类学生。在实践环节维度上,人文类、理学类、工学类学生对实践平台等方面的了解程度显著高于医学类学生。(见表7-4)

表7-4 大学生创新创业维度在专业上的差异情况($n=1\,720$)

维度	专业	人数(n)	平均值±标准差（M±SD）	F值	P值	事后检验
政策宣传效果	①人文类	335	2.57±0.73	3.879	0.004	⑤<② ⑤<④
	②社科类	412	2.57±0.74			
	③理学类	272	2.57±0.78			
	④工学类	414	2.63±0.74			
	⑤医学类	287	2.41±0.77			
学校制度支持	①人文类	335	3.21±0.59	8.667	0.000	①<⑤ ②<⑤ ③<⑤ ④<⑤
	②社科类	412	3.20±0.67			
	③理学类	272	3.29±0.68			
	④工学类	414	3.28±0.64			
	⑤医学类	287	3.47±0.66			
课程建设	①人文类	335	2.59±0.51	2.637	0.033	①<④
	②社科类	412	2.62±0.55			
	③理学类	272	2.68±0.48			
	④工学类	414	2.70±0.54			
	⑤医学类	287	2.67±0.60			

续表 7-4

维度	专业	人数(n)	平均值±标准差（M±SD）	F 值	P 值	事后检验
校内组织	①人文类	335	2.99±0.52	2.936	0.020	①<⑤
	②社科类	412	3.08±0.54			
	③理学类	272	3.05±0.50			
	④工学类	414	3.07±0.52			
	⑤医学类	287	3.14±0.61			
实践环节	①人文类	335	2.71±0.72	5.38	0.000	⑤<① ⑤<③ ⑤<④
	②社科类	412	2.65±0.72			
	③理学类	272	2.71±0.77			
	④工学类	414	2.71±0.72			
	⑤医学类	287	2.48±0.83			

（四）基于是否学习过创新创业课程的差异分析

调查发现，政策宣传效果、学校制度支持度、课程建设、校内组织、实践环节、文化氛围这六个维度在是否学习过创新创业课程上均存在显著性差异。（见表 7-5）

通过均值的对比可以发现，学习过创新创业课程的学生在以上六个维度的均值得分均高于未学习过的学生。因此可以证实，参与创新创业课程有利于提高学生对创新创业政策的认识及对学校相关制度的了解，也有助于营造良好的创新创业文化氛围。受文化氛围影响，学生也会相对积极地参与创新创业的相关讲座及活动，提升创新创业信心，明确创新创业目标，激发创新创业热情。

表 7-5　大学生创新创业维度在是否学习过创新创业课程上的差异情况（$n=1\,720$）

维度	是否学习过创新创业课程	人数(n)	平均值±标准差（M±SD）	F 值	P 值
政策宣传效果	是	626	2.78±0.68	90.085	0.000
	否	1 094	2.43±0.76		
学校制度支持	是	626	3.33±0.61	6.712	0.010
	否	1 094	3.25±0.67		

续表7-5

维度	是否学习过创新创业课程	人数(n)	平均值±标准差（M±SD）	F 值	P 值
课程建设	是	626	2.75±0.49	30.009	0.000
	否	1 094	2.60±0.56		
校内组织	是	626	3.10±0.50	4.085	0.043
	否	1 094	3.05±0.56		
实践环节	是	626	2.80±0.71	33.789	0.000
	否	1 094	2.58±0.76		
文化氛围	是	626	2.84±0.51	11.693	0.001
	否	1 094	2.75±0.56		

第三节 高校创新创业人才培养的问题与原因

根据全国大学生创业现状及对样本高校创新创业人才培养调查结果进行的统计，发现在创新创业政策、平台、课程、实践等方面还存在不少问题。对这些问题进行深入分析，有利于有针对性地提出改进方案。

一、存在问题

（一）支持政策不完善

根据创新创业教育支持政策的多重响应分析发现，大学生最为关注的创新创业支持政策问题得分由高到低排序分别为：金融创新不够，风险基金缺乏（18.6%）；创新创业培训市场化不足（18.4%）；创新创业服务体系不健全（17.1%）；初创业企业设立程序烦琐（16.3%）；创新创业信息共享机制缺失（16.3%）；财税政策支持不力（12.4%）；其他（0.9%）。根据普及率可以看出，对这一问题的选择比例，从高到低依次为：金融创新不够，风险基金缺乏（59.2%）；创新创业培训市场化不足（58.6%）；创新创业服务体系不健全（54.4%）；初创业企业设立程序烦琐（52.1%）；创新创业信息共享机制缺失（51.9%）；财税政策支持不力（39.5%）；其他（3.0%）。（见表7-6）由此可知，创新创业支持政策现阶段还有待完善，这在一定程度上影响了大学生创新创业人才培养工作开展。完善的创新创业支持政策能为大学生营造良好的创新创业文化氛围。因此,提高大学生创新创业热情,需要政府不断完善相关政策、法规,加强监督监管、确保政策落地,进一步保障大学生能顺利开展创新创业,为高校培养创新创业人才打下坚实基础。

表7-6 大学生创新创业支持政策存在主要问题的多重响应分析($n=1\,720$)

维度	响应		普及率
	n	响应率	
初创业企业设立程序烦琐	896	16.3%	52.1%
财税政策支持不力	680	12.4%	39.5%
金融创新不够,风险基金缺乏	1 018	18.6%	59.2%
创新创业服务体系不健全	936	17.1%	54.4%
创新创业培训市场化不足	1 008	18.4%	58.6%
创新创业信息共享机制缺失	892	16.3%	51.9%
其他	51	0.9%	3.0%
汇总	5 481	100%	318.7%

(二)政策宣传不到位

根据创新创业教育政策宣传的多重响应分析发现,大学生了解创新创业相关政策的方式从高到低依次为:学校宣传与创新创业教育(36.9%)、媒体和社会宣传(30.8%)、专业教师讲授(11.5%)、政府官方网站(10.5%)、无(9.1%)、其他(1.2%)。据普及率可知,选项的选择比例从高到低依次为:学校宣传与创新创业教育(70.7%)、媒体和社会宣传(58.9%)、专业教师讲授(22.0%)、政府官方网站(20.2%)、无(17.3%)、其他(2.2%)。(见表7-7)大学生创新创业政策的宣传渠道主要是依靠学校宣传与创新创业教育的普及和社会媒体宣传,有部分学生还不知道从哪里了解相关政策,这充分表明大学生创新创业政策宣传渠道尚有待丰富,仅依赖学校这一主体是远远不够的,而媒体也只能提高学生对创新创业政策的关注度,但值得注意的是,媒体宣传也存在时效性的问题。

表7-7 大学生创新创业政策宣传方式的多重响应分析(n=1 720)

选项	响应		普及率
	n	响应率	
无	298	9.1%	17.3%
学校宣传与创新创业教育	1 216	36.9%	70.7%
专业教师讲授	379	11.5%	22.0%
媒体和社会宣传	1 013	30.8%	58.9%
政府官方网站	347	10.5%	20.2%
其他	38	1.2%	2.2%
汇总	3 291	100%	191.3%

(三)课程结构不科学

根据创新创业教育课程结构的多重响应分析可以发现,目前在高校开展的创新创业教育活动中,多以讲座或报告会(21.2%)、创新创业相关课程(20.4%)这几种方式为主。而通过分析普及率,则同样可以发现,高校的创新创业教育也主要是通过讲座或报告会、课程的形式向学生传递理论知识。(见表7-8)多重响应分析和普及率分析结果的照应,也进一步说明了目前我国高校创新创业教育在实施过程中仍旧存在着重理论、轻实践的现象。

表7-8 大学生创新创业课程开展方式的多重响应分析(n=1 720)

选项	响应		普及率
	n	响应率	
无	9	0.4%	0.5%
创新创业相关课程	453	20.4%	26.3%
讲座或报告会	472	21.2%	27.4%
社会培训	172	7.7%	10.0%
大学生科技园的创业实践	252	11.3%	14.7%
通过网络进行创新创业政策咨询	164	7.4%	9.5%
创新创业竞赛项目及相关活动	308	13.9%	17.9%
机构上的职业生涯发展咨询	90	4.1%	5.2%
模拟创业	144	6.5%	8.4%
校企合作	66	3.0%	3.8%
不清楚	85	3.8%	4.9%
其他	7	0.3%	0.4%
汇总	2 222	100%	129.2%

创新创业课程侧重于讲座和报告会,以及学校开设的必修和选修课。这类课程的开设虽能传授系统的创新创业知识理论体系,能够有效完善学生创新创业的知识结构,但课程内容主要以理论为主,对实际运用的内容关注很少,一定程度上不利于创新创业人才培养。此外,创新创业的第二课堂开设情况不容乐观,除大学生创新创业竞赛外,学生能够参与的与专业相关的创新创业实践机会少,在一定程度上造成了学生创新创业意识薄弱。

(四)师资结构不合理

根据创新创业教育师资队伍的多重响应分析发现,目前高校创新创业教育的师资构成主要由以下几部分构成:首先是有过创新创业经历或参加过创新创业培训的教师占主要部分(39.4%),其次是学校的行政人员(如就业指导中心人员,占17.2%),再次是学校的专业课教师,但并不是专门创新人员(19.4%),然后是创新创业成功人士或企业家(15.1%),最后才是辅导员(5.2%)和其他(1.0%)。(见表7-9)可以看出,目前我国高校大学生创新创业教育的师资结构极不合理,亟待建设与完善。

表7-9 大学生创新创业教育师资队伍的多重响应分析(n=1 720)

选项	响应		普及率
	n	响应率	
学校的专业课教师,但并不是专门创新人员	237	19.4%	13.8%
有过创新创业经验或参加过创新创业培训	481	39.4%	28.0%
学校的行政人员(如就业指导中心人员)	210	17.2%	12.2%
创新创业成功人士或企业家	184	15.1%	10.7%
辅导员	90	7.4%	5.2%
其他	18	1.5%	1.0%
汇总	1 220	100%	70.9%

有过创新创业经历或接受过培训的教师能为学生提供创新创业知识是毋庸置疑的,但学校行政人员缺乏相关教学经验与学科背景会使高校更注重创业教育而忽视创新教育。创新创业成功人士或企业家等担任兼职教师的比例也较低,虽然有企业家参与高校创新创业教育,但大多以讲座或报告的形式参与,授课方式较不稳定,且显现出明显的短期性,很难真正地传授给学生较为系统、全面的创新创业知识与经验。

(五)平台信息不对等

根据大学生入驻产业园情况的调查发现,3.78%的大学生考虑过借助学校周边产业园创业,并收集过相关信息;32.97%的大学生有过想法,但目前还没有头绪;16.05%的大学生曾听说过借助学校周边产业园创业的信息,并且比较感兴趣;22.38%的大学生虽然听说过相关信息,但对此并不感兴趣;24.01%的大学生不知道借助学校周边产业园创业的相关信息,并且从未考虑过创业;其他占比0.81%。(见图7-6)

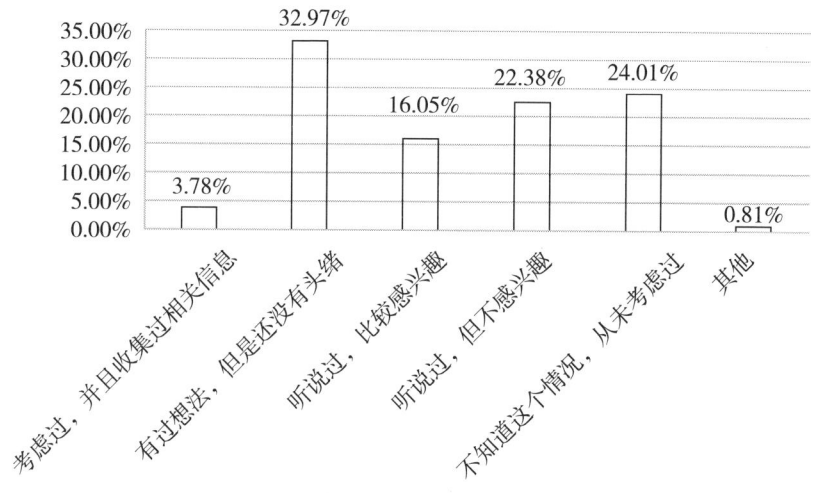

图7-6 大学生入驻产业园情况

这表明,超过一半的学生对借助大学周边产业园进行创业的兴趣还是较为浓厚的,但是对产业园了解程度还不够。32.97%的大学生表示他们想要入驻产业园,却没有头绪,这充分说明了目前创新创业实践平台信息不对等,由此导致了学生对入驻产业园的流程不熟悉。

(六)实践环境不宽松

根据创新创业教育实践环境的多重响应分析发现,现阶段大学生创新创业实践的环境并不宽松,这在一定程度上不利于大学生创新创业活动的开展,也不利于培养创新创业人才。根据调查结果显示,大学生创新创业的两大主要障碍为经验不足(29.5%)和资金问题(27.9%)。(见表7-10)这也是大部分学生在创新创业之前首要考虑的因素,缺乏经验与资金保障会降低大学生创新创业的积极性,尤其是正在读书的大学生群体,他们没有积蓄,在创新创业初期只能白手起家或依靠家人帮助,而高校对创新创业的资金扶持制度也是比较严格的。据调查,目前Z大学对创新创业大学生的资金扶持仅限于参与"互联网+创新创业大赛"及"创新创业路演"获奖的学生或团队,受众较小、限制较多,这导致大部分创新创业者最终没有办法获得资金支持,从而降低了大学生开展创新创业的积极性,阻碍了高校创新创业人才培养工作的开展。

表7-10 大学生创新创业实践主要障碍的多重响应分析(n=1 720)

选项	响应		普及率
	n	响应率	
政策支持力度不够	512	10.4%	29.8%
学校支持力度不足	549	11.1%	31.9%
资金问题	1 378	27.9%	80.1%
创新创业文化氛围不够	1 002	20.3%	58.3%
经验不足	1 460	29.5%	84.8%
其他	43	0.9%	2.5%
汇总	4 944	100%	287.4%

二、原因分析

造成上述问题的原因是多方面的,主要体现在以下三个方面。

(一)政府"指挥棒"作用不够

1. 政策执行力阻滞

政策执行力一般包括政策的宣传、细化和反馈等方面。与创新创业实践相关的政策主要存在以下问题:第一,政策的宣传力度不足。全社会内大学生创新创业的氛围营造不够浓厚,在我国高校毕业生人数递增和就业压力加大的情况下,选择自主创业的毕业生仍占总体毕业生的少数。这就导致高校教师和学生对于创新创业的内涵理解出现偏差,高校教师将创新创业课程简单认为是鼓励学生创业,因此使得许多高校教师对创新创业产生抵触情绪;学生将其视为增加学分的一门枯燥的必修课,缺乏对创新创业的重视,影响学生的创新创业意愿。现阶段,虽然政府积极制定并且出台大学生创新创业的相关优惠政策,但由于政策宣传力度不足,在学生具备创业意愿的情况下,仍对于自己在创新创业时可以享受的优惠政策或权利不够了解,产生畏难情绪从而降低创业欲望。第二,政策体系尚未健全。我国在大学生创新创业教育方面还面临许多问题亟待解决,相应的配套体系尚未完全建立,例如大学生创新创业的政策和法律支持、大学生创新创业启动资金申请、大学生创业审批、知识产权保护等。此外,国家应结合企业、银行、高校等各方面的实际情况,建立帮助大学生创业的信息机制,指导大学生创业方向,规避风险,使创业呈现出多元化形势,补充学校在创新创业教育方面的不足。第三,政策的落实和细化不到位。高校毕业生创业主要依赖国家相关的创新创业优惠政策,政策执行过程中难免出现问题。由于缺乏对政策反馈的关注和对实际执行过程中情况的考察,导致政府不能及时地对政策内容进行调整,降低了政策的有效性,不能为大学生开展创新创业活动及人才培养工作提供更加有针对性、多元化的服务,使得大学生对创新创业失去信心。

2. 财政性资金缺乏

资金不足是制约大学生开展创新创业的重要因素。政府在大学生创业资金保障体系中应发挥主导作用,同时与企业、高校等多方协作,为大学生创业营造健康的资金支持体系。从上面的调查结果可以看出,大学生普遍认为政府对大学生创新创业缺乏金融创新和风险投资,致使资金问题成为阻碍大学生创新创业的一大主因。目前,大学生创新创业启动资金的申请程序仍然比较烦琐,限制较多。首先,我国出台的大学生创新创业贷款政策针对的群体是已毕业的高校大学生,对在校大学生而言,他们不能享用这一优惠政策,在校大学生若想要借助银行等金融机构进行贷款,需提供本人名下的房产、车辆等资产证明,这对初期想要开展创新创业的大学生是相当困难的。对于贷款的门槛、放款周期以及贷款利率等问题,政府应放宽政策,为大学生贷款提供更可行的途径。其次,在校大学生创业基金福利覆盖面较窄,对在校大学生创新创业的资金支持还主要依靠各类创新创业竞赛及创新创业路演,但只有在创新创业竞赛或路演中获奖的个人或团队才能得到这一资金支持,这缩小了受资助群体范围。最后,大学生创新创业基金的申请流程复杂,不仅要求申请者要逐层上报、评审及面试等,还要求创业企业已实现公司化运作、创业项目要符合国家重点产业发展方向等,这使极少部分在校大学生能获得创新创业基金支持,对初期想要开展创新创业的大学生而言,他们是没有办法申请创新创业基金支持的,这将会直接导致大学生失去创新创业的勇气与信心,不利于创新创业人才的培养与发展。

（二）企业"加速器"作用不强

1. 企业服务意识薄弱

在国家大力支持大学生创新创业，提倡校、企、政协同培养创新型人才的背景下，企业在服务大学生创新创业教育方面起着重要的作用。由于企业与高校在性质、结构、功能等方面的不同，使得校、企在培养创新性人才合作方面存在诸多问题。企业与高校合作需要大量的经济和人力物力资源投入，且收益颇微，因此企业服务高校培养人才的积极性不高。现如今，企业在协助高校培养大学生创业方面做得较好的一方面是为创新创业提供基地支持，各地市依托高校建立起诸如大学生科技园、大学生众创空间、大学生产业技术孵化园、大学生创新创业基地等大型创新创业孵化企业，但企业在信息提供和资源投入等方面意识淡薄，校企合作的机制不完善。

首先，企业提供的信息平台不透明，创新创业平台信息不对等，导致很多大学生在开展创新创业初期摸不到门路。上文调查显示超过半数的学生对周边产业园产生兴趣，但仅有3.78%的学生搜集到入驻流程等相关信息，大部分学生表示对入驻产业园的程序没有头绪。其次，企业作为大学生与市场沟通的桥梁，应为大学生提供创新创业的咨询与指导工作，将市场最新的需求提供给想要开展创新创业的学生与团队。目前，高校创新创业教育的教师队伍中，拥有成功创新创业经历的企业家占少数，且指导多以讲座的形式开展，难以给学生传授系统、全面的信息。从上文中的差异性分析也可以看出，人文社科类的学生更加关注创新创业的相关信息，这是因为其专业特性所致，其针对性不强、技术含量少等原因导致这类学生更加关注创新创业的相关信息，这就需要产业园根据各类学生提供具有针对性的指导，帮助其更好地创业，更好地促进产学研结合。最后，企业还未建立起完善的创新创业协会、创新创业论坛、创新创业对接平台等服务机构，不能为大学生提供最新的创新创业资源与讯息，也很难提供一个与企业家或有创新创业经历者进行良性互动的平台。虽然政府出台了相关的推动校企合作的文件，但在统筹协调校企合作方面有所缺乏。校企合作是一个复杂的工程，根据上文中的调查显示，参与校企合作和校外机构创业咨询的学生数量寥寥无几，而缺乏创新创业经验又是阻碍大学生开展创新创业实践的重要因素，这就表明企业需加强对其创新创业服务机构的增设与完善，为大学生提供良好的创新创业软平台。

2. 企业融资体系不健全

与"社会人"不同，大学生群体创新创业中最棘手的问题多为资金短缺。

大学生开展创新创业的主要资金支持依赖企业融资体系,目前大学生创新创业资金来源主要包括政府提供的创新创业贷款或基金、企业提供的风险投资或各类基金、高校提供的创新创业大赛补贴以及家庭或学生个人的融资等。在这几种资金来源中,企业提供的风险投资和基金以股权或债券的形式给予大学生资金支持,这能为大学生创新创业提供最低的金融风险以及较高的利润回报,因此,企业提供的资金支持是大学生创新创业资金来源的重要组成部分。大学生创业初期,企业尚未成型,没有足够的说服力来获得投资人和企业的认可,从而转向向金融机构寻求贷款,可能使创业陷入困境。因此完善的企业融资体系是大学生创新创业的重要保障。但目前创新创业企业孵化园为大学生创新创业提供的融资体系并不健全,主要体现在以下两点:第一,企业引入的基金数量较少,主要以"种子基金""天使基金"为主,对社会其他资本、国有资本和各类风险投资的引入力度较小,这会导致大学生获得创新创业实践基金扶持的竞争加大、机会减少;第二,对获取各类基金或风投的资金扶持程序也不清晰,如何申请、申请条件是什么等流程在大学生创新创业孵化园、大学生众创空间等官网上也没有明确的显示,这将会大大降低大学生创新创业的热情。

(三)高校"风向标"作用不明

1. 缺乏创新创业制度支持

高校作为创新创业人才培养及创新创业教育开展的主战场,对引领学生创新创业起着关键性作用。高校的创新创业教育理念以及在创新创业制度上的支持力度也关系着其人才培养工作开展的成效。我国创新创业教育开展的时间较短,部分高校对创新创业教育缺乏认识,观念落后,将其简单地等同于就业教育。学校为学生提供的创新创业实践机会较少,缺乏有显示度的可操作强的创新创业制度。从上文差异分析可以看出,创新创业学校制度支持度对不同年级、不同专业、是否学习过创新创业课程的学生均存在显著性差异。这就说明,学校对创新创业支持度的高低会直接影响高校大学生创新创业的积极性及人才培养工作开展的速度。目前,高校创新创业制度支持不力主要表现在以下三个方面:首先,高校对创新创业学分制度、创新创业项目扶持制度、创新创业休学复学制度等宣传力度不足。其次,缺乏创新创业专业教育制度。高校忽视了学生创新创业理论知识教育,无法与专业教育深度融合,难以达到预定的教学效果。再次,高校内部的制度执行准则不够完善。学校管理层与各院系、院系与院系之间制度执行标准缺乏统一性。高校内部与院系间没有建立起对应的制度执行准则。最后,学校还缺乏对教师及学生共同开展创新创业的奖励制度,教师和学生由于缺乏专业的理论知识,创新创业意识不强,缺乏积极性。

2. 创新创业课程建设不到位

创新创业课程能为高校创新创业人才培养提供扎实的学科知识基础。从上文差异分析可以看出,不同年级、不同专业的学生在创新创业课程这一因子上均存在显著性差异,通过事后检验可以发现,课程的质量会直接影响大学生参与创新创业的积极性。第一,创新创业的课程形式固化,教师授课形式单一,主要是以课堂授课为主,教学内容停留在第一课堂,缺乏实践教学的第二课堂,课程内容枯燥,缺乏生动性,无法将大学生创新创业教育与专业知识教育相结合,容易造成理论与实践脱节的现象,这不利于激发学生开展创新创业活动。第二,创新创业课程内容安排不合理,课程目标定位不明确。创新创业课程应根据当地就业实际需要调整,同时结合各个专业的特点来进行设置。第三,创新创业课程课时安排不合理,根据上文调查可以发现,通过课程学习,大二学生与大四学生的创新创业热情低于大一学生,低年级学生更容易受创新创业氛围感染,高年级学生创新创业的主动性低于低年级学生。

通过进一步调查发现,在高校层面,Z大学在2019年之前仅开设创新创业相关选修课,在2019年之后才将创新创业相关课程作为必修课纳入正常教学环节。此外,通过查询Z大学创新创业线上课程发现,共计41门课程中,4门创新创业基础课,23门有关"互联网+"的课程,13门通识素养课程,课程内容仍有待完善,且课程开设时间固定,每年仅3月至7月可以观看线上课程,其余时间无法观看,这也不利于学生展开自主学习。在院系层面,以Z大学J学院为例,在2019年之前,仅在大四第一学期开设创新创业教育学习与实践这一门院选课,共计32学时,2学分,开设课程时间安排在期末,与大部分学生的考研时间有冲突,使得学生课堂参与的积极性不高,导致教学反馈与教学效果不佳。由此可以发现,目前大学生创新创业课程存在的问题主要是内容较单一,课程建设不到位、质量不高,不能有效持续地提高学生的创新创业意识,且教学内容的针对性不强,不能满足不同年级、不同专业学生的需要,不利于高校创新创业人才培养工作的开展。

3. 创新创业教育教师数量不足

大学生创新创业人才培养离不开优秀的教师队伍。建设一支高水平的专兼职创新创业教育教师队伍是提高大学生创新创业能力的重要保障。目前,高校创新创业教师数量不足、教师关于创新创业建设的理论知识水平不高、专兼职教师结构不合理等问题依然存在。高校创新创业教育教师数量不足会导致创新创业教育师生比不均衡、师资结构不合理、课程建设不到位等问题。根据上文调查结果可以发现,虽然有约1/3的教师接受过创新创业相关培训,但专门从事创新创业教育的教师数量较少,大部分教师从事的是各专业领域的理论教学,或是在学校就业指导中心工作,其原因在于创新创业教育教师数量不足,提供的课程数量和类型有限,无法满足学生需求。并且这部分教师受自身专业知识、思想观念和实践经验等因素的影响,其创新创业理论知识比较缺乏,创新创业意识较为薄弱。在专职教师数量较少的情况下,缺乏对在岗教师的创新创业教育培训,因此教师的创新创业素养较低,对学生的指导能力不够。此外,校外兼职教师数量不足,缺乏创新创业成功人士或企业家这类教师投入创新创业教学工作。目前,虽然高校也积极引进企业家作为创新创业导师,但与学生互动较少,他们大多是以讲座的形式参与课堂,这种教学方式具有不固定性,且对学生的影响是短暂的,不能系统地给学生传授创新创业相关的实践知识,为学生提供某些创新创业资源也很困难。高校难以聘请到各行各业的管理人才作为兼职创业导师,使学生的创新创业理论,做到与实践有机结合。目前,国家在政策上大力支持高校创新创业人才培养工作及创新创业教育发展,但大多为宏观指导,还需各高校根据学校切实情况落实政策建议,结合学校的特色和现状,组建数量充足的师资队伍,以满足学生对创新创业理论与实践的需要。

4. 创新创业校内组织不完善

高校创新创业人才培养是一个以创新创业实践平台为依托的系统工程,其本质上属于实践教育。高校内部开展创新创业人才培养多围绕校内组织展开,为学生提供创业指导。创新创业校内组织主要包括高校的官方组织,如大学生就业创业指导中心、大学科技园、创业孵化基地等以及学生创新创业社团组织。高校的官方组织在教育部门的指导下,能从技术、经费、场地、指导老师等方面为大学生展开创业提供支持,有效保障高校创新创业人才培养工作的开展。学生组织旨在在校园中营造创新创业氛围,为大学生提供丰富多彩的校园生活,增强其创新创业体验,提高创新创业参与度。根据上文差异分析可以看出,对校内组织,不同性别、不同年级、不同专业、是否学习过创新创业课程的学生均存在显著性差异。出现该情况的主要原因是:第一,高校创新创业服务组织在创新创业的针对性方面有所不同,更加偏向于具有目标性、实用性等方面的专业,对人文社科的倾斜程度较低,从整体来看,校内组织缺乏全面且系统的咨询、指导,因而无法满足各类学生的差异化需求。第二,校内组织开展创新创业活动形式较为单一,高校组织主要开展创新创业竞赛、创新创业路演等活动,竞赛活动宣传力度不足,如申报流程、参赛过程、奖项设置等信息难以查询,从而导致学生参与度降低。创新创业竞赛、路演等的实践性不够强,理论与实践的结合不够密切,不能满足各类学生对第二课堂的需求。第三,校内创新创业学生组织数量不足、种类不完善,无法满足学生的各类创新创业的需求。且创新创业相关学生社团组织的活动较少,无法为有创新创业需求的学生提供思想碰撞与实践训练的平台。

5. 创新创业文化氛围不浓厚

在创新驱动发展战略背景下,高校已经意识到开展创新创业教育的重要性。在校园内营造创新创业氛围,从而对学生产生潜在影响是高校培养创新创业人才的重要措施。从上文调查结果可以发现,创新创业文化氛围不足也是阻碍大学生创新创业人才培养的主要因素。目前,我国也在大力推动创新创业人才培养,由于我国创新创业教育体系滞后,引入时间较短,受传统教学思想的影响,我国高校在教学理念、创业教育水平以及课程设置等方面存在许多不足。通过梳理高校创新创业教育发展史,不难发现,重视高校创新创业文化建设,积极构建良好的高校创新创业文化氛围,是诸多高校创新创业人才培养实践有所建树的一大秘诀。以斯坦福大学为例,正因其将实用与创新的精神传承注入校园文化,并在此基础上塑造了独特的创新创业文化土壤,才使学生在潜移默化的熏陶中具备独特的创新创业能力与素养。[①] 美国将创新创业的意识贯穿于整个教育体系,并积极营造全民创新创业意识与氛围。综上所述,在当前创新驱动发展战略背景下,高校必须意识到培养学生创新创业意识的重要性,积极营造创新创业氛围,完善高校内部创新创业教育体系,增强校企合作等,发挥高校作为创新创业人才培养主战场的作用。

第四节 高校创新创业人才培养质量优化策略

全国性的高校教育教学质量评估工作是由教育部领导组织。创新创业

---

① 李琳璐.斯坦福大学的创新创业教育:系统审视与经验启示[J].高教探索,2020(3):56—65.

人才培养是其中的重要内容。根据调查发现的问题和对原因的分析,提升高校创新创业人才培养质量,按照三螺旋模型的原理,政府、高校、企业须找好"位置",发挥作用。

一、政府精准定位

政府在大学生创新创业中具有巨大的导向作用,能够引导并推动创新创业的全局发展,促进大学生创新创业的良性循环。因此,政府要精准定位,通过加强政策的执行力度,加大创新创业资金支持力度,为大学生开展创新创业活动提供良好的政策环境和充足的资金支持。

"深化高校创新创业教育改革是国家实施创新驱动发展战略的需要,也是中国高等教育综合改革的需要。"教育部通过以下六大举措深化高校创新创业教育改革。

第一是建基地,把样板树起来。到2020年年底,教育部会同国家发改委建立了19个国家级的"双创"示范基地,教育部还建设了200所深化创新创业教育改革的示范校,用改革的标杆、示范来引领高校的创新创业改革走向深入。

第二是定标准,把质量立起来。教育部发布了本科专业类教学质量的国家标准,明确了各专业类创新创业教育的目标要求及课程要求,高校创新创业工作有了基本的依据。

第三是抓课程,让根基强起来。教育部打造了创新创业的线上线下"金课",200所深化创新创业教育改革的示范校建立了3 400门创新创业教育的在线开放课程、6 500多门"专创融合"特色示范课程,大学生选课人数达到了3 400万人次。

第四是强师资,让结构优起来。教育部聘请了各行各业的优秀人才担任创新创业教育的专兼职教师,其中各示范校的专职创新创业教师有17 000多人、兼职教师42 000多人,教育部还组织了近4 000场"双创"教师培训,培训了"双创"教师34万人次。

第五是推政策,让活力热起来。在大学里面全面实施弹性学制,支持学生创新创业,建立了创新创业的学分积累与转换的机制、在线开放课程的学习认证和学分认定的制度,各示范校为206万名大学生建立了创新创业成绩单,五年间有3 700多名大学生暂时休学创业。

第六是强实践,把能力提起来。在举办"互联网+大学生创新创业"大赛的同时,教育部还开设了国家级大学生创新创业训练计划。2020年,全国有1 088所高校的38 000多个项目立项,参加立项的大学生有16万多人,项目经费达到7.6亿元,有效地提高了大学生创新创业的实践能力。

实现上述目标,政府需要在以下两个方面着力。

(一)加强政策执行力度

政策执行力是政策在执行过程中的量化成分和效果体现,然而在创新创业实践的相关政策中,还存在着政府宣传力度不足、大学生创新创业的支持体系不完善以及政府缺乏对政策反馈的关注等问题,不利于为大学生在创新创业实践中提供有力的政策支持和稳定的保障。因此,政府相关部门应加以重视,在给予宏观指导的同时,还需在政策宣传、政策制定和政策反馈上加大执行力度,从而为大学生创新创业实践活动提供良好的政策环境。首先,政府要加强创新创业的宣传力度,丰富宣传渠道,了解并充分利用各种渠道的特点和优势,坚持侧重主要渠道,补充完善其他渠道,使创新创业的普惠信息和内容深入社会及高校。让企业、高校教师和学生家长等真正意识到创新创业带来的机遇,从而使高校更加明确和清晰定位其创新创业人才培养目标,也使教师对高校创新创业人才培养计划有更清楚的了解,并更愿意积极投入这一项工作,而学生在此基础上深入了解创新创业的优惠政策与权利,从而减少创新创业人才培养工作开展的阻力。这不仅有利于创新创业人才的培养和发展,还能促进学生更加热情和主动地投入创新创业的实践活动。其次,政府要针对大学生创新创业制定具有针对性、具体性、可控性的政策内容。目前政策多为宏观层面的内容,缺乏详细且具有指导性的内容,要提升大学生创新创业热情,就要为大学生创新创业提供技术与知识产权方面的法律支持;并且优化创新创业资金扶持政策,为不同情况的大学生创业进行针对性的资金支持。在创新创业审批方面,应简化审批的流程,充分利用互联网技术促进线上线下相结合的审批流程,一些证明采取线上审阅,而一些关键评估则可以线下进行批阅,从而使大学生有更充裕的时间和更强的热情参与创新创业活动。同时,政府也应该对创新创业活动积极地开展有针对性的培训,为创业项目提供咨询、交流和指导服务等。再次,政府要加强监管。各级行政部门要落实创新创业相关政策,并加强监督与检查。最后,各部门要积极开展调研,了解大学生创新创业过程中遇到的问题,及时进行问题归类与总结,并对相关政策及时调整与补充,为大学生创新创业人才培养提供良好政策环境。

(二)加大资金支持力度

大学生开展创新创业遇到的主要问题之一就是资金不足,解决资金问题能有效提高大学生创新创业的主动性,会更有利于创新创业人才的培养。

而政府的资金支持将降低大学生创新创业的成本,使其更有信心和勇气开展创新创业实践活动。因此,政府应加大对创新创业人才培养的资金支持力度。首先,政府可以专门设定针对大学生开展的创新创业金融政策,扩大受惠人群,使在校及毕业的大学生能同时享受政府的信贷资助。同时根据大学生创新创业的产业类型、创新创业发展阶段等进行综合评估从而设置不同层次和类型的大学生信贷资助的门槛,对于各种情况的创新创业大学生给予不同的信贷资助门槛和资助金额,以此促使不同情况的创新创业大学生获得不同层级和种类的资金补助,提高其创新创业的热情和主动性,进而更有利于创新创业人才的发展。其次,政府对高校创新创业人才培养工作的开展应加大补贴力度,扩大受补贴的群体范围,尽可能地提供不同程度和种类的经费支持,并建立各高校专项创新创业基金,做到专款专用,以此方便在校大学生申请资金开展创新创业活动。最后,政府应优化大学生创新创业基金的申请标准与申请流程。目前基本申请的门槛较高,导致刚开始创新创业的大学生无法申请。对此,政府可以将基金的申请划分为不同的阶段:初始创新创业阶段、中期创新创业阶段、后期创新创业阶段。根据创新创业者的开展状况确立不同的资助标准,这样不会出现申请标准"一刀切"的现象,也有利于政府部门对不同阶段的企业进行统一的资格审查与管理,为大学生创新创业人才培养提供更加有针对性的多元化服务。

二、企业提高站位

企业要提高站位,促进大学生与企业的良性互动,不断增强企业服务意识、完善企业融资体系,充分发挥助力器的作用,在大学生创新创业活动中加速转化。

(一)增强企业服务意识

企业能为大学生开展创新创业实践提供有效的指导与环境支持。然而在实际中,企业在大学生创新创业中缺少相应的服务。究其原因,很大一部分在于企业为大学生开展创新创业活动的服务意识不强。因此,企业若要更好地助力高校创新创业人才培养工作的开展,就要优化其服务水平,增强其服务意识。首先,为大学生构建创新创业服务软平台,即以互联网为依托,将创新创业资源、创新创业的导向、产业园的入驻流程等内容以模块的形式详细地呈现在企业官网上,方便大学生信息查询。同时针对企业、行业、资源等各种情况对其进行及时更新和公布,以促使大学生了解企业对于大学生创新创业方面提供服务信息的最新动态,为大学生创新创业活动提供最新的信息资源。其次,加强与市场的沟通,将市场需求以文字形式呈现在官网上,为想要开展创新创业的大学生提供创新创业方向。再次,企业官网设立人工服务平台,方便大学生在网络上进行咨询,及时解决大学生困惑,并开展具有针对性的指导工作。最后,建立起完善的创新创业协会、创新创业论坛、创新创业对接平台等服务机构,并定时开展培训、讲座等公益活动,为大学生提供最新的创新创业的资源与讯息。同时不断完善创新创业交流平台,促进大学生与企业家或有创新创业经历者展开良性互动,更好地助力高校创新创业人才培养工作顺利开展。

(二)完善企业融资体系

企业融资能为创新创业项目注入活力,也能及时反映市场的多元需求。完善企业的融资体系,能更好为大学生创新创业人才培养提供动力。首先,企业要积极制定优惠政策,以分配高利润或占股比例高等条件吸引各类基金及中小型企业投资,开展创新创业的大学生与投资方签订合同,并设立专员对资金流向进行监管,确保资金运作规范,同时,资助方数量的增多也能有效减少申请者的竞争压力。其次,明晰各类基金或风投的资金扶持程序。将相关信息发布在企业官网上,并对申请者的申请动态进行实时发布,确保信息透明化,从而提高大学生的创新创业热情和主动性。最后,对引入的基金或风投,企业可以将其划分为不同的类别,并对不同的类别制定不同的基金或风投标准,以此对应各申请者的创新创业类别,采取针对性和多样化的资金支持。这样也有助于创新创业的大学生得到行业内部的指导与帮助,更有利于提高其创新创业的成功率。

三、高校争先进位

高校作为大学生创新创业教育的核心,应争先进位,有效促进大学生开展创新创业活动,加强创新创业制度支持、完善创新创业课程建设、充实创新创业师资队伍、组建结构完善的校内组织、营造浓厚创新创业文化氛围,为社会源源不断地培养创新创业人才。

(一)加强创新创业制度支持

支持力度的大小是高校创新创业人才培养工作能否顺利开展的重要影响因素。本研究发现,制度支持力度不足是阻碍大学生创新创业实践的原因之一。因此,高校应加强创新创业制度支持。首先,高校要明确创新创业定位,在政府宏观政策指导下,根据各自身特色以及区域经济发展情况确立其制度制定的方向与内容,并对制度内容进行调研,确定制度细节,同时对其进行评估和完善,保证高校制度的合理化与可操作化。其次,高校要对其制定的内容进行大力宣传,如创新创业学分制度、创新创业扶持制度等,宣传方式要多样化,组织各院系开展创新创业制度宣传主题活动、各班级开展主题班会等,让大学生在交流中了解高校对大学生创新创业的支持力度,增强其创新创业的热情。再次,各院系根据学校制定的内容和自身的专业特色确定创新创业支持制度,同时设立监督机制进行落实和完善,以促进专创融合,使各专业的学生在自身专业知识的基础上进行创新创业,促进理论知识和创新创业实践活动的有机结合,从而提高大学生创新创业热情,创造良好的创新创业制度环境和保障。最后,在制度上要鼓励教师与学生共同开展创新创业活动,并对创新创业的结果进行评比及奖励,这既有利于提高大学生创新创业的动力与成功率,也有助于促进其专业知识与创新创业实践的融合。

(二)加强创新创业课程建设

创新创业课程主要是培养学生的创新创业意识与创新创业能力,为学生打下扎实的理论基础、知识基础、专业基础。如前所述,我国高校创新创业课程授课比较形式化,授课内容滞后且偏理论轻实践,授课的形式也比较固化,授课方法单一,且大部分高校的创新创业课程是选修课,这导致大学生出现旷课或不认真听讲的现象。因此,高校应加强创新创业课程建设,完善创新创业教材体系,借鉴国内外的成功经验,编写具有自身特色和优势的高质量教材,从而促进高校创新创业人才培养。

首先,合理设置创新创业课程。把创新创业教育纳入高校的整体教学计划和学分系统,在创新创业课程已成为必修课的基础上建立多层次、立体化的创新创业课程体系。比如在创新创业课程设置方面,增加其弹性,并且开设各种类型和层次的课程,根据学生需要增加本课程的比重和选择性,以满足学生的多样化需求。在授课方式上,可以通过基本理论、案例分析和模拟练习的组合设计,用模块化方式实施,让学生了解和熟悉有关创办及管理小企业的知识和技能。而在创新创业课程自身的定位方面,高校应充分利用自身资源优势,以及区域发展形势创造性地进行自身目标定位,形成有地域性的特色教材,使高校创新创业的定位目标既符合区域发展的要求,也有助于增强高校自身创新创业的发展力量。这是提高创新创业课程质量的基础。

其次,高校要拒绝"填鸭式"教学,增设体验式教学内容,采取探究式、研讨式、互动式等教学方法,促使学生独立思考,激发学生的学习兴趣。同时,多开展创新创业实践活动以及校企合作培训等课程,让学生切实感受创新创业机会识别、人力资源管理等内容,让理论与实践能够有机结合。除此之外,高校要制定合理的创新创业人才培养计划,多给大学生提供可以锻炼和学习的创新创业实践平台,各院系也应加强创新创业课程与自身专业课程的有机融合,促进学生创新创业活动的开展。

再次,高校应积极组织创新创业相关教师开展集体备课活动。通过备课加强教师间的交流,使教师了解不同阶段学生的课堂反应,这也有利于教师们有针对性地准备课程内容,使得教学效果与教学质量有所提高。

最后,高校应完善创新创业课程的教材体系。继续加强创新创业课程为必修课建设,及时根据市场新需求完善课程内容,灵活设置课程。比如充分利用互联网资源,创新教育教学模式,整合各类教育资源,开设像微课、慕课、远程课程等对创新创业课程循环利用,促进学生自主学习。同时合理安排课程内容,对大一至大四的学生展开分阶段教学,例如,大一主要进行创新创业理论学习,让学生对创新创业产生基础性的概念;大二主要培养创新创业意识,提高其积极性;大三主要进行创新创业能力的培养,让大学生有能力开展创新创业活动;大四针对创新创业实践开展专项培训。这种分阶段的课程有助于满足不同年级的需要,课程数量简而精,且无重复内容,也不会让学生感到乏味,同时也能够逐步引导学生,为高校创新创业人才培养打下扎实的理论基础。

(三)充实创新创业师资队伍

教师在创新创业人才培养中起着举足轻重的作用,但无论是根据教育部规定的师生比1:18,[1]还是专任就业指导教师和相应工作人员与应届毕业生的比例不低于1:500的师生比规定,[2]创新创业教育中的师生比都是不均衡的。从上述调查中可以发现,高校创新创业教师数量不足,师生比不均衡,也使师资结构不够合理,因此高校应组建一支数量充足、结构多样、理论扎实的创新创业教育教师队伍。

首先,在教师招聘上不仅要严格,还要灵活。对于专任教师的招聘,不

---

[1]　教育部.教育部关于印发普通高等学校基本办学条件指标(试行)的通知[EB/OL].(2004-02-06)[2020-05-30]. http://www.moe.gov.cn/srcsite/A03/s7050/200402/t20040206_180515.html.

[2]　教育部.教育部办公厅关于开展普通高等学校本科教学工作合格评估的通知[EB/OL].(2018-02-08)[2020-05-30]. http://www.moe.gov.cn/srcsite/A08/s7056/201802/t20180208_327138.html.

仅要求其学历水平符合要求,还要对其跨学科研究能力、创新创业经历等进行考察。对于创新创业相关的公共学科教师,如经济学、管理学教师,可适当降低标准,积极引进高校毕业的博士或博士后参与教学,丰富教师队伍,增强队伍活力;对于校外兼职教师,可以采取内推制或面试考核制,确保兼职教师在创新创业人才培养方面的能力与素养。同时,积极促进创新创业教师队伍建设,如除教师自身加强创新创业理论知识的学习和研究之外,也应该鼓励教师参加各种平台举办的创新创业实践活动,增强其理论知识与实践能力的有机统一。在教师队伍中,应加强对中青年骨干教师的专业培训与学习,支持教师挂职去企业锻炼学习,并开设一定的实践平台进行锻炼。除此之外,应加强高校创新创业教师队伍在国际国内创新创业领域的学术交流、研讨和科学研究,从而提高教师的创新创业教育质量,增强高校创新创业人才培养力量和实力。

其次,要组建以多学科为基础的师资队伍。由于创新创业教育融合了多学科内容,因此有必要整合来自不同学科的教师,并搭建交流的平台,促进其交流合作,可在此基础上创建就业创业学院,将创新创业教师的培训、考核、补贴等规范化,从而提高创新创业教师队伍质量,增强教师参与的积极性。

再次,高校要积极引进校外优秀企业家作为兼职教师进入课堂开展授课,而不是单纯地进行讲座或创新创业指导。美国百森商学院对创新创业授课教师的规定为:在课堂上,每位教师必须带领一位有志于创新创业教育的企业家共同来到课堂上。因此,我国高校也可以借鉴国外这种专兼职教师共同授课的模式,校内专任教师负责讲授理论构架,校外兼职教师负责实践知识,保证理论与实践能够有机结合,以促进大学生创新创业知识和能力的培养。

最后,高校应积极设置职业发展教育学科,扩大职业发展教育专业研究生招生数量,为创新创业教师队伍做好人才储备工作。

(四)组建结构完善的校内组织

高校创新创业校内组织是创新创业生态系统中重要的组成部分,能够有效带动高校创新创业人才培养工作开展。

首先,高校应完善创新创业服务组织,在就业创业服务中心的基础上进行深化与改革。例如,建设创新创业服务云平台,为大学生提供线上线下的双向服务;还可以设置导师库并以创新创业教育教师的专长进行分类,设立不同的模块,如企业运营、技术指导、金融财税政策、企业园入驻等,每个模块下设至少十位以上教师,确保及时解决学生的问题,满足各类学生的需求。其次,高校要积极开展创新创业相关活动,丰富活动内容,提高大学生参与创新创业活动的积极性,对于活动内容与形式,可以在高校创新创业服务平台上进行征集,并列举活动内容供学生选择。再次,高校社团联合会要积极鼓励大学生组建创新创业相关社团,或将目前具有创新创业意愿的社团进行挑选与合并,产生新的社团组织。同时也促进不同专业不同年级的学生组建创新创业团队,形成传帮带的良性循环机制,促进学生创新合作团队精神的培养与综合素质的提升,而团队也有助于不同年级、不同专业学生进行思想碰撞,由此增强开展创新创业的意愿。最后,创新创业社团要积极筹备活动,丰富活动内容,如社团可以与企业孵化园联合举办活动,也可以组织参与创新创业大赛的学生或团队开展座谈会等,为大学生提供经验交流的互动平台。

(五)营造浓厚创新创业文化氛围

文化是一种润滑剂,具有激励、导向、凝聚、协调等功能。校园文化作为社会大文化作用于校园内部而产生的一种文化结果,对于引领学校发展,特别是师生成长具有显而易见的作用。而校园中的创新创业文化作为整个校园文化的组成部分,对大学生创新创业起着有力的助推作用。因此,高校要大力推动创新创业文化建设,在"共性"文化中沉淀出具有独特优势及生命力的"校本"创新创业文化,用独具特色的校园创新创业文化来激励和引导高校学生参与创新创业教育实践。首先,高校要加强对大学生创新创业的宣传力度,让创新创业的理念深入人心,促使大学生产生自我价值的认同感,激发大学生开展创新创业的热情。其次,要注重合理利用校园媒介,如校广播站、校电视台、校报等,对高校创新创业的先进个人事迹进行报道,通过榜样的力量引领高校大学生积极开展创新创业实践。再次,为大学生提供创新创业交流的平台,如创新创业论坛、创新创业交流会等,为大学生提供各种资讯与经验,以此激发大学生开展创新创业的积极性与主动性。最后,制定鼓励大学生创新创业的激励制度,比如学分认定、资金奖励等。凡是在高校开展的各种创新活动,如科技发明、学科竞赛、文学创作等活动取得的成果都可以获得创新创业奖励学分;学校可设立大学生创新创业专项奖学金,对在创新创业方面有突出贡献的学生进行奖励,对参加全国创新创业竞赛取得优异成绩或在创业中心开展的创业活动中表现较好的学生,也可给予一定的奖励。同时,对学生实行弹性管理,比如允许学生一边学习一边实习工作,也允许学生在完成基本学业要求的基础上申请休学进行创业等。

第八章 三螺旋模型下郑州大学创新创业人才培养体系探索

高校是"传递深奥知识、分析批判现存的知识、探索新的学问领域"[①]的场所,承担和履行人才培养、科学研究、社会服务的崇高使命,促进社会发展和人类进步。高等教育的主要任务之一是要培养既能适应经济社会发展,又能引领经济社会发展的高素质人才,而创新创业则是"引领"作用的主要表现。随着高等教育与经济社会的关系越来越密切,高校通过传播知识、科技和文化来培养人才,最大限度地满足经济社会发展需求。凭借自身基础和敏感性,努力站在科技前沿,不断向社会输送新知识、新成果,同时培养出能引领经济社会前行的"双创型"人才。

郑州大学作为综合性研究型建设高校,在以人才培养为核心的办学过程中,始终坚持立德树人的根本任务。在三螺旋模型下,注重政府—企业—高校间的协同合作,全面提升"双创"教育教学质量,取得了一系列成绩。

2017年,学校入选教育部全国首批"深化创新创业教育改革示范高校"。近年来,学校围绕教育部关于创新创业教育实践的整体布局持续发力,推动创新创业工作不断取得新突破。为了推进就业创业师资队伍职业化、专业化、专家化,强化就业创业专兼职教师队伍建设,学校举办了2020年就业创业师资培训班。各学院和培养单位共186名专兼职就业创业指导教师参加了线上、线下课程培训,并获得培训证书。学校以赛代评,以赛代训,遴选培育创新创业项目。在全国"互联网+"赛事中共获得1金、5银、17铜的好成绩。同时,学校设立专项资金,为45个优秀创新创业团队提供经费扶持。创新创业团队负责人李剑被授予第三届河南省大学生"创新创业标兵"荣誉称号。学校持续紧抓大学生创新创业基地建设,2020年度新建4个校内创新创业教育示范基地和1个校外留学生就业创业基地。同时,持续做好校内创

---

① 布鲁贝克.高等教育哲学[M].王承绪,郑继伟,张维平,等译.杭州:浙江教育出版社,1987:11.

新创业基地扶持,为创新创业基地提供场地、资金等方面支持。此外,学校注重品牌活动,厚植创新创业文化氛围,举办了郑州大学2020年度"创客之星"评选及路演活动,评选出郑州大学2020年十大"创客之星"。

考量郑州大学对"双创"教育人才培养体系实践的探索,不仅会给"双创"教育工作者带来工作理念、方法的转变,更有可能成为新形势下改进"双创"教育的政策参考,同时,对探索构建综合性大学研究型创新创业人才培养体系具有较好的借鉴意义。

第一节 创新创业人才培养体系构建中的问题

近年来,高校创新创业教育不断加强,取得了积极进展,对提高高等教育质量、促进学生全面发展、推动毕业生创业就业、建设创新型国家发挥了重要作用。高校是创新创业人才培养的关键,能够为大学生播下创新创业的种子,因为高校拥有众多的创新创业课程、师资、实验室、专利、技术等,既是丰富知识的源头,也是衍生校企和社企的源头。依据三螺旋模型推进高校创新创业人才培养,高校、企业和政府应协同作用,充分发挥各自的功能,激发大学生的创新创业意识,提升大学生的创新创业技能和水平,为大学生创新创业提供实践基地和条件,营造有利于大学生创业的良好环境。企业是市场代表,其需求和未来发展趋势是高校创新创业人才培养发生的动力。越来越多的企业开始意识到和高校合作进行人才培养更为经济有效。因此,鼓励或者发挥企业的主动性,介入高校创新创业人才培养过程,如共同制订人才培养计划,在企业中设立大学生实习实践和孵化基地、博士后流动站等显得十分必要。政府在三螺旋模型中起着宏观指导与调控作用,是创新创业人才培养的拉动者。可见,高校、企业和政府是三螺旋模型的主体,是一个不可分割的整体。但在创新创业人才培养中,每条螺旋起的作用不一样,高校这条螺旋起决定性作用,企业螺旋起桥梁和纽带作用,政府螺旋起宏观指导与调控作用。三者之间既相互独立又相互合作,共同发挥各自功能。通过学习和总结美国等国家高校创新创业人才培养的长处,思考如何结合我国建设创新型国家的契机,进一步完善高校创新创业人才培养体制机制,构建创新创业人才培养体系,从实质上推进创新创业教育开展,郑州大学进行了理论研究和实践探索。

学校通过参加科技部《"三位一体""三创融合"创新创业训练体系及示范》创新方法专项、河南省《综合性大学创新创业教育人才培养体系研究与实践》教改等项目,重视政府—企业—高校三方联动,通过不断摸索与实践,逐步构建起涵盖培养目标、课程与实践体系建设、"双创"成果"培育—孵化"和质量监控与评价体系在内的全过程创新创业教育体系,该体系也成为郑州大学创新创业人才培养的着力点和创新点,形成了专业教育与创新创业教育深度融合、专业实践与创新创业实践无缝衔接、校内创新与校外创业有效贯通、校内评价与职业生涯反馈有机统一的创新创业教育改革范式。学校在"双创"人才培育方面涌现出一系列创新点。但与不少高校一样,在"双创"人才模式构建过程中也存在如下一些现实问题。

一、对开展创新创业教育的意义和目标认识不清

高校对创新创业内涵、本质以及目标的认识直接影响着其创新创业教育理念与实践,"创新创业教育不能简单地认为是教会学生创办公司,其意义在于面向未来社会需求的人才培养,培养学生的创新思维和创业精神,包括首创、挑战和冒险精神,它是对学生一生的素质教育"[1]。"创新"是创新创业教育的核心,"创业"是创新教育的重要延伸。高校创新创业教育重在对学生创新精神、创业意识与能力的"教育",使得更多的学生具有创新意向,并具备创业成功的关键能力。然而,当前部分高校对创新创业教育的认识存在一些误区,如将创新创业教育割裂地分为"创新教育"和"创业教育",或者直接理解为"创业",甚至认为只有选择毕业后创业的学生才需要接受创新创业教育。在这种狭隘认知下,高校的创新创业教育陷入"本末倒置"的实践误区,创新创业教育被视为并行于传统教育的"另起炉灶",忽略了创新创业教育作为一种全新的教育理念与模式,对于大学生创新精神、创新创业意识及能力培养的重要意义,致使高校创新创业教育偏重鼓励学生毕业后就选择"创业"或"建立新企业",忽略了保障学生创业成功的创新创业态度、思维、意识和能力的教育与培养。

二、创新创业教育与现有人才培养体系融合不足

创新创业教育必须贯穿于整个人才培养过程,需要与人才培养的目标、课程设置、教育方式、管理制度、教学评价等各个环节相匹配,才能使之从理念走向实践。在国家大力提倡创新创业教育的大背景下,创新创业教育作

---

[1] 佘颖.清华大学:"双创"教育融入人才培养体系[N].经济日报,2016-06-29(14).

为一种新的教育理念风靡于各大高校,许多高校也积极探索创新创业教育的落实路径,虽有成绩,但整体实施效果并不尽如人意,溯其原因,在于未能构建与之相适应的人才培养体系。许多高校虽然响应国家提倡创新创业教育政策的号召,但并未从学校管理层面做好顶层设计与实施方案,尤其是作为人才培养基层单位的院系层面未能构建与创新创业教育相匹配的人才培养方案、课程体系、师资队伍以及相关制度保障,使得整个高校创新创业教育无法切实实践,导致收效甚微。

三、创新创业教育中学校与政府、企业衔接不畅

"社会是高校创新创业教育的有力支撑,社会力量不但可以影响高校创新创业教育理念,而且能够给高校创新创业教育提供充足的资金和人力支持。"[①]创业教育的复杂性与创业活动的市场性决定了高校寻求与企业合作的意愿强烈,但是企业与高校开展创业教育合作的可预期利润小、见效慢,难以引起企业与高校合作的兴趣。[②] 从我国高校创新创业教育发展历程来看,其主要驱动力来自政府的政策倡导与激励,市场驱动性明显不足,并且校企合作薄弱、社会参与不足历来是我国高等教育发展实践的突出问题,致使我国高校创新创业教育主要在政府的倡导支持下以高校为主体独立开展,高校与企业、行业等社会其他主体没有建立有效的交流与合作机制,创新创业教育俨然成为高校的"独角戏"。

第二节 加强创新创业人才培养体系框架设计

郑州大学正逐步构建政府、企业、高校"三位一体"的创新创业人才培养新机制和指导服务体系。一是立足建立地方政府、行业管理部门与省级教育管理部门和学校对接机制,形成社会需求与学校科研、成果转化、创新创业以及人才培养有效对接的工作体制和运行机制。二是进一步加强创新创业信息资源整合,及时发布创新创业政策和市场发展趋势分析报告、产品需求信息等,将新业态、新产业等及时传递到科研和创新创业领域,引导学校

---

① 梅伟惠,孟莹.中国高校创新创业教育:政府、高校和社会的角色定位与行动策略[J].高等教育研究,2016,37(8):14.
② 徐小洲,梅伟惠,倪好.大学生创业困境与制度创新[J].中国高教研究,2015(1):46.

科学研究以及学生的创新创业。三是立足于打通学校科研成果和创新创业人才培养之间机制和体制的束缚,融合学校科技成果转化和学生创新创业的核心要素,激活创新创业源动力,提高学生的创新创业能力。基于上述三螺旋模型,学校在创新创业人才培养框架顶层设计方面进行了改革。

一、构建三螺旋"双创"人才培养模式

人才培养模式是以相对稳定的教学内容和课程体系及与之相配的科学教学方式、方法、手段实现人才培养目标和规格的教育过程与方式。对于学生和学校而言,广博的知识储备、良好的知识结构、扎实的知识根基、灵活的思维方式、较强的创新应用能力、默契的团队合作能力和协同的创新创业教育管理是开展"双创型"人才培养的必要条件,如图8-1郑州大学创新创业人才培养管理系统所示,要求教师和管理者根据学生个性爱好激发学习兴趣,实施近距离或零距离接触社会的多元培养方式。

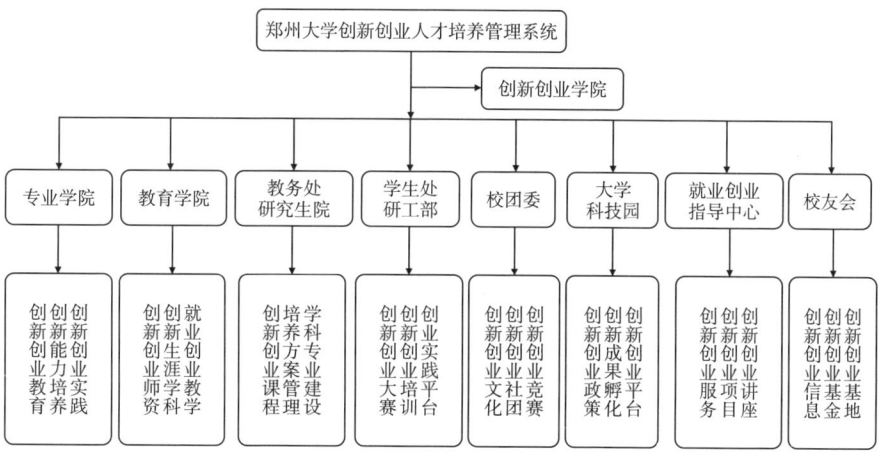

图8-1 郑州大学创新创业人才培养管理系统

创新是以新思维、新发明和新描述为特征的概念化过程。并不是重大的发明创造才是创新,实际上,对各种产品、工作方法、商业模式、服务模式的改进等都属于创新。创业是指不通过传统的就业方式谋取职业发展,而是利用自己的知识、才能和技术,以自筹资金、技术入股、寻求合作等方式开办自己的企业,从而既为自己又为社会更多的人创造就业机会的过程。创业的本质是创新,创业的过程永远是不断创新的过程。创新是提出新方法建立新理论,对现有事物进行更新改造,开始再认识、再发现的过程。创业

则是在创新的基础上,把创新成果应用于技术、制度、管理等方面,产生一定的经济效益。创新是创业的基础和前提,没有创新,就不可能有真正意义上的创业。

模式是各种方法的联系,是体系的具体化。2017年,学校围绕创新创业人才培养目标,多部门协同联动,构建了"1+4+N"创新创业人才培养模式(见图8-2)。"1"是"创新型人才培养","4"是"产教联合、专创融合、学用契合、宣教结合","N"则包括文化建设平台、基地实践平台、国际交流平台、教育研究平台等。在文化建设平台方面,学校秉持"一流标准、敢为人先、放眼格局、精于细节、勇于创新、敢做善成"的创新创业教育理念,积极营造有益于创新创业教育的文化氛围。在基地实践平台建设上,学校构建了"院级苗圃→校级孵化器→校外加速器"这一链条状、递进式模式。譬如,材料科学与工程学院、信息工程学院、机械与动力工程学院、化学学院等围绕国家及区域发展战略需求与政府开展合作,找准方向定位,打破学科隔阂,打造多学科交叉团队;土木工程学院、软件学院、商学院、郑州大学企业研究中心等坚持专创融合,突出专业特色,围绕服务社会需求与企业积极对接;文学院、教育学院打造"颖"未来职业发展工作坊等特色品牌,立足高校开展创新创业人才培养活动。郑州大学在二级学院建立创新创业教育示范基地的做法被作为特色经验上报到教育部。同时,学校创建了人工智能研发平台、新材料新能源研发平台、医科研发平台、空港经济智库平台等多个校级平台。校外平台则注重对接河南启迪之星科技企业孵化器有限公司、腾讯众创空间、河南三优创业孵化器有限公司、郑州创客空间等社会资源。近年来,郑州大学"1+4+N"创新创业教育特色更加凸显,学校在这一模式基础上成立了创业学院,打造融管理和协调职能于一体的学生创新创业教育及实践的综合平台,为创新创业人才培养提供有力支撑。创业学院在学校创新创业工作领导小组的管理下,与学校各部门形成了高效的互动机制。例如,由学校教务处负责人才培养方案制定、学分设置和大学生创新创业训练计划,科技处和社会科学处协助进行科技创新、科研成果转化,校团委负责组织和举办社会实践、科技作品竞赛,就业创新指导中心负责创新创业教育、项目指导和创业孵化与实践,各学院则开展基于专业的创新创业教育。同时,学校致力于推动创新创业教育示范基地内涵建设。2018年,学校共开展15个特色活动,重点扶持项目7个,孵化项目52个。例如,材料科学与工程学院创建了"创镁高科——开创可降解缝合新纪元"和"基于钙钛矿太阳能电池的智能生态大棚"品牌团队,开展了三级创新人才培养体系研究与实践的特色活动;商学院创建了"郑州爱山荷文化传媒有限公司"和创新创业实验班;物理学院创建了"非侵入式分项计量智能电表"品牌团队,"赛学模式"是其特色活动。此外,在"1+4+N"创新创业教育模式的基础上,学校继续拓展"N+"领域的平台功能。如启动了创新创业文化周活动,实施了基地项目化运作,开展了"大学生创新创业'筑梦'小分队"暑期社会实践活动,推进了中国—以色列创新创业交流活动方案的制定。学校在此模式基础上不断寻求多个领域突破,并且取得显著成效。一方面加强校内外创新创业基地建设,全面升级服务水平,继续以项目化运作为牵引,推动校内创新创业基地的内涵建设,进一步拓展校外创新创业基地,深化校企合作,以校内外基地建设为依托,全面升级创新创业教育和指导服务水平。另一方面,持续加强与政府和企业的协同合作。通过"互联网+"等比赛,响应政府提出的"双创"人才培养号召,密切与企业联运获得企业的有力扶持。在第五届中国"互联网+"大学生创新创业大赛上,学校实现了该项赛事上国家金奖零突破,实现了河南省首次入围全国30强的新突破,在比赛现场共获得5 500万元的投资意向。

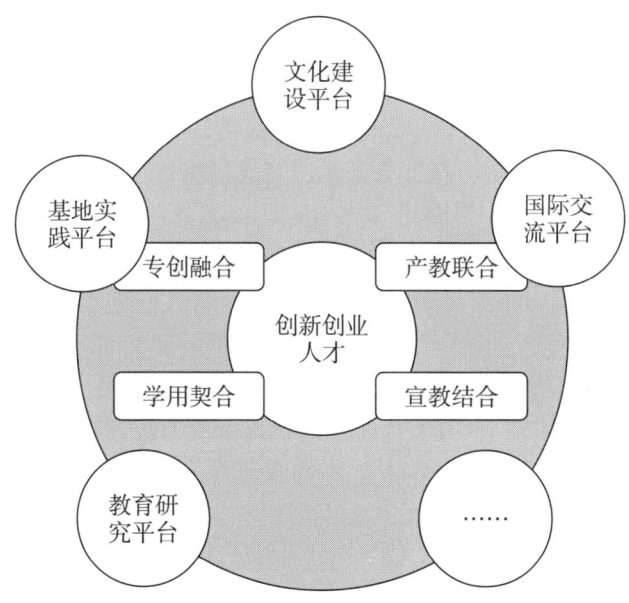

图8-2 "1+4+N"创新创业人才培养模式

"双创"人才培养模式需要不断完善,学校应根据市场发展需要,特别是根据地方经济发展的多样化和多层次人才需求,兼顾学生个体差异,积极探索、实践多元化人才培养机制,致力于拓展学校教育和学生自我发展相结合、第一课堂与第二课堂相结合、校内理论教学和校外实践教学相结合、国内经济社会形势教育与国际背景教育相补充的开放式教育教学方式,充分挖掘人才培养模式过程中不同主体的作用。应强化学生自主学习机制和发展机制,扩大学生在"双创"领域的自主选择权,依据其个人兴趣、爱好、特长进行自主选择,培育自主学习意识和学习能力,制订学习计划。进一步完善弹性学制、分流培育、分级教学、分层教学,扩大学生在创新创业领域自主选择研究方向、教师和课程的空间。

二、优化"双创"人才培养方案

人才培养是高校的基本职能和根本任务,科学的人才培养方案是高质量人才培养的前提条件与重要保障。《教育词典》中指出,培养方案又称专业培养计划、专业培养方案,是各层次高等学校根据各专业的培养目标与培养对象的特点制订并实施的具体计划和方案,是学校指导、组织与管理教学工作的基本文件。[1] 培养方案是人才培养目标与培养规格的具体化、实践化形式,是实现专业培养目标和培养规格的中心环节,是人才培养的实施蓝图。[2] 人才培养方案包括入学要求、修业年限、职业面向、专业人才培养目标、教育计划、课程设置、课程进度、毕业要求等要素。与传统的高校专业教育相比,创新创业教育的社会性和实践性更加突显。"创新创业教育不仅仅是知识的传授和教学内容的更新,更是学习者通过情境性学习和实践活动提高综合素质和能力的活动。"[3] 因此,高校创新创业教育方案的设计应更加注重情境学习与实践活动,增强其开放性,与政府、企业等校外机构开展广泛合作,使学生通过现实情境中的实践,切实提升自身创新意识与创业能力。

基于高校创新创业教育社会性与实践性的鲜明特征,传统课堂之外的"第二课堂"无疑是开展创新创业教育的有效途径与载体,具有教学组织的灵活性、管理的开放性、资源整合的广泛性以及资源配置的自主性等方面优势,较少受到时间与场域限制,注重实践与应用。创新团队组成及能力培训过程要跨学科、跨专业,进行知识的相互渗透与交叉互补,具有综合性;在运作过程中,能够做到取长补短、能力互补,凸显团队精神;通过特殊的文化环境实现"环境育人",达到"第一课堂"之外的教育目的和效果。这种教育目

---

[1] 李诚忠.教育词典[M].哈尔滨:黑龙江科学技术出版社,1989:362.
[2] 曾冬梅,席鸿建,黄国勋.专业人才培养方案的构建[J].清华大学教育研究,2002(5):99.
[3] 董世洪,龚山平.社会参与:构建开放性的大学创新创业教育模式[J].中国高教研究,2010(2):64.

的和效果将潜移默化地影响学生,并逐步内化为学生素质,增强求知欲,激发创新创业意识和思维,提升创新创业能力。例如,郑州大学"树仁梦想扶持计划"顺应"大众创业、万众创新"的时代要求,致力于加强高校学生对创新驱动发展战略重要意义的认识,吸引越来越多的优秀学生在大学期间尽早进行职业生涯规划,提升学生的创新实践能力,引导、扶持创新创业教育及实践活动,营造良好的创新创业氛围,已组织实施多次营销特训营活动,使学生在学校课堂之外身临其境地接触创新创业实践情景。此外,郑州大学为响应国家"大众创业、万众创新"的号召,鼓励大学生敢于创新、勇于投身创新创业实践,培育和宣传大学生身边的创客,面向全校开展了2020年度十大"创客之星"评选活动,院(系)层面深入挖掘本院(系)创新创业典型,有效提升了校园创新创业氛围,增强了学生的创新创业意识和能力。

三螺旋模型有关知识经济社会高校作用的描述与欧洲知识经济背景下提出的创新战略不谋而合。经由里斯本战略提出的"知识三角"(Knowledge Triangle)将上述设想转化为可行性存在。"知识三角"借鉴了"三螺旋"模型"螺旋式"发展脉络和生态系统,将高校教学与科研两大职能直接与创新联系起来,以充分发挥高校在创新体系中的作用。[1] 企业是创新的主体,教育和科研是创新的基础。教育可以通过人才培养为研究领域提供必要的人力资本投入,而研究领域一方面依赖教育对研究人才的培养和输出,另一方面又能够通过研究活动提升教育质量。教育与(企业)创新双边互动表现为:一方面教育能够为(企业)创新活动及其成果的运用提供必要的创新型人力资源,并能为创新产品的早期运用提供技能型消费者;另一方面(企业)创新又能够为教育提供新技术产品,丰富教育资源,并引导教育发展。从(企业)创新与研究双边互动看,一方面(企业)创新能够催化研究活动,另一方面研究活动产出又能够为(企业)创新提供丰富资源。

因此,按照"知识三角"的思路,优化"双创"人才培养方案,学校可以从以下几个方面着手:加强通识教育,为创新创业的产生奠定坚实的知识储备基础;拓宽专业口径,优化专业教育,将专业教育有机纳入创新创业维度之中,增强适应性和灵活性;增设交叉学科方向或边缘学科课程,培育学生利用多种知识结构认识问题、分析问题、解决问题的能力,提升人文底蕴和科学素养;引进有关创新创业成熟的教学内容与系统的课程体系,拓展学生创

---

[1] 高桂娟."知识三角":"三螺旋"在知识经济时代的"升级版"[EB/OL]. (2017-01-14)[2021-06-20]. https://blog.sciencenet.cn/blog-3184597-1027603.html.

新视野;紧跟学科发展前沿,不断推进创新创业教育与经济社会发展的适切性;设置创新创业教育模块或者体系,有针对性地开展"双创"教育;鼓励学生加入教师科研团队,开展科学研究;进一步完善现有的创新创业教育实践教学体系,强化与企业合作开展实践教学。

三、完善"双创"人才闭环评价体系

人才培养评价对人才培养全过程起着至关重要的"指挥棒"作用,是保障高质量人才培养的关键环节。构建一套科学有效的人才培育评价体系是高校规范引导人才培养过程和切实实现预期人才培养目标的重要保障,它主要包括评价理念、评价内容、评价标准、评价方式与手段等要素。闭环控制是控制论的一个基本概念,闭环管理是基于闭环控制的一种管理模式,它比较注重闭环系统内部各个环节的关联与反馈,试图通过整个系统的反馈信息及时修正相关环节的工作运行状态,从而保障系统良好运转以及目标的顺利实现。人才质量是教育质量的最终体现,对人才培养的评价取向很大程度上决定着人才培养的各个环节。依据控制论和闭环控制模式,高校"双创"人才的评价需要构建包括人才培养目标、内容、方式与手段等各环节组成的人才闭环评价体系,及时洞察各个环节对人才质量的影响与反馈,从而形成一种各环节层层递进影响、及时反馈修正,既突出重点环节又关注全过程的人才评价模式。

"双创"人才的培养要始终以发展学生创新创业意识为突破口和着力点,以提升创新创业精神与能力为重点和目标,通过打造人才闭环评价体系,确保教育教学活动目标的实现。当评价目标、内容、方式与方法和"双创"人才培育要求与目的一致时,才能对创新创业进行恰如其分的评价,高开低走乃至低开高走的评价体系都无法适应人才培养需求,也难以达成人才培养的目标。因而,评价体系与人才培养相辅相成,人才培育需要依赖科学的评价制度来检验培育效果,同时也反过来促进科学考核制度的建立与完善。打造人才闭环评价体系,需要从以下三方面着手。

首先要树立科学评价观,理性看待评价过程和考核结果。评价标准在一定层面上反映了教育观,通过评价学生知识掌握程度、综合能力和素质的发展情况,掌握教学的开展和落实情况,强调整体素质的全面和谐发展。借助评价的导引作用,提升学生知识运用能力、自学能力、分析与解决问题的能力、评价他人和自我评价的能力等。

其次是改进学生综合测评的考核方法。学生量化综合评价办法应补充创新创业因素,将创新创业精神与能力纳入考核指标。运用科学、公正、合

理的评价标准,建立量化综合评价办法,强化目标导向,引导学生进行自主学习,促使评价体发挥正确有效的"指挥"作用。

最后是要加强"元评价",即对"双创"人才评价的评价。"双创"人才的评价并不是"一刀切"的过程,评价标准应考虑适应科学进步和形势变化所带来的差异,因此要不断对评价标准进行评价,构建闭环监控评价体系,确保为后续人才培养改革提供依据,使高校人才培养与国家和社会需求相适应,培养出满足政府导向、适应企业需求的人才。

第三节 推进创新创业人才培养体系成功实践

教育部在《关于大力推进高等学校创新创业教育和大学生自主创业工作的意见》中明确指出,"在高等学校开展创新创业教育,积极鼓励高校学生自主创业,是教育系统深入学习实践科学发展观,服务于创新型国家建设的重大战略举措;是深化高等教育教学改革,培养学生创新精神和实践能力的重要途径;是落实以创业带动就业,促进高校毕业生充分就业的重要措施"。习近平总书记在全国教育大会上明确提出,要努力构建德智体美劳全面培养的教育体系,形成更高水平的人才培养体系。人才培养体系是"由高等教育活动的各个环节、各个层面、各个领域的相互关系和内在联系构成的一个有机整体,它强调了人才培养的整体性和系统性"[1]。人才培养体系的基本要素包括六个方面:如何看待人才培养、培养什么人、如何培养人、由谁培养人、如何保障培养人和学生想成为什么人。[2] 创新创业人才培养体系的构建必须依据创新创业人才培养的目标和要求,即创新创业教育培养"什么样的人"以及"如何培育这样的人"。通过构建科学的人才培养体系来规范和引导人才培养实践过程,进而实现预定的人才培养目标,培养出符合创新创业人才规格与素质要求的毕业生。

创新创业教育是我国建设创新型国家一系列战略举措的重要组成部分。高校应将创新创业教育作为创新办学体制机制、全面推进综合改革的重大课题,作为全面提高人才培养质量、建设一流大学的重大机遇,服务国

---

[1] 李立国.高等教育内涵式发展下的高水平人才培养体系建设:逻辑框架与作用机制[J].清华大学教育研究,2019,40(6):11.

[2] 华小洋,蒋胜永,朱志勇.试论应用型人才培养体系的建构[J].高等工程教育研究,2017(6):100.

家发展战略的自觉行动,全面加以推进,完善人才培养体系。开展创新创业教育,就是以创新精神、创业意识和创新能力培养为导向,创新人才培养体制机制,全面深化人才培养模式和教育教学方法改革,推动专业教育与创新创业教育有机融合,积极探索产教协同、科教协同等育人模式,实现学生、教师和课程的全覆盖,从而实现政府—企业—高校三方的有机联动。①

针对创新创业教育存在的共性问题,结合国家发展导向和区域实际状况以及政府和企业的需求,郑州大学构建了高校创新创业人才类型矩阵,具体体现为:在理论教学方面,形成了以课程为基础,以案例为线索的"通识+基础+专业"专创融合的课程体系,确保全体学生接受"双创"教育;在实践教育方面,建立了以学生为主导,以团队全程考核为重点的分段牵引式实践机制,确保全体学生参与校内"双创"训练;在"双创"成果培育方面,形成以校内创新创业平台为主体、以校企联盟为支撑的全过程成果"培养—孵化"链条,确保10%的学生能够参与成果培育,1%的学生进行创业孵化;在监控评价方面,确立闭环反馈质量监控评价系统,形成覆盖学生校内培养和职业生涯的两个监控评价闭环。(见图8-3)

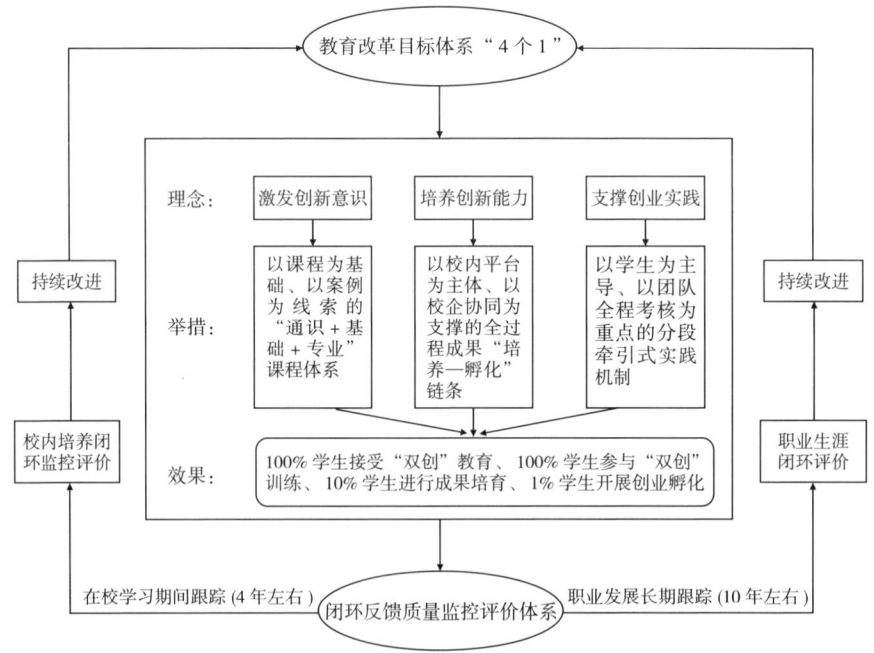

图8-3 创新创业人才培养目标体系

---

① 樊丽明.全面推进创新创业教育[N].人民日报,2018-01-08(7).

一、落实政府"双创"人才培养政策

"双创"人才类型矩阵的构建应适当学习、借鉴国内外高校优秀的"双创"服务理念与方法,根据自身情况建立相应体系,借助"双创"课程的讲授和实践活动的开展进行知识和技能的传递,着力培养学生的"双创"思维、意识和精神;通过系统的"双创"课程教育,使学生掌握基本的知识、理论和经验;实施"双创"实践基地教育,为学生创新创业提供资金和咨询服务,使学生在实践中得到锻炼和提高,同时开展创业大赛、创业讲座、创业论坛等活动,鼓励和活跃学生创业社团,加强专业指导,促使学生开展自发式的创业实践活动。例如,郑州大学为贯彻落实《国务院办公厅关于深化高等学校创新创业教育改革的实施意见》(国办发〔2015〕36号)、《河南省人民政府办公厅关于深化高等学校创新创业教育改革的实施意见》(豫政办〔2016〕59号)等文件精神,造就富有创新精神、敢于承担风险的创新创业人才队伍,积极贯彻以创业带动就业,本着"以赛促评、以赛促扶、择优资助"的原则,对学校《大学生创新创业项目扶持办法(试行)》进行优化修订,通过"中国'互联网+'大学生创新创业大赛郑州大学选拔赛"和"郑州大学'创·梦'大学生创新创业项目路演"等活动遴选优秀项目,并给予相应的资金扶持。扶持项目分为孵化项目、一般扶持项目、重点扶持项目三类,根据评审结果对项目进行相应的资金扶持。依据校级扶持结果择优推荐参加省级扶持(省级扶持资金金额:2万元—15万元)。同时,通过学校大学科技园等载体为大学生创办企业提供无抵押小额贷款或无息借款,指导帮助大学生创办企业申报创新人才专项研究资金、科技型中小企业技术创新基金等。努力做到"机构、人员、场地、经费"四到位,为大学生提供创业培训、项目孵化等服务。对自主创业学生实行持续帮扶、全程指导、一站式服务。做好国家、省市创新创业政策宣传,积极推进与社会有效衔接,落实大学生创业各项优惠政策,提高创业成功率。此外,郑州大学根据国家相关文件精神,不断提高学校毕业生就业质量与就业层次,提升大学生创新精神、创业意识和创业能力,培育"大众创业、万众创新"新引擎,形成"创新促进创业,创业带动就业"新局面,结合学校实际,优化修订《郑州大学就业创业工作考核与奖励办法(试行)》。主要考核就业教育、就业指导、就业服务、举办专场招聘会、就业工作特色活动、就业率、就业质量、创业培训、参加各类创新创业大赛、创业项目备案情况、创新创业基地建设情况、就业创业工作科学研究以及就业创业日常工作等。

在总结传统教育目标体系的基础上,结合创新创业特点,郑州大学构建了如图8-4所示的高校创新创业人才类型矩阵。该矩阵将"双创"人才培养目标分为创业、创新和就业三个维度九种类型,创业包含技术创业、商业创业和普通创业三种,创新分为学术创新、技术创新和创意创新三种,而就业则分为研究生深造、高质量就业和普通就业三类。在统筹三类创新的基础上,郑州大学提出"4个1"的创新创业人才培养目标,即确保100%的学生接受创新创业教育,激发创新意识;100%的学生参与校内创新创业实践训练,培养创造能力;10%的学生进入校内培育平台,进行成果培育;1%的学生进入创业园区创办企业,开展创业孵化。

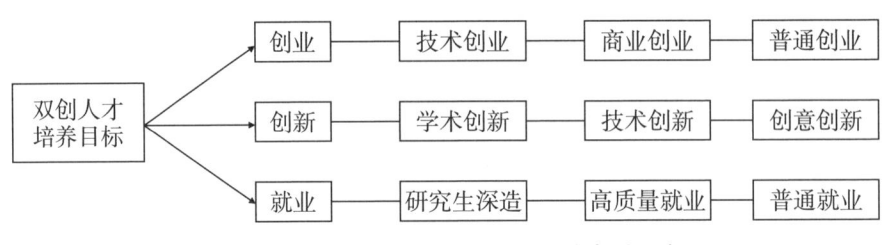

图8-4 郑州大学高校创新创业人才类型矩阵

二、形成校企"培养—孵化"链条

科技部办公厅印发的《国家科技企业孵化器"十三五"发展规划》〔2017〕55号中明确指出,"新一轮科技与产业革命正在创造历史性机遇,我国经济发展进入新常态,'大众创业、万众创新'成为发展新引擎,创新创业活动呈现新规律,创业大发展对孵化服务产生新需求,良好的创新创业生态成为推动'双创'发展的必要条件","加强创业孵化链条建设,推动众创空间质效提升,实现专业化发展,促进科技企业加速器发展,加大专业孵化器布局力度。鼓励孵化模式创新,支持集团连锁孵化、企业内生孵化、平台开放孵化等新型孵化器建设,形成多元孵化、协同促进的孵化器发展新格局",并提出"到2020年,围绕大众创新创业需求,完善多类型、多层次的创业孵化服务体系",以此作为总目标。可见,面临新一轮产业革命的浪潮,科技创新的重要性更加突显,我国需要从孵化器大国向孵化器强国迈进,以此推动我国经济新增长,为国家科技创新和经济社会快速可持续发展做出重要贡献。高校作为高层次人才培养的重镇,在"双创"人才培育方面既"得天独厚",又"责无旁贷",而构建"培养—孵化"链条是高校与企业协同培育"双创"人才的重要机制和模式,使学生在这一机制中将专业理论知识学习融入创新创业真实情境或模拟实践中,实现高校与社会的共同育人,避免了具有创业意愿的学生在学校内部"纸上谈兵",步入社会后因毫无实践经验而陷入"无所适从"的窘境。"培养—孵化"链条是一个包括知识学习、创新训练、创客工作室等各个"短链"组成的链条体系,不同的节点意味着学生学习模式、思维模式和实践模式的递进与转化,是从"理论"到"实践"、从"思维活动"到"实操锻炼"过程的具体分解,在各个短链的层层递进中实现学生创新创业意识和能力的培养。

创新创业人才培养是一个系统过程,郑州大学基于三螺旋生态系统理念,从整个孵化生态系统层面出发,根据学校内部创新创业载体的运行机制,分析了全链条孵化视角下人才培养的新模式。通过"激发意识—创新训练—项目模拟—孵化助推—市场实战"层层递进的工作思路,构建了"知识学习—创新训练—创客工作室—众创空间—孵化器—加速器—产业园"的全链条创新创业"培养—孵化"体系。(见图8-5)

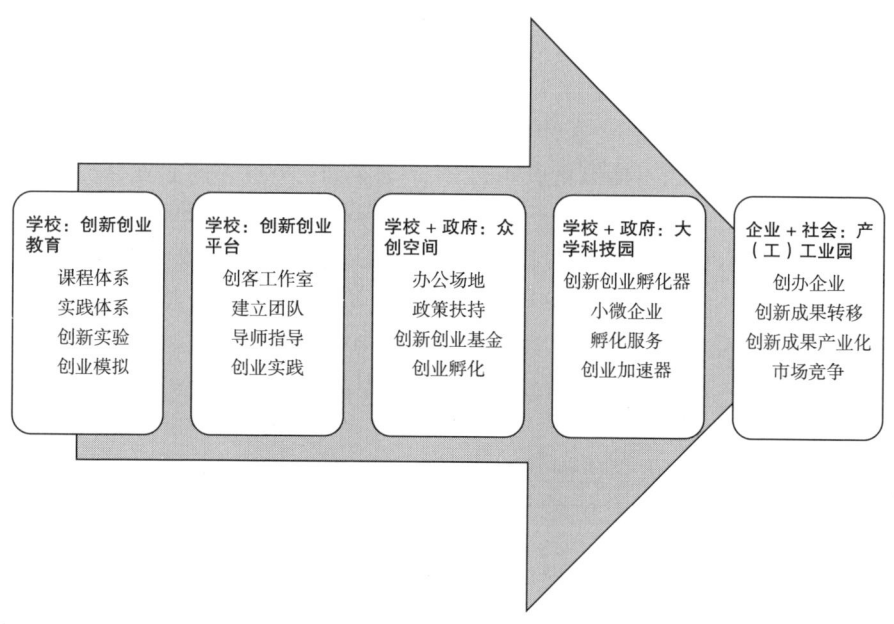

图8-5 全链条创新创业"培养—孵化"体系

该链条将校内创新、创客工作室、众创空间、孵化器+加速器、产业园五个涉及大学生创新创业的主体有机联系在一起,有效培育和提升学生的创新精神、创业心理素质以及创业能力,解决了高校在创业课程体系、创业文化氛围、创业考评机制及创业实践等发展中的瓶颈问题。例如,郑州大学国家大学科技园是学校服务支撑国家和区域创新驱动发展,促进科技成果转移转化建设的重要载体和窗口。科技园采取"一园多点"的管理运行模式,已成为师生创办科技型企业的孵化器和创新创业人才培养的实践基地。先后被认定为河南省重大新型研发机构、河南省技术转移示范机构、河南省科技服务业示范平台、河南省制造业与互联网融合"双创"基地、河南省院士工作站、国家"众创空间"等。

自 2016 年成立以来,科技园柔性引进高层次创新人员近 400 名。其中,以郑州大学为依托引进包括院士、长江学者、国家杰青、"万人计划"领军人才等 100 余人;组建高层次创新团队 80 余个,其中院士创新团队 4 个、国家千人创新团队 4 个、长江学者创新团队 1 个、国家杰青创新团队 1 个、国家优青创新团队 4 个。多个团队被认定为"河南省优秀创新型科技团队""河南省创新型科技团队""智汇郑州·1125 聚才计划"创新创业领军团队等,承担国家重点研发计划项目、河南省创新示范专项、郑州市重大科技创新专项、河南省特聘研究员岗项目等各级政府重大科技项目 28 项,获得资金支持 4 800 多万元;共有在孵企业 129 家,其中,拥有自主知识产权企业数量 36 家,高新技术企业数量 17 家,国家科技型中小企业数量 26 家;先后服务汉威科技、盾构及掘进技术国家重点实验室、宇通集团等 600 多家企业,成功推动创新创业团队与企业、省内外产业集聚区进行产学研对接 400 余次,签订产学研合同金额近 5 000 万元;与北京大学、北京理工大学、西安交通大学等开展深度合作,达成合作协议 100 多项,签订备案技术转移转化横向合同 60 余项,转化金额超 5 000 万元,间接经济效益超 10 亿元。

2021 年 6 月,科技园被科技部和教育部认定为国家大学科技园,成为河南省首批由高校主导的国家大学科技园。10 余家企业先后在河南省创新创业大赛、"互联网+"大学生创新创业大赛、"郑创汇"和 iCAN 国际创新创业大赛等比赛中获得奖项 20 余项。

三、建设专创融合课程体系

课程是教育活动的重要构成要素,集中体现了教育思想与观念,是实施培养目标蓝图和学校组织教育教学活动的媒介。[①] 课程是高校教育的心脏,是人才培养和教学工作的基本依据,也是影响乃至决定教育教学质量的关

---

① 刘家访,余文森,洪明.现代课程论基础教程[M].长春:东北师范大学出版社,2007:1.

键要素。① 课程的目标、内容、评价以及整个课程体系的制定必须依据人才培养的目标与要求,人才的知识结构、能力与素养的培育通过以课程为媒介的师生教学活动得以实现。创新创业教育的开放性、实践性与社会性必然要求高校改革传统课程体系,构建突出学生创新意识、创新创业能力的课程体系。创新创业教育课程体系是对创新创业教育的具体执行,在课程设置中应充分体现教育的可持续性发展特征,促使学生深入理解创新创业的内涵和意义,认识到创新创业不是完成任务,也不是赶时髦,而是让教育回归到"人"。

2015 年 5 月《国务院办公厅关于深化高等学校创新创业教育改革的实施意见》中指出:"到 2020 年建立健全课堂教学、自主学习、结合实践、指导帮扶、文化引领融为一体的高校创新创业教育体系,人才培养质量显著提升,学生的创新精神、创业意识和创新创业能力明显增强,投身创业实践的学生显著增加。"在这个过程中,创新创业教育课程体系建设应强调学科背景,将之作为有机的、完整的系统,全方位地体现人文、艺术与科学素养的培养,强化学生创新创业意识、锻炼基本技能、培养专业思路、提升综合能力与外部环境适应能力。课程体系既是实现创新创业教育的基本途径,也是发展创新创业教育要切实解决的核心问题。

郑州大学按照文件要求,将创新创业课程改革成果纳入人才培养方案中,一是调整课程设置,增加"创新创业"类课程。开设创造性思维与创新方法、创业基础等核心课程和学科前沿、批判性思维、就业创业指导等创新创业基础课程,其中创新与创业管理和大学生职业生涯与就业指导为必修课,各占 2 个学分。进一步完善创新创业教育专门课程体系和融入创新创业教育内容的专业课程体系。

二是加强创新创业教育优质课程资源建设。重点支持建设有特色、高水平、互动性强的创新创业教育精品开放课程。组织教师、行业企业优秀人才,联合编写具有科学性、先进性、适用性的创新创业教育类教材,利用新媒体、移动互联网等新技术建设立体化、丰富的创新创业课程教学资源。

三是开发创新创业与专业融合的专业课程,推进创新创业教育与专业教育的深度融合。在全国第一个设立了"职业发展教育"硕士点,构建了富有特色的课程体系。与校外导师合作开发创新创业与专业融合课程,承担全校创新创业课程教学任务。

---

① 刘振天.高校课程改革和课程建设切忌重"课"轻"程"[J].中国高等教育,2017(11):49.

以工商管理专业为例,开设了包括创新精神与科学创新、科技创新的技术方法、创新与创业管理、创业实训、创意思维训练等通识课程,涵盖创新创业基础、大学生职业生涯规划与就业指导、企业、政府与社会、组织理论与设计、领导学、大学生礼仪等基础课程,包含组织行为学、管理信息系统、人力资源管理、企业战略管理、供应链管理等专业课程。在"通识+基础+专业"的课程体系改革中,又根据创新创业意识和能力培养要求对传统专业教学内容进行离散式融入和案例式聚合,针对不同专业、领域、方向,具体且明确地组合创新创业教育及专业教育内容,使创新创业教育针对性更强、接受度更高、利用率更好,能有效促进学生在获取创新创业知识方面实现专创融合。(见图 8-6)

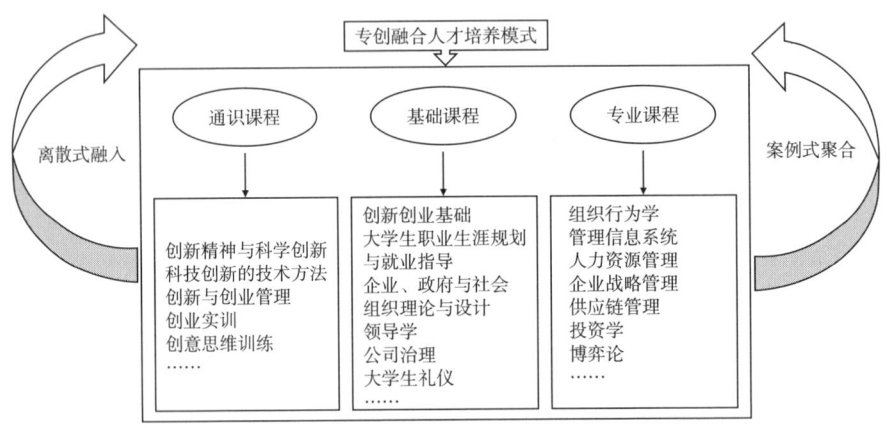

图 8-6　工商管理专业专创融合的课程体系

四、建立分段牵引式实践机制

除了对专业知识的掌握能力,创新创业能力更需要独立生存、自我学习、独立思维判断能力以及社会性的公关、组织、管理能力,这些能力只能在具体的实践活动中才能得到锻炼,因此创新创业教育具有较强的实践性,必须通过情境性学习和实践活动来实现以上综合能力的培养。① 在具体的创新创业实践中,不同类型的高校所采取的模式也应该有所差异,借鉴国外大

---

① 董世洪,龚山平.社会参与:构建开放性的大学创新创业教育模式[J].中国高教研究,2010(2):64.

学的三种创新创业教育模式,我国三种类型高校理论上也存在着三种不同的创新创业教育类型:首先,在研究型大学中,由于学生所受到的理论思维训练比较多,其理论思维相对见长,他们在学习前沿知识过程中容易产生一些创新认识,这些认识一旦被认定具有市场价值,就能够带动他们去创办产业(如微软、"脸书"的创办等),这就是一种"创新带动创业"的类型;其次,在教学型大学中,学生所接受的知识与实际关系密切,从而容易发现市场需求和对知识技能的新要求,如此就容易激发他们创新创业灵感(如开展家教服务或从事广告服务等),这属于一种"创新创业同步"类型;最后,在高职高专中,学生受到的技能训练比较多,一旦发现市场需求,就可以直接去创业(如开展电商活动等)。而且他们在实践中能够发现原有知识与技能的不足,进而去更新知识和提升创新能力,这是一种"创业带动创新"的类型。[1] 由此可见,不同类型高校依据自身的特点与优势,应该选择与自身相匹配的创新创业实践模式。为实现学生创新创业能力的有效培养,高校除了要教授较为完整的专业理论与知识体系,还要创建和完善创新创业实践能力培养的实践机制,为学生提供多样化的实践机会与平台,开设更多的实践性课程,邀请相关行业领袖、企业骨干等具有创新创业成功经验的人士为学生分享实践经验,同时加强校企合作,使学生在真实情境中切实提升创新创业能力。

培育创新创业意识、提升创新创业能力不能仅依赖理论课程的开设,还应结合实践机制以增强创新创业的育人效能。创新创业需要具备创新意识、创新能力和对创新环境的感知,创新意识在于使学生了解创新型人才的素质要求,了解创业的概念、要素与特征等,使学生掌握开展创业活动所需要的基本知识;创新能力在于培养学生的批判性思维、洞察力、决策力、组织协调能力与领导力等各项创新创业素质,使学生具备必要的创业能力;对创新环境的感知在于引导学生认知当今企业及行业环境,了解创业机会,把握创业风险,掌握商业模式开发的过程,设计策略及技巧等。上述意识的培养、能力的提升以及环境感知敏锐度的提高,需要在实战演练中养成和提高:通过撰写创业计划书、开展模拟实践活动等,鼓励学生体验创业准备的各个环节,包括创业市场评估、创业融资、创办企业流程与风险管理等。

建设创新创业实践平台,强化创新创业实践才能将创新创业教育机制

---

[1] 王洪才,郑雅倩.创新创业教育的哲学假设与实践意蕴[J].高校教育管理,2020,14(6):38.

变为现实。学校一是整合各类实验室资源,建立创新平台共享机制。各级教学、科研实验室必须面向学生开放,实现资源共享,为学生创新创业提供基础条件。鼓励本科生参与科研课题,从事科研助手工作,提高创新创业能力。加快完善科技成果转移转化和收益分配机制,鼓励教师带领学生创新创业。二是扩大学生创业空间,建立创业服务体系。针对大学生创业群体的特殊性,从创业空间和创业孵化服务等层面对创业学生进行引导和服务,营造适合其生存发展的创业环境。整合校内外资源,建设大学生创客空间,将创意激发、创新实践和创业孵化融为一体。集成落实政策,完善服务模式,培育创客文化,将学生的奇思妙想和创意转化为现实产品。为创业大学生提供低成本的生产经营场所和企业服务,细化、规范服务流程,建立不同阶段大学生创业的全方位、阶梯型的创业服务体系。三是建设覆盖校内各主要学科方向的学生科技类社团、创新兴趣小组、学生自发组织的科技创新沙龙与学术论坛,使每个学生都有自己的"科创小组"。举办各类学科、科技创新、创意设计和创新创业计划大赛等校级竞赛,组织、指导学生参加以"互联网+"大学生创新创业大赛、"挑战杯"大学生课外学术作品竞赛为代表的省级、国家级创新创业竞赛。实施大学生创新创业训练计划并扩大覆盖面,加强创业训练和创业实践项目培育,促进项目落地转化。四是积极利用各级政府、大学科技园和企业孵化器,建设校外大学生创新创业教育基地、创业实训基地和创业孵化园。

在总结创新创业现有课程和实践活动的基础上,郑州大学建立了分段牵引式实践机制。该机制以模拟企业运行的方式推进专业实践与创新创业实践有效衔接,引导学生以团队形式成立虚拟企业,每名学生在团队中担任企业不同角色。学生自大一下学期开始组建团队参与课程学习,大三下学期以团队方式通过考核并获得成绩,在这期间学生可根据团队分工修读相关课程,确保通过考核。(见图8-7)

基于三螺旋模型的指导,郑州大学分段式牵引创新创业实践持续发力。一是学校主动支持。全校登记在册的有70余个创业团队,入驻各类创客中心20余家。学校在此基础上成立了"郑州大学创业联合会"。联合会注重为创业校友服务,搭建了人才、项目、资金、媒体、政策相融合的平台。通过这个平台,创造了校友创业良性循环的生态圈。学校还加强创业团队和项目"一对一"帮扶,为每个团队配备专门的创业导师加强项目指导。发挥大赛引领和示范带动作用,组织学生积极参与各类大学生创新创业大赛等。为增强示范带动效果,开展了校内创业团队资助工作,首批获得资助的团队10个,资助金额15万元。到2020年,为参加中国国际大学生"互联网+"大赛的45个优秀创新创业团队,平均给予校级扶持资金7.5万元。二是争取政府支持。2020年,学校3个创新创业团队在河南省"新时代·新梦想"第三届大学生创新创业大赛中获得省级资金扶持。三是寻求企业支持。先后设立了中瑞创客中心、星火众创空间、新天地药业股份有限公司等大学生就业创业实训基地与创新创业示范基地。已安排百余名学生到这些基地参加就业创业实践活动和创业团队入驻,较好地满足了大学生就业创业教育过程中对实践环节的刚性需求。

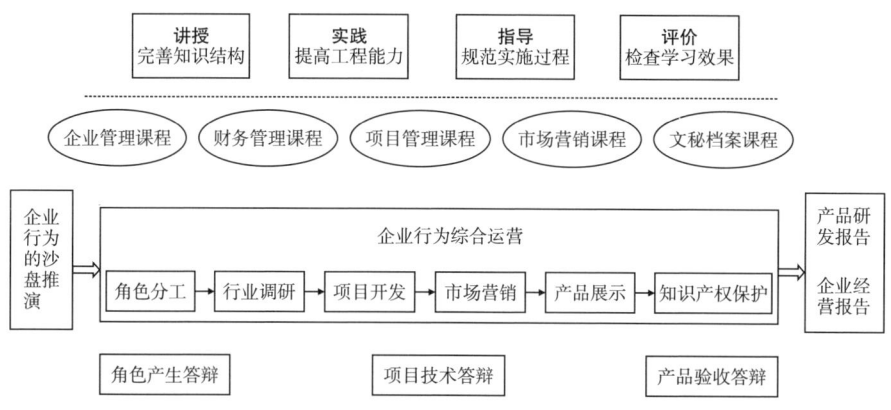

图8-7 郑州大学"创新创业教育与工程设计实践"课程实施流程

五、构建质量监控评价系统

教育质量是"学校根据国家教育方针政策的要求,为满足特定的社会和学生发展的需要而确立的教育目标,设计、组织、实施的旨在实现这一目标的教育活动达到的预期效果的度量"①。教育质量监控则是运用一定的方法和手段,对影响教育质量的各个相关因素进行监测和评价,以确保教育的质和量都能达到预期目标的实践活动或行为。

近年来,国家和地方政府部门加快推进创新创业教育,并以此为抓手,深化高等教育教学改革,着力培养学生的创新精神和实践能力。根据区域经济社会发展需求,高校积极推进创新创业教育,取得了显著的成效,对提升高技能人才的培养质量起到了积极促进作用,但在正确引导大学生开展创新创业活动、激发大学生的创新创业积极性、有效评估大学生创新创业活

---

① 沈玉顺.现代教育评价[M].上海:华东师范大学出版社,2002:195.

动等具体落实层面,则迫切需要构建质量监控评价系统。

郑州大学在构建质量监控评价系统中,始终坚持对质量评价与监控体系进行客观描述的科学化原则、根据评价对象差异采用不同评价标准的合理化原则、使评价结果具有实际意义的可评性原则、根据人才培养质量差异而形成的多元性原则,进一步健全教学质量监控评价工作运行机制、完善教学质量监控评价体系,通过实施多层面教学质量管理体系和建立多元化的教学质量监控评价机制,最终形成以质量标准为输入,以人才培养全过程为控制器,以学生为受控对象,以获得的知识能力素质为输出,以涵盖校内和校外的学生能力监督评价机制为反馈系统,以教指委、学位委员会和教学质量保障工作为干预措施,覆盖全校学生校内培养和职业生涯的两个监控评价闭环。这一评价系统将过程评价与结果评价融为一体,既能保证创新人才和成果的有效输出,又有利于对提升创新意识和创业能力的过程实施监控,助推大学生科技创新活动不断向规范有序的方向发展。

郑州大学积极响应和紧跟国家"大众创业、万众创新"的号召,认真落实教育部与省级教育管理部门有关"双创"的文件精神要求,积极探索和创新"双创"教育改革模式与路径,与企业建立"培养—孵化"链条,充分发挥企业在创新创业人才培养中的实践作用。学校"双创"教育成绩的取得依赖于构建的涵盖培养目标、课程与实践体系建设、"双创"成果"培育—孵化"和质量监控与评价体系在内的全过程创新创业人才培养体系,而该体系框架的成立离不开落实政府"双创"人才培养政策,构建专创融合课程体系,建立分段牵引式实践机制,构建质量监控评价系统。究其根本,就是要在落实国家政策的基础上,结合自身实际(办学层次、人才培育、学校特色和地区发展),在三螺旋模型的框架中,充分调动政府、企业和高校内部资源,协调开展创新创业人才培养。(见图8-8)

加强创新创业教育师资队伍建设是创新创业人才培养质量的根本保证。学校在保持适量专职师资队伍的基础上,面向校内聘请创新创业教育兼职教师从事创新创业教育教学和创业就业指导工作。制定兼职教师和导师管理制度,聘请创业成功者、企业家、风险投资人等各行各业优秀人才担任创新创业专业课、选修课、拓展课指导教师。组织教师参加省级、国家级创新创业教育教学培训,培育创新创业教育教学名师,建设创新创业教育教学团队。将提高教师创新创业教育意识和能力作为岗前培训、课程轮训、骨干研修的重要内容。加强创新创业教育考核评价,将创新创业教育和创业就业指导工作计入工作量,对指导学生获得国家级创新创业竞赛的指导教师给予奖励,纳入职称评审条件,充分调动教师投入创新创业教育教学的积极性。

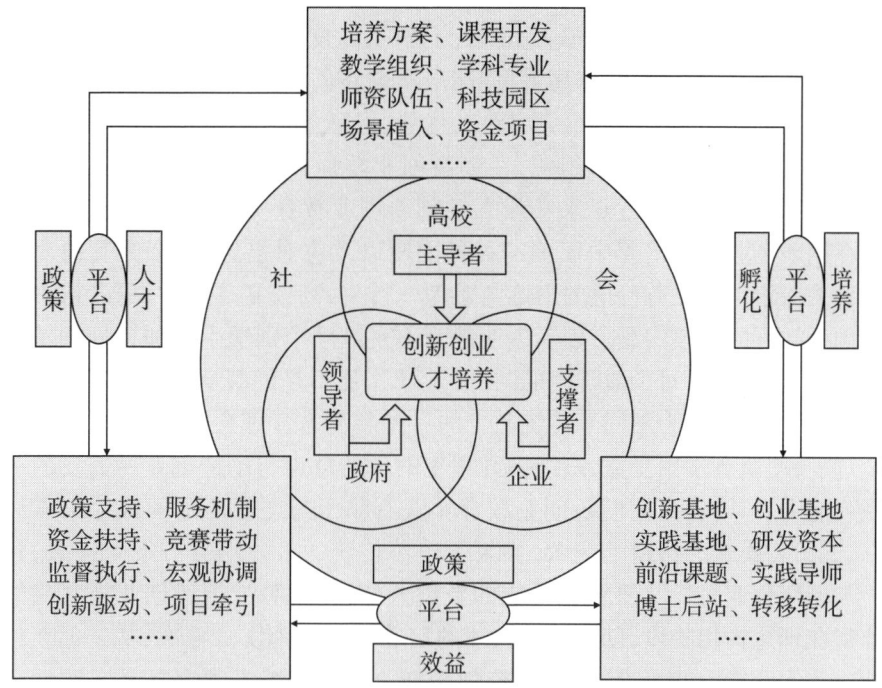

图 8-8　基于三螺旋模型的高校创新创业人才培养体系

加强校园创新创业文化建设能够营造高质量的创新创业氛围。学校组织开展形式多样的创新创业讲座，开阔学生眼界，激发创新创业热情。定期邀请校外创新创业知名人士就创业知识、创业政策等开展创新创业论坛。同时，邀请校内科技达人、创业先锋举办创新创业人物事迹分享会，为学生创新创业启蒙教育搭建良好平台。建设创新创业资讯发布平台，充分利用微信、微博等新媒体工具，加强对发明创造、人物事迹的宣传报道。挖掘创新创业方面的先进事迹和典型，以榜样的力量带动学生树立创新创业意识，提高学生的创新素养和实践能力。表彰创新创业优秀学生和指导教师，在校内探索建立象征创新创业精神的文化坐标。

如学者所言，"我国高校创新创业教育是在大学生就业压力陡增、社会经济向创新驱动转向需求愈发迫切的背景下提出的，直接动因就是政府提出'大众创业、万众创新'的倡议。政府在创新创业教育兴起过程中扮演着主导角色,而很多高校只是被动地遵照执行,并未进行真正的理性思考"[①]。以"大众创业、万众创新"的理念引导为契机,高校应积极探索创新创业教育的实践路径,充分发挥培养高质量、高层次创新创业人才的重要作用。虽然不同高校创新创业的已有探索、特点、优势、保障条件等各具差异,但高校作为高层次人才培养的学术组织,在创新创业教育实践中必然具有一些共通性。本部分通过呈现近年来郑州大学创新创业教育实践及取得的成果,分析在创新创业人才培养中面临的种种困境以及应对措施,以期为其他高校在相关探索中提供有价值的借鉴与参考。首先,高校必须科学、深入认识创新创业教育的完整内涵。创新创业教育不是鼓励个别学生参加各种创新创业大赛,也不是针对少数学生的"另开炉灶",更不是说服学生毕业后创办新企业,而是把其视为不同于传统教育的一种新型教育理念,贯穿于人才培养全过程,使所有学生受益,最终提升学生的创新意识与创造创业所需要的一系列能力。其次,高校创新创业教育实践有赖于与之相匹配的人才培养体系、方案和模式的构建与完善,如果不改革传统的人才培养方案与模式,建立与创新创业目标及要求相适应的新型人才培养模式,创新创业教育只能停留在理念构相阶段,创新创业人才的培养也无法落实。再次,基于创新创业人才实践能力的培养要求,高校创新创业人才培养必须突显其实践性和社会性,如增加实践性课程设置,构建学生实践能力提升机制,提供实践性平台和机会,提升企业与高校共同育人意识及能力等多种举措。最后,基于教育评价强大的"指挥棒"效应,高校创新创业教育实践必须依据创新创业人才知识、能力与素养的规格、要求与保障条件,制定与之相适应的教育教学监控与评价机制,对影响创新创业人才培养质量的各个环节进行评价、反馈和调控,从而保证创新创业教育在过程监控与评价的正向引导下,切实实现创新创业人才培养的预期目标。

---

① 王洪才,郑雅倩.创新创业教育的哲学假设与实践意蕴[J].高校教育管理,2020,14(6):35.

结 语

面对国家政策的推动,高校积极响应,鼓励大学生主动参与创新创业实践。在此背景下,本书在回溯和阐释三螺旋模型的基础上,对大学生创新创业教育现状进行了实证研究,探寻了促进大学生创新创业教育的有效途径,构建了我国高校创新创业人才培养体系,为高校创新创业人才培养改革与发展提出了可行性建议,有利于推动高校创新创业教育稳步发展。同时,对三螺旋模型应用于高校创新创业人才培养作了深入探索与展望,拓展了高校创新创业人才培养体系研究的视域。

一、基本观点回溯

随着知识经济时代的到来,知识在生产中的作用日益凸显,创新成为创业的前提,创新创业活动也快速开展。大学生作为创新创业的重要力量,如何培养其创新创业能力也成为一个重要的问题。1998 年,教育部发布的《面向 21 世纪教育振兴行动计划》规定,"要加强对教师和学生的创业教育,采取措施鼓励他们自创办高新技术企业,鼓励高等学校向企业转让技术,探索企业与高校从立项到投产'一条龙'的全面合作",我国由此拉开了大学生创新创业的序幕。随后,教育部、人力资源和社会保障部等多个部门出台一系列大学生创新创业的政策,鼓励大学生开展创新创业活动。2019 年,中共中央办公厅和国务院办公厅颁布《加快推进教育现代化实施方案(2018—2022)》,提出要实施创新创业改革燎原计划、高校毕业生就业创业计划等,推进大学生创新创业实践能力与产学研的结合,该政策更是将大学生创新创业作为加快教育现代化的重要措施。在国家创新创业政策的推动之下,我国自 2008 年至 2020 年,大学生自主创业的比例从 1.0% 上升到 5.0%,大学生自主创业的比例是十几年前的五倍,上升态势明显。大学生创新创业的成功依赖于大学生具有良好的创新创业能力,大学生创新创业能力的培养依赖于科学的创新创业人才培养体系。但是我国由于开展创新创业的时间比较短,大学生创新创业人才培养还存在诸多问题。本书选择三螺旋模型作为理论支撑,在此基础上构建我国高校创新创业人才培养体系,认为应从以下四个方面着手进行。

第一,立足本土构建创新创业人才培养体系。三螺旋模型是基于诸多国家尤其是发达国家的创新实践而构建出的理论,强调政府、企业和高校的协同创新。三螺旋模型根据国家主义和市场主义两种政治模式可以划分为国家社会主义模式、自由放任模式和重叠模式三种类型。从我国的实践来看,我国应该选择重叠模式作为创新创业人才培养体系的基本框架。原因在于,一方面,经过40年从计划经济向市场经济的转型发展之后,政府和市场已经实现了分离,我国已经初步形成了中国特色社会主义市场经济。同时,我国的高校经过放权改革,也已经成为独立的法人,具有了办学自主权,因此政府、企业和高校之间形成了分离状态,我国无法选择国家社会主义模式。另一方面,我国仍然处于从计划经济向市场经济转型的过程之中,我国的市场机制还不成熟,市场机制所需要的自由放任的精神和理念在我国也没有形成,因此我国也无法选择自由放任模式。重叠模式既强调政府、企业和高校的适当分离,同时又强调三者的相互交叉融合,是适合我国创新创业人才培养体系构建的框架。在重叠模式之下,创新创业人才培养体系的落脚点是人才培养,而人才培养是高校的基本功能之一,创新创业人才培养具有人才培养的共性,因此在三螺旋模型之中,高校是创新创业人才培养的主体和中坚力量。政府是创新创业人才培养的引领者,其主要功能是提供和实施创新创业政策,企业是创新创业人才培养的多重推动者,其功能是提供信息、实践平台和资金。三螺旋模型下的创新创业人才培养体系是"一体两翼"的框架模型,高校是"一体",政府和企业是"两翼",三方共同合作,协力培养创新创业人才。

第二,确立高校是创新创业人才培养的主体。高校是创新创业人才培养的直接载体,又是政府创新创业人才培养政策的执行者和与企业合作的主要伙伴,因此高校在创新创业人才培养体系中功能发挥的状况直接决定着人才培养的质量。高校在创新创业人才培养体系中需要做好以下方面的工作。一是制定完善的规章制度。创新创业人才培养涉及的内容多、人员广,因此高校应该依据政府制定的创新创业政策,制定完善的校内规章制度,为创新创业人才培养提供制度保障。具体而言,首先制定创新创业课程、教学、竞赛和师资聘任、考评等的制度,为创新创业人才培养提供基本的制度保障;其次制定创新创业学分、创新创业扶持等方面的对接制度,使国家政策的内容进一步细化;最后制定教师和学生共同开展创新创业活动的制度,鼓励教师和学生共同创新创业,以教师带动学生创新创业。二是设置合理的课程。课程内容要丰富,既包括理论知识,又包括实践操作技能;课程方式要兼顾第一课堂和第二课堂,第一课堂主要传递创新创业的知识和技能,第二课堂可以培养学生的创新创业意识,增加学生的创新创业体验;课程教学方式要灵活多样,可以采取课堂讲授、专题讲座,也可以采取实地参访、情境模拟、参与竞赛。课程按照学生的实际需要分布于从大一到大三或者大四的不同年级之中。三是组建高素质专业化的师资队伍。由于创新创业既需要理论知识指导,还需要实践技能,因此需要组建一支专职和兼职相结合的师资队伍。专职教师主要负责理论知识讲授,兼职教师主要负责实践技能培养。专兼职教师都要定期进行适当形式的培训,不断更新创新创业的理念和知识技能,并接受学生的评教。四是成立专门组织。创新创业人才培养涉及不同院系,而且既有理论课程,又有实践活动,既有专职教师,又有兼职教师,内容复杂,人员众多,因此需要强有力的组织保障。高校应该成立创新创业服务指导中心或者创新创业学院,作为全校负责创业人才培养的主要负责机构,负责安排创业课程、聘任教师、组织创新创业竞赛、提供创新创业信息、管理创新创业社团。

　　第三,政府是创新创业人才培养的引领者。政府通过制定创新创业政策为高校和企业培养创新创业人才提供方向和指引。一是政府需要强化政策制定。一方面,制定完善的创业支持政策,如进一步制定大学生创新创业的经济支持政策,简化创新创业的审批程序等。另一方面,制定更加具有操作性的政策。大学生休学创业、资金扶持、创业手续办理等政策的内容需要更加具有针对性和操作性,从而使得大学生的创新创业活动能够尽量少遭遇政策阻碍。二是政府需要强化政策的执行。首先政府需要加大大学生创新创业政策的宣传力度,采取政策文本下发、电视报纸宣传报道、微信公众号及官方微博账号定期推送等多种形式进行宣传。通过政策宣传让大学生系统、深入地了解创新创业政策的内容,不但可以激发大学生创新创业的热情,而且可以为大学生创新创业提供更好的支持,避免大学生因为不了解创新创业政策而出现创业失败。其次,政府需要加强对大学生创新创业政策实施的反馈。政府与高校之间、政府与企业之间可以建立创新创业信息沟通机制,政府定期公布创新创业信息和创新创业活动开展状况,推动大学生创新创业活动的开展。

　　第四,企业是创新创业人才培养的推动者。在政府、高校和企业的三螺旋模型之中,创新创业人才需要通过企业获得一定资金的支持,也需要在企业中接受锻炼和洗礼,培养创业实践技能。一是企业需要增强服务大学生创新创业的意识。为大学生创新创业提供服务平台,让大学生及时了解创业的需求和流程。此外,企业还需要创建各种创新创业论坛或协会,为大学生开展创新创业活动提供培训和介绍经验。二是打造创新创业融资体系。大学生开展创新创业活动,遭遇的重要难题之一就是资金短缺,企业可以通过高回报吸引基金和风险投资,为大学生创新创业提供资金基础。然后,企业可以科学设计资金使用流程,让容纳的资金与大学生的创业项目合理对接,并监督资金的使用状况,提高大学生创新创业的成功率。三是深化企业与高校的产学研合作。企业可以给高校提供创新创业所需的仪器设备,接受大学生在企业进行实习,派遣企业的优秀员工到高校讲授创新创业课程,或者与高校一同研发创新产品。

二、下一步研究展望

本书对三螺旋模型的内涵及其与创新创业人才培养的契合分析的基础上,对我国创新创业政策的演变与实施效果、美国高校创新创业人才培养体系的构建、我国高校创新创业人才培养体系的完善等内容进行了系统研究。总体而言,理论分析深入,实证研究扎实,但是已经完成的研究由于时间和人员的限制仍然存在一些不足之处,今后需要进一步深化研究,以丰富三螺旋模型之下高校创新创业人才培养体系的内容。

第一,拓宽比较研究的范围。在知识经济和信息化时代,三螺旋模型和创新创业人才培养成为全球性的研究主题和实践内容,从发达国家到发展中国家均在开展三螺旋模型和创新创业人才培养的研究和实践。本书在比较研究部分只是研究了美国基于三螺旋模型创新创业人才培养的政策演变和研究型大学、社区学院创新创业人才培养体系,为了给我国构建创新创业人才培养体系提供全面借鉴。将来可以选择一些典型的发展中国家,再选择一些有代表性的发达国家,研究其在三螺旋模型基础上创新创业人才培养的政策规定,及其各类高等学校创新创业人才培养体系的构建及其实施状况。

第二,拓宽实证研究的范围。本书的实证研究集中在我国某一省份和某一高校开展创新创业人才培养的状况,在省份和高校选择上均比较少。今后一方面需要选择更多的省份作为调研对象,发现不同省份开展创新创业人才培养的共性,使研究结论更加具有普适性,从而扩大三螺旋模型视角下创新创业人才培养体系的适用性。另一方面,从我国高校的现状来看,我国高校总体上可以分为研究型大学、一般本科高校和专科高校。本书的个案研究只选择了一所研究型大学作为调查对象,今后可以对一般本科高校、民办高等学校创新创业人才培养进行个案研究,以形成对我国各类高校创新创业人才培养体系的系统研究。

  第三,开展实践检验研究。三螺旋模型是一个新兴创新创业模型,本书在三螺旋模型视角之下对我国创新创业人才培养体系进行了初步的构建,但是这些构建设想是否有效,还有待实践的检验,今后可以根据本书的构建设想,开展追踪研究,研究三螺旋模型下我国创新创业人才培养体系的实践效果和改进措施,在渐进式实践中不断提升高校创新创业人才培养质量。

参考文献

一、图书

[1] 米哈依洛夫,乔尔内,吉里列夫斯基.科学交流与情报学[M].徐新民,张国华,孙荣科,等译.北京:科学技术文献出版社,1980.

[2] 萨瓦斯.民营化与公私部门的伙伴关系[M].周志忍,等译.北京:中国人民大学出版社,2002.

[3] 陈强.高级计量经济学及 Stata 应用[M].北京:高等教育出版社,2010.

[4] 邓小平.邓小平文选 第三卷[M].北京:人民出版社,1993.

[5] 樊平军.高校协同创新的知识管理[M].沈阳:东北大学出版社,2016.

[6] 埃茨科维兹.三螺旋[M].周春彦,译.北京:东方出版社,2005.

[7] 埃茨科维兹.国家创新模式:大学、产业、政府"三螺旋"创新战略[M].周春彦,译.北京:东方出版社,2014.

[8] 埃兹科维茨.麻省理工学院与创业科学的兴起[M].王孙禺,等译.北京:清华大学出版社,2007.

[9] 胡安宁.社会科学因果推断的理论基础[M].北京:社会科学文献出版社,2015.

[10] 布鲁贝克.高等教育哲学[M].王承绪,译.杭州:浙江教育出版社,1987.

[11] 李诚忠.教育词典[M].哈尔滨:黑龙江科学技术出版社,1989.

[12] 刘家访,余文森,洪明.现代课程论基础教程[M].长春:东北师范大学出版社,2007.

[13] 林学军.基于三重螺旋创新理论模型的创新体系研究[M].广州:暨南大学出版社,2010.

[14] 吉本斯,等.知识生产的新模式:当代社会科学与研究的动力学[M].陈洪捷,沈文钦,等译.北京:北京大学出版社,2011.

[15] 麦奎尔,温德尔.大众传播模式论[M].祝建华,武伟,译.上海:上海译文出版社,1997.

[16] 沈陆娟. 美国社区学院创业教育研究[M]. 北京:知识产权出版社,2014.

[17] 沈玉顺. 现代教育评价[M]. 上海:华东师范大学出版社,2002.

[18] 韦伯. 新教伦理与资本主义精神[M]. 彭强,黄晓京,等译. 西安:陕西师范大学出版社,2006.

[19] 谢明. 公共政策导论[M]. 4版. 北京:中国人民大学出版社,2015.

[20] 徐则荣. 创新理论大师熊彼特经济思想研究[M]. 北京:首都经济贸易大学出版社,2006.

[21] 张昊民,马君. 高校创业教育研究:全球视角与本土实践[M]. 北京:中国人民大学出版社,2012.

[22] 国家教委国家教育发展研究中心,中国教科文组织全委会秘书处. 未来教育面临的困惑与挑战:面向21世纪教育国际研讨会论文集[M]. 北京:人民教育出版社,1991.

二、期刊

[1] 别敦荣,李家新. 高等教育发展的中国道路[J]. 高等教育研究,2018,39(12):9-17.

[2] 蔡莉,彭秀青,SATISH NAMBISAN,王玲. 创业生态系统研究回顾与展望[J]. 吉林大学社会科学学报,2016,56(1):5-16,187.

[3] 陈静. 构建高校创业教育生态系统的若干思考[J]. 思想理论教育,2017(6):87-92.

[4] 陈少雄. 大学创业教育生态系统培育策略研究:基于广东省高校的调查分析[J]. 教育发展研究,2014,34(11):64-69.

[5] 陈诗慧,张连绪. 发达国家高校创业教育生态系统建设经验及启示:基于美国、德国、日本的创业教育生态系统建设经验比较[J]. 教育探索,2018(1):113-119.

[6] 陈喜乐. 科技传播的研究状况及其模式[J]. 厦门大学学报(哲学社会科学版),2007(4):58-66.

[7] 陈学军,周益发,邓卫权. 高校创新创业教师队伍建设现状及建设体系建构[J]. 职教论坛,2017(11):29-35.

[8] 陈耀,李远煦. 改革开放以来我国高校创新创业教育组织变迁及其启示[J]. 高等教育研究,2019,40(3):46-52.

[9] 董世洪,龚山平. 社会参与:构建开放性的大学创新创业教育模式[J]. 中国高教研究,2010(2):64-65.

[10] 范琳.英国高校创业教育生态系统建设及启示[J].教育与职业,2017(12):41-46.

[11] 高运胜,聂清,贺光辉.三螺旋结构下台湾政产学合作模式分析:以新竹科学园区为例[J].高等工程教育研究,2013(6):109-113.

[12] 韩高军.三螺旋理论视角下的创业型大学[J].教育学术月刊,2010(6):41-43,111.

[13] 何郁冰,周子琰.慕尼黑工业大学创业教育生态系统建设及启示[J].科学学与科学技术管理,2015,36(10):41-49.

[14] 洪坚.浙江省大学生创新创业支持系统的调查与思考[J].浙江社会科学,2013(5):140-143,160.

[15] 胡安宁.倾向值匹配与因果推论:方法论述评[J].社会学研究,2012,27(1):221-242,246.

[16] 黄军英.创业美国计划将带来什么?[J].科技潮,2011(8):42-45.

[17] 黄军英.美国创新创业政策研究及借鉴[J].科技与经济,2017,30(1):31-35.

[18] 黄利梅.高校创业教育协同创新机制:基于三螺旋理论视角[J].技术经济与管理研究,2016(6):25-29.

[19] 华小洋,蒋胜永,朱志勇.试论应用型人才培养体系的建构[J].高等工程教育研究,2017(6):100-104.

[20] 黄兆信,王志强.高校创业教育生态系统构建路径研究[J].教育研究,2017,38(4):37-42.

[21] 姬振旗,赵福江.河北省高校毕业生创业政策体系研究[J].河北学刊,2012,32(1):214-218.

[22] 李立国.高等教育内涵式发展下的高水平人才培养体系建设:逻辑框架与作用机制[J].清华大学教育研究,2019,40(6):10-19.

[23] 李琳璐.斯坦福大学的创新创业教育:系统审视与经验启示[J].高教探索,2020(3):56-65.

[24] 李琴,齐文娥,杨学儒,等.创业教育对大学生在校创业行为及毕业后创业意愿的影响[J].复旦教育论坛,2018,16(4):65-72.

[25] 李硕豪,富阳丽,陶威.创业是可教的吗?[J].中国高教研究,2017(2):9-13.

[26] 李娅.完善我国促进大学生创业政策的建议[J].科技创新导报,2010(36):150.

[27] 李宇,张雁鸣.网络资源、创业导向与在孵企业绩效研究:基于大连国家

级创业孵化基地的实证分析[J].中国软科学,2012(8):98-110.

[28] 李政,邓丰.面向创业型经济的创业政策模式与结构研究[J].外国经济与管理,2006(6):26-33.

[29] 梁会青,孙焕焕.以评估促发展:从全美创业教育调查看美国高校创业教育[J].世界教育信息,2018,31(15):34-43.

[30] 廖中举,黄超,程华.基于共词分析法的中国大学生创业政策研究[J].教育发展研究,2017,37(1):79-84.

[31] 林航,邓安兵.中国高校创业教育生态系统引入及风险分析[J].创新与创业教育,2016,7(4):4-9.

[32] 林云.美国社区学院校企合作特点及其启示[J].职业技术教育,2010,31(16):89-93.

[33] 刘春湘,刘佳俊.创新创业教育政策演进与实施路径[J].大学教育科学,2017(4):94-100,126.

[34] 刘海滨.高校创业教育生态系统构建策略研究[J].中国高教研究,2018(2):42-47.

[35] 刘军.我国创业政策体系构建的理论探讨[J].山东社会科学,2015(5):155-159.

[36] 刘兰剑,温晓兰.大学生创业政策评价体系研究[J].厦门理工学院学报,2011,19(1):71-75,85.

[37] 刘有升,陈笃彬.三螺旋创新视角下的高校创业型人才培养研究[J].北京化工大学学报(社会科学版),2015(2):51-56.

[38] 刘振天.高校课程改革和课程建设切忌重"课"轻"程"[J].中国高等教育,2017(17):49-52.

[39] 柳岸.我国科技成果转化的三螺旋模式研究:以中国科学院为例[J].科学学研究,2011,29(8):1129-1134.

[40] 吕晨飞.创新创业教育三大断层与教育闭环的构建研究[J].中国青年研究,2016(2):108-114.

[41] 吕成祯.以科技创业为导向:美国研究型大学创业教育的经验与启示[J].黑龙江高教研究,2019,37(8):102-106.

[42] 马小辉.创业型大学的创业教育目标、特性及实践路径[J].中国高教研究,2013(7):96-100.

[43] 梅伟惠,陈悦.美国高校创业教育新纪元:"创业美国计划"的出台、实施与特点[J].高等工程教育研究,2015(4):82-87.

[44] 梅伟惠,孟莹.中国高校创新创业教育:政府、高校和社会的角色定位与

行动策略[J].高等教育研究,2016,37(8):9-15.

[45] 宁德鹏,葛宝山.创业教育对创业行为的影响机理研究[J].中国高等教育,2017(10):55-57.

[46] 特伦兹尼.只见树木,不见森林:什么在影响美国大学生的学习[J]鲍威,黄月,译.北京大学教育评论,2018,16(1):72-84,189.

[47] 彭跃刚,石伟平.美国社区学院课程设置的基本特点及经验启示:以伊利诺伊州朱丽特初级学院为例[J].中国高教研究,2017(5):102-106.

[48] 沈红,张青根.我国大学生的能力水平与高等教育增值:基于"2016全国本科生能力测评"的分析[J].高等教育研究,2017,38(11):70-78.

[49] 沈陆娟.美国社区学院全校性创业教育策略评析[J].比较教育研究,2014,36(2):53-59.

[50] 眭依凡.关于一流大学建设与大学治理现代化的理性思考[J].中国高教研究,2019(5):1-5,48.

[51] 孙祥冬,姚纬明.双三螺旋模型理论与人才培养模式的创新[J].南京社会科学,2012(12):124-130.

[52] 谭玉,李明雪,吴晓旺.大学生创新创业政策的变迁和支持研究:基于59篇大学生创新创业政策文本的分析[J].现代教育技术,2019,29(5):112-118.

[53] 汤明,王万山,刘平.政策如何促进大学生创业:大学生自主创业扶持政策绩效评价体系研究[J].教育学术月刊,2017(11):56-61.

[54] 唐家龙,马虎兆.美国2011年创新战略报告评析及其启示[J].中国科技论坛,2011(12):138-142,155.

[55] 田贤鹏.高校创新创业教育政策实施满意度调查研究:基于在校学生的立场[J].高教探索,2016(12):111-117.

[56] 田贤鹏.教育生态理论视域下创新创业教育共同体构建[J].教育发展研究,2016,36(7):66-72.

[57] 王成军,王肖肖,付祥云.基于CiteSpace的三重螺旋研究热点分析与趋势展望[J].演化与创新经济学评论,2018(2):46-58.

[58] 王洪才,郑雅倩.创新创业教育的哲学假设与实践意蕴[J].高校教育管理,2020,14(6):34-40.

[59] 王心焕,薄赋徭,雷家骕.创业教育对大学生创业意向的影响研究:兼对本科生与高职生的比较[J].清华大学教育研究,2016,37(5):116-124.

[60] 王长恒.高校创新创业教育生态培育体系构建研究[J].继续教育研究,2012(2):124-126.

[61]文斌.美国社区学院创业教育实践路径及合作伙伴体系[J].黑龙江教育学院学报,2019,38(6):7-9.

[62]吴立爽.创业环境对大学生创业意愿的影响研究:以在杭高校2114名大学生为例[J].高等工程教育研究,2019(1):184-189.

[63]向辉,雷家骕.大学生创业教育对其创业意向的影响研究[J].清华大学教育研究,2014,35(2):120-124.

三、学位论文、报纸、网络等其他资料

[1]刘军.我国大学生创业政策体系研究[D].济南:山东大学,2015.

[2]吕杰杰.美国社区学院创业教育支持体系研究[D].重庆:西南大学,2017.

[3]彭跃刚.美国社区学院发展与变革研究[D].上海:华东师范大学,2017.

[4]王永铨.福建省大学生创业政策体系研究[D].泉州:华侨大学,2015.

[5]许蓉艳.浙江省扶持大学生创业的政策研究[D].上海:上海交通大学,2010.

[6]张可.大学生创业政策实施现状及对策研究[D].石家庄:河北师范大学,2013.

[7]樊丽明.全面推进创新创业教育[N].人民日报,2018-01-08(7).

[8]佘颖.清华大学:"双创"教育融入人才培养体系[N].经济日报,2016-06-29(14).

[9]习近平主持召开中央全面深化改革委员会第九次会议强调:紧密结合"不忘初心、牢记使命"主题教育推动改革补短板强弱项激活力抓落实[N].光明日报,2019-07-25(1).

[10]周倩,鞠法胜.创新创业教育需要协同联动[N].河南日报,2020-04-08(7).

[11]李克强.在第八届夏季达沃斯论坛上的致辞[EB/OL].(2014-09-11)[2020-05-18].http://www.gov.cn/guowuyuan/2014-09/11/content_2748703.htm.

[12]人力资源社会保障部.人力资源社会保障部等九部门关于实施大学生创业引领计划的通知[EB/OL].(2014-05-22)[2020-05-18].http://www.mohrss.gov.cn/SYrlzyhshbzb/jiuye/zcwj/gaoxiaobiyesheng/201405/t20140530_131188.html.

[13]教育部.教育部办公厅关于开展第二批深化创新创业教育改革示范高校认定工作的通知[EB/OL].(2021-05-20)[2017-05-12].http://www.moe.gov.cn/srcsite/A08/s5672/201705/t20170512_304453.html.

附 录

国务院办公厅关于深化高等学校创新创业教育改革的实施意见
国办发〔2015〕36号

各省、自治区、直辖市人民政府,国务院各部委、各直属机构:

深化高等学校创新创业教育改革,是国家实施创新驱动发展战略、促进经济提质增效升级的迫切需要,是推进高等教育综合改革、促进高校毕业生更高质量创业就业的重要举措。党的十八大对创新创业人才培养作出重要部署,国务院对加强创新创业教育提出明确要求。近年来,高校创新创业教育不断加强,取得了积极进展,对提高高等教育质量、促进学生全面发展、推动毕业生创业就业、服务国家现代化建设发挥了重要作用。但也存在一些不容忽视的突出问题,主要是一些地方和高校重视不够,创新创业教育理念滞后,与专业教育结合不紧,与实践脱节;教师开展创新创业教育的意识和能力欠缺,教学方式方法单一,针对性实效性不强;实践平台短缺,指导帮扶不到位,创新创业教育体系亟待健全。为了进一步推动大众创业、万众创新,经国务院同意,现就深化高校创新创业教育改革提出如下实施意见。

一、总体要求

(一)指导思想

全面贯彻党的教育方针,落实立德树人根本任务,坚持创新引领创业、创业带动就业,主动适应经济发展新常态,以推进素质教育为主题,以提高人才培养质量为核心,以创新人才培养机制为重点,以完善条件和政策保障为支撑,促进高等教育与科技、经济、社会紧密结合,加快培养规模宏大、富有创新精神、勇于投身实践的创新创业人才队伍,不断提高高等教育对稳增长促改革调结构惠民生的贡献度,为建设创新型国家、实现"两个一百年"奋斗目标和中华民族伟大复兴的中国梦提供强大的人才智力支撑。

（二）基本原则

坚持育人为本，提高培养质量。把深化高校创新创业教育改革作为推进高等教育综合改革的突破口，树立先进的创新创业教育理念，面向全体、分类施教、结合专业、强化实践，促进学生全面发展，提升人力资本素质，努力造就大众创业、万众创新的生力军。

坚持问题导向，补齐培养短板。把解决高校创新创业教育存在的突出问题作为深化高校创新创业教育改革的着力点，融入人才培养体系，丰富课程、创新教法、强化师资、改进帮扶，推进教学、科研、实践紧密结合，突破人才培养薄弱环节，增强学生的创新精神、创业意识和创新创业能力。

坚持协同推进，汇聚培养合力。把完善高校创新创业教育体制机制作为深化高校创新创业教育改革的支撑点，集聚创新创业教育要素与资源，统一领导、齐抓共管、开放合作、全员参与，形成全社会关心支持创新创业教育和学生创新创业的良好生态环境。

（三）总体目标

2015年起全面深化高校创新创业教育改革。2017年取得重要进展，形成科学先进、广泛认同、具有中国特色的创新创业教育理念，形成一批可复制可推广的制度成果，普及创新创业教育，实现新一轮大学生创业引领计划预期目标。到2020年建立健全课堂教学、自主学习、结合实践、指导帮扶、文化引领融为一体的高校创新创业教育体系，人才培养质量显著提升，学生的创新精神、创业意识和创新创业能力明显增强，投身创业实践的学生显著增加。

二、主要任务和措施

（一）完善人才培养质量标准

制订实施本科专业类教学质量国家标准，修订实施高职高专专业教学标准和博士、硕士学位基本要求，明确本科、高职高专、研究生创新创业教育目标要求，使创新精神、创业意识和创新创业能力成为评价人才培养质量的重要指标。相关部门、科研院所、行业企业要制修订专业人才评价标准，细化创新创业素质能力要求。不同层次、类型、区域高校要结合办学定位、服务面向和创新创业教育目标要求，制订专业教学质量标准，修订人才培养方案。

（二）创新人才培养机制

实施高校毕业生就业和重点产业人才供需年度报告制度，完善学科专业预警、退出管理办法，探索建立需求导向的学科专业结构和创业就业导向的人才培养类型结构调整新机制，促进人才培养与经济社会发展、创业就业需求紧密对接。深入实施系列"卓越计划"、科教结合协同育人行动计划等，多形式举办创新创业教育实验班，探索建立校校、校企、校地、校所以及国际合作的协同育人新机制，积极吸引社会资源和国外优质教育资源投入创新创业人才培养。高校要打通一级学科或专业类下相近学科专业的基础课程，开设跨学科专业的交叉课程，探索建立跨院系、跨学科、跨专业交叉培养创新创业人才的新机制，促进人才培养由学科专业单一型向多学科融合型转变。

（三）健全创新创业教育课程体系

各高校要根据人才培养定位和创新创业教育目标要求，促进专业教育与创新创业教育有机融合，调整专业课程设置，挖掘和充实各类专业课程的创新创业教育资源，在传授专业知识过程中加强创新创业教育。面向全体学生开发开设研究方法、学科前沿、创业基础、就业创业指导等方面的必修课和选修课，纳入学分管理，建设依次递进、有机衔接、科学合理的创新创业教育专门课程群。各地区、各高校要加快创新创业教育优质课程信息化建设，推出一批资源共享的慕课、视频公开课等在线开放课程。建立在线开放课程学习认证和学分认定制度。组织学科带头人、行业企业优秀人才，联合编写具有科学性、先进性、适用性的创新创业教育重点教材。

（四）改革教学方法和考核方式

各高校要广泛开展启发式、讨论式、参与式教学，扩大小班化教学覆盖面，推动教师把国际前沿学术发展、最新研究成果和实践经验融入课堂教学，注重培养学生的批判性和创造性思维，激发创新创业灵感。运用大数据技术，掌握不同学生学习需求和规律，为学生自主学习提供更加丰富多样的教育资源。改革考试考核内容和方式，注重考查学生运用知识分析、解决问题的能力，探索非标准答案考试，破除"高分低能"积弊。

（五）强化创新创业实践

各高校要加强专业实验室、虚拟仿真实验室、创业实验室和训练中心建设，促进实验教学平台共享。各地区、各高校科技创新资源原则上向全体在校学生开放，开放情况纳入各类研究基地、重点实验室、科技园评估标准。

鼓励各地区、各高校充分利用各种资源建设大学科技园、大学生创业园、创业孵化基地和小微企业创业基地,作为创业教育实践平台,建好一批大学生校外实践教育基地、创业示范基地、科技创业实习基地和职业院校实训基地。完善国家、地方、高校三级创新创业实训教学体系,深入实施大学生创新创业训练计划,扩大覆盖面,促进项目落地转化。举办全国大学生创新创业大赛,办好全国职业院校技能大赛,支持举办各类科技创新、创意设计、创业计划等专题竞赛。支持高校学生成立创新创业协会、创业俱乐部等社团,举办创新创业讲座论坛,开展创新创业实践。

(六)改革教学和学籍管理制度

各高校要设置合理的创新创业学分,建立创新创业学分积累与转换制度,探索将学生开展创新实验、发表论文、获得专利和自主创业等情况折算为学分,将学生参与课题研究、项目实验等活动认定为课堂学习。为有意愿有潜质的学生制定创新创业能力培养计划,建立创新创业档案和成绩单,客观记录并量化评价学生开展创新创业活动情况。优先支持参与创新创业的学生转入相关专业学习。实施弹性学制,放宽学生修业年限,允许调整学业进程、保留学籍休学创新创业。设立创新创业奖学金,并在现有相关评优评先项目中拿出一定比例用于表彰优秀创新创业的学生。

(七)加强教师创新创业教育教学能力建设

各地区、各高校要明确全体教师创新创业教育责任,完善专业技术职务评聘和绩效考核标准,加强创新创业教育的考核评价。配齐配强创新创业教育与创业就业指导专职教师队伍,并建立定期考核、淘汰制度。聘请知名科学家、创业成功者、企业家、风险投资人等各行各业优秀人才,担任专业课、创新创业课授课或指导教师,并制定兼职教师管理规范,形成全国万名优秀创新创业导师人才库。将提高高校教师创新创业教育的意识和能力作为岗前培训、课程轮训、骨干研修的重要内容,建立相关专业教师、创新创业教育专职教师到行业企业挂职锻炼制度。加快完善高校科技成果处置和收益分配机制,支持教师以对外转让、合作转化、作价入股、自主创业等形式将科技成果产业化,并鼓励带领学生创新创业。

(八)改进学生创业指导服务

各地区、各高校要建立健全学生创业指导服务专门机构,做到"机构、人员、场地、经费"四到位,对自主创业学生实行持续帮扶、全程指导、一站式服务。健全持续化信息服务制度,完善全国大学生创业服务网功能,建立地方、高校两级信息服务平台,为学生实时提供国家政策、市场动向等信息,并做好创业项目对接、知识产权交易等服务。各地区、各有关部门要积极落实高校学生创业培训政策,研发适合学生特点的创业培训课程,建设网络培训平台。鼓励高校自主编制专项培训计划,或与有条件的教育培训机构、行业协会、群团组织、企业联合开发创业培训项目。各地区和具备条件的行业协会要针对区域需求、行业发展,发布创业项目指南,引导高校学生识别创业机会、捕捉创业商机。

(九)完善创新创业资金支持和政策保障体系

各地区、各有关部门要整合发展财政和社会资金,支持高校学生创新创业活动。各高校要优化经费支出结构,多渠道统筹安排资金,支持创新创业教育教学,资助学生创新创业项目。部委属高校应按规定使用中央高校基本科研业务费,积极支持品学兼优且具有较强科研潜质的在校学生开展创新科研工作。中国教育发展基金会设立大学生创新创业教育奖励基金,用于奖励对创新创业教育作出贡献的单位。鼓励社会组织、公益团体、企事业单位和个人设立大学生创业风险基金,以多种形式向自主创业大学生提供资金支持,提高扶持资金使用效益。深入实施新一轮大学生创业引领计划,落实各项扶持政策和服务措施,重点支持大学生到新兴产业创业。有关部门要加快制定有利于互联网创业的扶持政策。

三、加强组织领导

(一)健全体制机制

各地区、各高校要把深化高校创新创业教育改革作为"培养什么人,怎样培养人"的重要任务摆在突出位置,加强指导管理与监督评价,统筹推进本地本校创新创业教育工作。各地区要成立创新创业教育专家指导委员会,开展高校创新创业教育的研究、咨询、指导和服务。各高校要落实创新创业教育主体责任,把创新创业教育纳入改革发展重要议事日程,成立由校长任组长、分管校领导任副组长、有关部门负责人参加的创新创业教育工作领导小组,建立教务部门牵头,学生工作、团委等部门齐抓共管的创新创业教育工作机制。

(二)细化实施方案

各地区、各高校要结合实际制定深化本地本校创新创业教育改革的实施方案,明确责任分工。教育部属高校需将实施方案报教育部备案,其他高校需报学校所在地省级教育部门和主管部门备案,备案后向社会公布。

（三）强化督导落实

教育部门要把创新创业教育质量作为衡量办学水平、考核领导班子的重要指标，纳入高校教育教学评估指标体系和学科评估指标体系，引入第三方评估。把创新创业教育相关情况列入本科、高职高专、研究生教学质量年度报告和毕业生就业质量年度报告重点内容，接受社会监督。

（四）加强宣传引导

各地区、各有关部门以及各高校要大力宣传加强高校创新创业教育的必要性、紧迫性、重要性，使创新创业成为管理者办学、教师教学、学生求学的理性认知与行动自觉。及时总结推广各地各高校的好经验好做法，选树学生创新创业成功典型，丰富宣传形式，培育创客文化，努力营造敢为人先、敢冒风险、宽容失败的氛围环境。

国务院办公厅

2015年5月4日

教育部
深化创新创业教育改革示范高校认定工作指导标准

一级指标	二级指标	分值
顶层设计	1. 在学校综合改革方案及"十三五"规划中列入深化创新创业教育改革相关内容,并明确提出创新创业教育改革要面向全体学生、全体教师参与、融入人才培养全过程; 2. 制定并报备了创新创业教育改革实施方案; 3. 修订人才培养方案,明确创新创业教育目标要求	10
管理机制	1. 成立了由主要负责同志任组长、分管校领导任副组长、有关部门负责人参加的创新创业教育工作领导小组,定期研究部署相关工作; 2. 建立了教务部门牵头,学生工作、团委等部门齐抓共管的创新创业教育工作机制,明确专人负责,并定期研究相关工作	5
课程建设	1. 将创新创业教育融入相关专业课程; 2. 面向全体学生开设了研究方法、学科前沿、创业基础、就业创业指导等方面的必修课和选修课,并纳入了学分管理; 3. 自主建设了创新创业教育慕课、视频公开课等在线开放课程,选课人数达到一定规模,教学效果良好; 4. 建立了在线开放课程学习认证和学分认定制度; 5. 组织编写了创新创业教育相关教材,建立了案例库	15
教法改革	1. 广泛开展启发式、讨论式、参与式教学,小班化教学覆盖面广,学生受益面大; 2. 改革考核内容和方式,探索实施非标准答案考试等	10

续表

一级指标	二级指标	分值
实践训练	1. 建设了能够集中开展创新创业教育的实践平台； 2. 专业实验室、虚拟仿真实验室、创业实验室和训练中心等基本覆盖相关专业学生； 3. 校内科技创新资源原则上向全体在校学生开放； 4. 结合学科专业实际，依托大学科技园、大学生创业园、创业孵化基地和小微企业创业基地等，建设了一批学生校外实践教育基地； 5. 积极实施大学生创新创业训练计划； 6. 组织举办或引导学生积极参加各类科技创新、创意设计、创业计划等专题竞赛，并获得优异成绩； 7. 成立了学生创新创业协会、创业俱乐部等，校园创新创业文化建设效果明显	15
教学管理	1. 设置了合理的创新创业学分； 2. 基本建立了创新创业学分积累与转换制度； 3. 为有意愿有潜质的学生制订了创新创业能力培养计划，建立了创新创业档案和成绩单； 4. 出台了弹性学制相关规定，允许学生休学创新创业； 5. 设立了创新创业奖学金； 6. 学生创新创业成果在评先评优、提前毕业、免试保研等工作中予以认定加分	10
教师队伍	1. 建立了创新创业教育专职教师队伍； 2. 聘请知名科学家、创业成功者、企业家、风险投资人等各行各业优秀人才担任创新创业课授课或指导教师； 3. 建立了创新创业导师库（校外导师占比不低于70%），并制定了相应管理规范； 4. 面向教师开展创新创业教育相关培训； 5. 建立了相关专业教师、创新创业教育专职教师到行业企业挂职锻炼制度	10
资金保障	1. 安排了专门资金，用于支持创新创业教育教学、资助学生创新创业； 2. 部委属高校按规定使用中央高校基本科研业务费，支持在校学生开展创新科研工作	5
特色示范	1. 深化创新创业教育改革特色鲜明，相关工作在国内或省域范围内示范辐射引领作用明显，具有较强影响力； 2. 形成了一些具有本校特色的创新创业教育成果	20

后 记

本书是在我主持的河南省高等教育教学改革研究与实践重点项目"基于三螺旋模型的创新创业人才培养体系探索与实践"(2017SJGLX013)基础上完成的。

王献玲、刘莹、庞振超、郭连锋、刘俊仁、高昂作为课题组成员参与了前期申报论证工作。为了和人才培养工作有机结合,并且保证研究质量,吸收了一定数量的理论工作者、研究生和实践工作者参加到课题的研究中。全书由我设计和最终统稿。周倩教授、高昂博士、李林萍、韩迎雪撰写了导言,鞠法胜、庞振超副教授、周倩教授撰写了第一章,郭连锋副教授、董彦艳、元伟霞、周倩教授撰写了第二章,刘俊仁博士、毛圣璇、周倩教授撰写了第三章,周倩教授、石耀月、胡志霞撰写了第四章,郭薇、王哲先博士撰写了第五章,李文平博士、周倩教授撰写了第六章,许梦珂、周倩教授撰写了第七章,刘莹博士、靳培培博士、周倩教授撰写了第八章,刘俊仁博士撰写了结语。罗志敏教授、王琳琳博士、宋博博士、元璠璠博士、李松璞博士、嵩楠博士、博士生胡树飞与张珂参与了部分章节的修改工作。王怡参与了第八章修改并整理了参考文献。

在研究过程中,一些阶段性成果先后在《郑州大学学报(哲学社会科学版)》《大学教育科学》《教育发展研究》《当代教育与文化》《继续教育研究》《教育与教学研究》《当代教育理论与实践》《化工高等教育》《光明日报》《中国教育报》《河南日报》等发表,部分观点被《河南教育现代化2035》采用,产生了广泛而积极的影响。

多年来,郑州大学还承担了河南省高等教育教学改革研究与实践项目"基于'专创融合'的地方高校创新创业教育生态体系构建与实践"等,在大学生创新创业教育体制机制改革和人才培养模式等方面做了大量探索,学校积极与政府、企业等主体开展实质性合作,本项目相关成果在河南省内郑州大学、新乡学院、河南工业大学等高校以及河南天业仁和信息科技有限公司等企业,省外西南政法大学、中国石油大学等高校进行了推广,取得了明显成效。

在我担任郑州大学教育学院院长期间,正值创新创业课程纳入全校本科专业培养方案。在郑州大学创业学院成立时,我成为其中的成员,组织编写了《比较职业发展教育》《大学生职业发展与就业指导教程》等著作,为职业发展教育学科点建设,培养创新创业教育教师或者后备人才奠定了更为坚实的基础。创新创业教育教研室的各位教师,承担了全校学生的创新创业教育教学工作,在构建创新创业人才培养体系中发挥了领航作用。

本书的出版得到了河南省哲学社会科学创新团队"全球化与教育政策"(2019-CXTD-009)经费和国家社会科学基金项目"文化软实力与大学发展互动研究"结余经费的出版资助。

郑州大学副校长张倩红教授对项目开展给予了精心指导,教务处原处长王忠勇、副处长祁秀香,大学生就业创业指导中心主任路红显、副主任张红英给予了全力支持。大学生就业创业指导服务中心建立了网站(https://job.v.zzu.edu.cn/p/page/index.html)并设置了"双创政策""双创动态""双创资源""创业园地""职业讲堂"等多个"双创"栏目。教务处、国家大学科技园提供了部分资料。

郑州大学出版社社长孙保营、副总编辑崔青峰、副社长李海涛等为本书付梓提供了大力帮助。

著作参考了一些专家学者的成果,有些外文资料来自官方网站,限于篇幅,没有一一列出,在此表示衷心感谢。

希望本书的出版,能够促进政府更加重视高校创新创业教育,发挥好与高校、企业之间的领导者、协调者、组织者作用;能够有助于我国高校创新创业人才培养体系构建,提高创新创业教育理念在培养体系中的融入度,把创新创业学科发展和国际学术前沿与课堂教学有机结合,增强学生创新创业实践能力。同时,能够进一步优化创新创业教育教师队伍和教学团队结构,推动高校创新创业教学模式改革,为提升学生学习成效和创造性思维、激发创新创业灵感提供帮助。

周倩

2021 年 7 月